L'ESSENTIEL DES FINANCES PUBLIQUES EN FICHES

Troisième édition

Messaoud SAOUDI
Maître de conférences HDR en droit public
à l'université Jean Moulin – Lyon 3

ellipses

À Najat, Lina et Sofiane

ISBN 9782340-057050

8/10 rue la Quintinie 75015 Paris

www.editions-ellipses.fr

Avant-propos

Les finances publiques contemporaines s'inscrivent dans un cadre juridique renouvelé et enrichi par l'édiction de normes européenne (le TSCG de 2012) et nationale (la LOPGFP de 2012) et leur modalité de mise en œuvre formalisée par le décret du 7 novembre 2012 relatif à la gestion budgétaire et comptable publique (décret GBCP) qui constitue le cadre d'exécution des budgets des administrations publiques (APU). Ce décret consacre certaines pratiques jusque-là en marge des textes mais légitimées par le principe européen de « bonne gestion financière » et/ou suscitées par le développement prodigieux des nouvelles technologies (dématérialisation des actes et procédures de gestion). Le décret GBCP de 2012 constitue désormais la base d'un droit naissant, le droit de la gestion publique que cet ouvrage ambitionne modestement de poser les premiers jalons.

La richesse de l'information financière et budgétaire disponible sur le réseau internet modifie en profondeur l'approche du domaine d'études que constituent les finances publiques : il s'agit à travers ces 14 fiches thématiques de fournir des clefs de compréhension et une méthode afin de tirer profit de l'analyse des données mises en ligne et aussi de la lecture plus classique d'ouvrages couvrant plus en détail et de manière plus approfondie cette matière. Les programmes et rapports de jury de concours de la fonction publique exigent en effet des candidats au-delà d'une culture générale académique de développer une dimension pratique en intégrant leur futur environnement professionnel, une dimension pourrait-on dire plus « professionnalisante » de leur savoir acquis.

Cet ouvrage, qui traite d'un sujet de perpétuelle actualité[1], vise à répondre aux interrogations soulevées par tout étudiant, candidat à un concours ou simplement tout citoyen devant des concepts des finances et gestion publiques souvent usités mais rarement définis et précisés. La maîtrise de ces définitions est non seulement utile pour aborder une épreuve universitaire (Licence Droit, AES, Science politique), de concours de la fonction publique (IRA) ou d'examen d'entrée du CRFPA, mais aussi nécessaire pour penser et aiguiser son regard critique sur la situation et les perspectives de nos finances publiques dont dépend la qualité du service public offert à l'usager « citoyen-contribuable ».

1. On conseille vivement la lecture assidue des revues suivantes : *Revue française de finances publiques (RFFP)* et *Gestion & Finances publiques – La Revue (G&FP)* ; également la consultation régulière des sites internet suivants : *Cour des comptes, forum de la performance, Vie-publique, Gazette des communes, collectivités-locales.gouv.fr* (site commun de la DGFiP et de la DGCL), également sites internet de la Sécurité sociale et de l'Union européenne.

Le plan est des plus classiques et reprend notamment les grands thèmes des programmes de concours et en particulier du concours d'entrée aux instituts régionaux d'administration (IRA[1]).

Après une **introduction générale** (fiches 1 à 2), une première partie développe une **approche globale des finances publiques** (fiches 3 à 6), approche désormais privilégiée dans le cadre des engagements européens de la France ; une seconde partie sera consacrée à l'**approche spécifique des finances de l'État** (fiches 7 à 14).

1. Arrêté du 28 mars 2019 (*JORF* du 2 avril 2019). Ce choix tient au contenu assez généraliste des programmes de concours des IRA.

Introduction générale

Fiche 1

Définition des finances publiques

Les finances publiques recouvrent l'étude des charges, ressources et comptes des administrations publiques. À l'origine limitée aux finances de l'État, cette étude s'étend désormais à d'autres organismes. Distinctes des finances privées, les finances publiques s'en rapprochent par certains aspects. Les finances publiques connaissent toutefois un régime juridique spécifique.

I. Des finances de l'État aux finances des administrations publiques

L'État a été pendant longtemps la seule personne morale de droit public financier. On va progressivement assister, en réponse aux besoins des sociétés démocratiques, à l'émergence de finances publiques sociales (ordonnance de 1945 instituant le système actuel de Sécurité sociale, lois organiques de 1996 et 2005 qui précisent la nature et la portée des lois de financement de la Sécurité sociale) ; à l'affirmation de finances publiques européennes (traités budgétaires de Luxembourg de 1970 et de Bruxelles de 1975) et à une montée en puissance des finances publiques locales (lois successives sur la décentralisation depuis 1982 et la loi organique de 2004 sur l'autonomie financière des collectivités territoriales). L'État devient un acteur public financier parmi d'autres. Avec l'instauration d'une Union économique et monétaire (UEM[1]), les finances publiques nationales vont être placées sous surveillance européenne

1. Inscrite dans le premier pilier (pilier d'intégration), du traité de Maastricht de 1992, l'UEM vise à un transfert de la compétence monétaire des États à la Banque centrale européenne (BCE) et à une convergence des politiques économiques nécessitée par l'abandon des monnaies nationales au profit d'une monnaie unique, « l'euro » (harmonisation européenne au moyen des « critères de convergences » que sont le taux d'inflation, le taux d'intérêt, le taux de change, et en matière de finances publiques, les taux de déficit et dette publics rapportés au produit intérieur brut ou PIB qui est l'indicateur économique permettant de mesurer la richesse créée dans un pays durant une année). Le PIB en valeur ou nominal (c'est-à-dire non corrigé de l'inflation), estimé avant la crise sanitaire en France à 2 479,4 Md€, a chuté du fait de cette crise à -8 % en avril 2020 (comparé à +1,3 % en 2019) faisant entrer la France en récession économique (baisse du PIB sur deux trimestres consécutifs).

(pacte de stabilité et de croissance dit PSC de 1997 rénové en 2012 par le traité sur la stabilité, la coordination et la gouvernance au sein de l'UEM dit TSCG[1]) ; elles se transforment alors en devenant les finances des administrations publiques.

Au sens du système européen des comptes (SEC 2010), les administrations publiques sont « les unités institutionnelles dont la fonction principale est de produire des services non marchands ou d'effectuer des opérations de redistribution du revenu et des richesses nationales. Le secteur des administrations publiques comprend les administrations publiques centrales, les administrations publiques locales et les administrations de Sécurité sociale ». Cette norme de comptabilité permet à l'organisme européen de statistiques (Eurostat) de mesurer le niveau de déficit et de la dette publics des États au sens du PSC. Elle est également la norme de référence pour l'organisme français de statistiques (INSEE) pour établir la « dette notifiée » aux autorités compétentes de l'Union européenne (Commission et Conseil) afin qu'elles s'assurent du respect des règles fixées par le traité de Lisbonne et ses actes dérivés (règlements et directives).

Les administrations publiques ou APU comprennent ainsi :

- **les administrations publiques centrales** ou APUC (État et Organismes divers d'administration centrale ou ODAC qui reçoivent des subventions directes de l'État et/ou bénéficient de recettes affectées, comme par exemple les universités, les grandes écoles telles les ENS, les organismes de recherche tels le CNRS, l'INSERM, le CNES et autres organismes tels Météo France, Théâtres et Musées nationaux…) ;
- **les administrations publiques locales** ou APUL (collectivités territoriales et leurs groupements ou EPCI et les Organismes divers d'administration locale ou ODAL tels les lycées, collèges, les services départementaux d'incendie et de secours, les caisses des écoles, les organismes consulaires que sont les chambres de commerce et d'industrie, les chambres d'agriculture et les chambres des métiers…) ;
- **les administrations de Sécurité sociale** ou ASSO (que sont notamment les organismes des régimes obligatoires de base de Sécurité sociale, les régimes de retraite complémentaires obligatoires, régimes de chômage, la caisse d'amortissement de la dette sociale ou CADES, le fonds de réserve des retraites ou FRR, les hôpitaux publics…).

1. Dit aussi traité de Bruxelles ou encore « pacte budgétaire européen », le TSCG, signé la 2 mars 2012 par 25 États (les 27 sauf Royaume-Uni et République tchèque) ; entré en vigueur le premier janvier 2013, il impose aux budgets des administrations publiques d'être en équilibre ou en excédent ; c'est la fameuse « règle d'or » européenne.

Outre le fait que ces administrations entretiennent entre elles des relations financières très étroites notamment avec l'État (relations financières État-ODAC, État-APUL, État-ASSO et État-UE[1]), les deux éléments caractéristiques des administrations publiques (APU) sont :

- **un financement public** (part prépondérante des prélèvements obligatoires dans le financement des APU[2]) ;
- **une activité non marchande** (les APU mènent une activité de service public et/ou poursuivent une mission d'intérêt général, il s'agit de fournir le « plus grand service » et non de réaliser « le plus grand profit », les APU mènent pour ainsi dire une activité à but non lucratif).

La notion économique d'« administrations publiques », qui renvoie aux quatre sous-secteurs (État, ODAC, APUL et ASSO), est celle retenue par le système européen des comptes (SEC 2010[3]) pour évaluer le niveau de déficit et de dette publics des États de l'Union. Notion économique, elle est devenue une notion juridique. Elle est en effet consacrée par la Constitution du 4 octobre 1958 (articles 34 et 47-2 dans leur nouvelle rédaction issue de la loi constitutionnelle du 23 juillet 2008). Cette notion est reprise par des textes financiers récents (la loi organique relative à la programmation et à la gouvernance des finances publiques du 17 décembre 2012 dite LOPGFP et le décret du 7 novembre 2012 relatif à la gestion budgétaire et comptable publique dit décret GBCP[4]).

1. Ces relations financières notamment entre l'État et l'Union européenne (État-UE) sont détaillées dans des documents annexés aux projets de loi de finances annuels et dénommés « jaunes budgétaires ».
2. Les prélèvements obligatoires (PO) sont constitués de l'ensemble des versements effectués par les personnes physiques (particuliers) et morales (entreprises) aux administrations publiques (APU) pour financer leurs dépenses. Les PO recouvrent les impôts, taxes et cotisations sociales. Notion économique, les prélèvements obligataires, notion plus large que celle d'impôts, est désormais consacrée à l'article 50 de la LOLF de 2001 modifiée. Pour intégrer cette évolution, le Conseil des impôts a été remplacé en 2005 par le Conseil des prélèvements obligatoires (CPO), organisme d'études des prélèvements obligatoires rattaché à la Cour des comptes.
3. Règlement (UE) n° 549/2013 du Parlement européen et du conseil du 21 mai 2013 relatif au système européen des comptes nationaux et régionaux dans l'Union européenne, qui définit le nouveau « système européen de comptabilité 2010 », dit « SEC 2010 »; Eurostat, l'organisme européen de statistiques s'appuie sur cette norme qui est reprise par la comptabilité nationale et qui permet à l'INSEE d'établir les taux de déficit et de dette publics rapporté au PIB, taux adressés en avril de chaque année à la Commission européenne dans le cadre du programme de stabilité après son examen par le Parlement français (art. 14 LOPGFP et art. 121 du TFUE).
4. La LOPGFP intègre en droit public interne financier le TSCG de 2012 dont la règle d'équilibre structurel est reprise et détaillée dans les lois de programmation des finances publiques (LPFP) qui constituent le cadre de référence des finances de l'État, finances sociales et finances locales; le décret GBCP encadre quant à lui l'exécution des dépenses et recettes des administrations publiques dans une logique de performance.

II. De la distinction à un rapprochement entre finances publiques et finances privées

Plusieurs éléments permettent de caractériser les finances privées, les distinguant ainsi des finances publiques.

D'abord la masse financière privée est sans commune mesure avec celle gérée par les APU (seul le chiffre d'affaires de certaines entreprises multinationales atteindrait un niveau critique proche voire dépassant les ressources d'un État)[1] ; ensuite les finalités sont, pour les finances privées, la recherche de profit maximum et la rentabilité à tout prix alors qu'en principe les finances publiques poursuivent des objectifs d'intérêt général quitte à maintenir des services publics non rentables ; enfin les finances privées ne peuvent souffrir un déficit prolongé : le risque est à court terme la cessation de paiements due à l'arrêt de versements de crédits de la part de créanciers inquiets provoquant alors la faillite de l'entreprise commerciale. Le déficit public au contraire devient un mode normal de financement des APU notamment du budget de l'État en particulier en période de crise (en 2009, plan français de sauvetage du secteur bancaire et programmes budgétaires de relance). Mais certains rapprochements entre finances privées et finances publiques existent.

D'abord certains services publics sont soumis à la logique de profit, c'est le cas notamment des services publics à caractère industriel et commercial (cas de la SNCF EPIC devenu SA à capital public). Ce régime financier à dominante privée intègre cependant certains éléments de droit public fondés sur la notion de service public (subventions de l'État pour permettre un prix du service inférieur au prix de revient ou la pratique de tarifs sociaux) ; ensuite l'impératif de « bonne gestion financière[2] » exigée par l'Union européenne (UE) soumet la gestion des finances publiques à la « loi des 3E[3] » (Économie, Efficience et Efficacité), logique de performance inspirée

1. Ainsi la société américaine *Walmart* dans le secteur du commerce en détail (514 Md$ de chiffres d'affaires en 2020) et la société chinoise *Sinopec* dans le secteur de l'énergie (414 Md$), respectivement première et seconde entreprise privée mondiale. Le montant des prélèvements obligatoires (PO) s'élevait en France en 2018 à 1058,1 Md€ soit 45 % du PIB ; la part la plus importante revenant aux ASSO (568,1 Md€ contre 322,8 Md€ pour l'État ; 11,8 Md€ pour les ODAC ; 150,8 Md€ pour les APUL et 4,6 Md€ pour l'UE).

2. Au sens de l'article 30 du Règlement financier ou RF (UE, Euratom) n° 966/2012 du Parlement européen et du Conseil du 25 octobre 2012 relatif aux règles financières applicables au budget général de l'Union et abrogeant le règlement (CE, Euratom) n° 1605/2002 (*JOUE* 26/10/2012, L298/1). Ce règlement financier européen ou RF, modifié le 28 octobre 2015, a subi une refonte par le Règlement (UE, Euratom) 2018/1046 du Parlement européen et du Conseil du 18 juillet 2018.

3. Cette « loi des 3E » peut s'entendre en ces termes repris d'un auteur (D. Strasser) : « pas plus qu'il ne faut » (économie) ; « comme il faut » (efficience) et « ce qu'il faut pour atteindre l'objectif » (efficacité) ; cette « loi » renvoie à la norme française du « bon emploi des deniers publics » et à la démarche anglo-saxonne de l'audit.

du secteur privé et reprise par la LOLF de 2001 et la LOLFSS de 2005[1] ; enfin les APU recourent davantage aux méthodes et techniques inspirées de la gestion privée (délégation de service public ou DSP, marchés publics ou MP, partenariat public-privé ou PPP). Les rapports finances publiques/finances privées paraissent pour le moins complexes.

Cette complexité est due en partie à un double phénomène d'apparence contradictoire : autonomisation et interdépendance entre, d'une part, systèmes financiers publics (finances étatiques, finances sociales, finances locales et finances européennes) et, d'autre part, entre systèmes publics et privés (modes de gestion et modalités de financement notamment de la dette de l'État par appel aux marchés internationaux de capitaux à l'instar des entreprises). La crise financière de 2008 puis celle de 2020 due au coronavirus accentuent la dimension internationale de ces phénomènes : à l'origine une simple crise bancaire (crise américaine des « *subprimes* ») voire aux effets économiques plus graves, une simple crise sanitaire (épidémie de Covid-19 apparue en Chine fin 2019) devient, en réponse à la forte récession économique mondiale provoquée, une crise des « dettes souveraines » (dette des États). La dépense publique se substitue alors à la dépense privée pour soutenir les entreprises et les ménages et relancer ainsi l'activité économique. Ces liens étroits entre finances privées et finances publiques ne doivent pas éluder l'existence d'un régime propre et spécifique applicable aux finances des administrations publiques.

III. Originalité et spécificité du régime de finances publiques

Cette originalité tient à la source principale de financement des APU, les prélèvements obligatoires. Cela imprime un caractère spécifique au régime des finances publiques.

Au regard des masses financières importantes gérées par les APU et provenant pour l'essentiel du contribuable (impôts et taxes) et/ou du salarié ou non salarié (cotisations sociales[2]), on comprend que ces APU soient placées sous un régime financier spécifique appelé régime de finances publiques.

1. La loi organique relative aux lois de finances (LOLF) entrée en vigueur le premier janvier 2005 vise à améliorer la gestion publique et à renforcer le pouvoir budgétaire du Parlement ; la loi organique relative aux lois de financement de la sécurité sociale (LOLFSS) entrée en vigueur en 2006 s'inspire des principes de la LOLF.

2. Le taux de prélèvements obligatoires (TPO) qui est le rapport entre le montant des PO et le produit intérieur brut (PIB), s'élève en France en 2018 à près de 45 % du PIB, soit un taux supérieur à la moyenne européenne (40 %) mais inférieur à certains États où il s'élève à plus de 45 % (Belgique, Danemark, Finlande, Suède...).

Puisant ses fondements dans la Déclaration des droits de l'homme et du citoyen de 1789 (articles 13, 14 et 15), ce régime est mis en œuvre au XIXe siècle dans le cadre des chartes constitutionnelles de 1814 (Restauration) et 1830 (monarchie de Juillet). Le droit des finances publiques alors naissant vise la régularité des opérations financières affectant les charges, ressources et comptes de l'État à fin de contrôle du Parlement sur le gouvernement. En réponse à la crise de légitimité de l'État interventionniste du XXe siècle, l'impératif d'efficacité vient compléter cette exigence de régularité. De nos jours, cette double exigence démocratique (transparence et responsabilité) se trouve renforcée par le concept économique de performance dans la gestion budgétaire et comptable des administrations publiques.

Ce régime de finances publiques connaît une évolution permanente car il est soumis à des considérations politiques, économiques, sociales voire liées à certains impératifs de gestion comme le « *new public management* » (mouvement européen dit de la « nouvelle gestion publique »). Il s'agit au fond de concilier démocratie financière et management public. C'est l'objet du droit public financier issu des textes européens et nationaux actuellement en vigueur.

Ce régime de finances publiques se présente sous forme de règles de droit public, droit d'autorité et de contrainte, encadrant l'autorisation des dépenses et recettes (droit budgétaire), leurs modalités d'exécution (droit de la comptabilité publique) et enfin le dispositif de contrôle (combinant droit budgétaire et comptable). Chaque sous-secteur des APU (État, ODAC, APUL et ASSO voire UE) connaît en principe ces trois aspects (autorisation, exécution et contrôle).

Pour approfondir

- E. Oliva, « Essai de définition normative du domaine des finances publiques », in *Constitution et finances publiques, Études en l'honneur de Loïc Philip*, Economica, 2005, p. 493.
- G. Orsoni, « Les finances publiques sont-elles encore les finances de l'État ? », *Mélanges Paul Amselek*, Bruylant, 2005, p. 631.
- A. Pariente (dir.), *Les chiffres en finances publiques*, Mare & Martin, 2019, 310 p.
- « Finances publiques, finances privées », *RFFP*, n° 120, novembre 2012.
- M. Saoudi, « La régulation européenne des finances publiques nationales », *RUE*, n° 567, avril 2013, p. 202-213.
- J. Spingler, « Les finances publiques françaises et le *new public management* », *G&FP*, n° 5-2019, sept/oct. 2019, p. 83-89.

QCM

une ou deux bonne(s) réponse(s) possible(s)

1 Les finances locales recouvrent

- ❑ a. les seules finances de l'État
- ❑ b. les finances des APU
- ❑ c. notamment les finances des EPCI

2 Les ODAC se caractérisent par le fait

- ❑ a. qu'ils mènent une activité marchande
- ❑ b. de bénéficier de prélèvements obligatoires
- ❑ c. qu'ils mènent une activité non marchande

3 La notion d'impositions de toutes natures est consacrée

- ❑ a. par la Constitution du 4 octobre 1958
- ❑ b. par la LOLF de 2001 modifiée
- ❑ c. par le SEC 2010

4 Les finances sociales sont régies

- ❑ a. par le droit financier public
- ❑ b. par le droit financier privé
- ❑ c. par le Code de la sécurité sociale notamment pour les LFSS

5 La loi de programmation des finances publiques 2018-2022

- ❑ a. encadre les finances des seules APUL
- ❑ b. encadre les seules finances de l'État
- ❑ c. encadre sur au moins trois ans les finances des APU

RÉPONSES 1.c. • 2.b.c. • 3.a.b. • 4.a c. • 5.c.

Fiche 2

Évolution des finances publiques

Comme toute discipline juridique, les finances publiques évoluent avec le rôle de l'État afin de s'adapter au contexte politique, économique et social du moment. C'est d'autant plus vrai ici que les règles propres aux finances publiques ont été à l'origine élaborées et appliquées à un État à la fois siège et enjeu de pouvoir. On comprend dès lors que ces règles demeurent au croisement d'enjeux politiques, économiques et sociaux : domaine d'étude pluridisciplinaire, les finances publiques font appel au droit mais aussi à l'économie, à la science politique, à la sociologie voire à la psychologie.

En d'autres termes, les théories politique (démocratie parlementaire), économique (libéralisme non interventionniste et libéralisme interventionniste ou keynésianisme) et sociologique (solidarisme/individualisme) influencent le droit des finances publiques. En nous limitant ici à leur dimension économique devenue prégnante dans le contexte actuel de crise, on peut distinguer trois âges des finances publiques, l'âge des finances publiques classiques, celui des finances publiques modernes et enfin celui des finances publiques contemporaines. Chacune de ces périodes apporte sa contribution à l'établissement d'un droit des finances publiques appelé par certains auteurs droit public financier. Ce bref rappel historique contribue à éclairer les débats récents sur la situation de nos finances publiques.

I. Les finances publiques classiques du XIXe siècle

Les finances publiques classiques s'inspirent à l'origine de la pensée économique des physiocrates alors dominante durant la Révolution de 1789 (F. Quesnay, Turgot...) ; opposée au colbertisme d'Ancien régime, cette pensée, pour qui la propriété privée foncière est source de toute richesse, privilégie l'initiative individuelle sur l'initiative de la puissance publique dans l'économie. Cette doctrine libérale, théorisée par l'adage bien connu « laisser faire laisser passer » cher à un de ses représentants qu'était A. Smith, se traduit en matière de finances publiques à travers les principes suivants :

- *principe de limitation des dépenses*, celles-ci devant être consacrées aux seules dépenses de puissance publique (police, justice, diplomatie, défense), période dite de l'« État-gendarme » ; la prospérité de l'ordre économique libéral nécessite de maintenir l'ordre public interne (police et justice) et l'ordre public externe (diplomatie et défense) ; ne sont autorisées que les dépenses de fonctionnement de l'administration régalienne (notion d'administration au sens de la DDHC de 1789) ;

- *principe de neutralité budgétaire* : le budget doit demeurer neutre au sens où il ne doit pas influencer l'activité des agents économiques ; il y a ainsi rejet de toute forme d'interventionnisme public soit au moyen de la dépense (ni politique budgétaire) soit au moyen de la recette notamment de l'impôt (ni politique fiscale) soit encore au moyen de l'emprunt (ni politique d'endettement) ;
- *principe d'équilibre* : interdiction de tout déficit (voire même d'un excédent car les ressources budgétaires devant strictement couvrir les charges budgétaires) ; l'emprunt doit demeurer exceptionnel car il constitue un risque potentiel de déficit et donc de dette. (endettement strictement limité).

Le respect de ces principes libéraux est garanti par l'affirmation en France dès 1814 de règles budgétaires visant à contrôler l'action du gouvernement (spécialité des crédits, annualité de l'autorisation et de l'exécution budgétaire, règles d'unité et d'universalité applicables à la présentation des dépenses et recettes). Il s'agit par ces principes d'empêcher toute forme d'interventionnisme budgétaire (dépenses limitées au fonctionnement de l'administration de puissance publique) et fiscale (impôts limités à la couverture des charges de l'État-gendarme et non à lutter contre les inégalités ou à promouvoir la redistribution sociale des revenus).

Toutefois, il y a loin de la théorie à la pratique ; en effet le vote du budget en équilibre n'empêchait pas de constater un déficit lors de son exécution ; de plus, l'État libéral classique participe à l'économie nationale (investissement public dans les infrastructures ferroviaires et de télécommunications) voire recours au protectionnisme au moyen de la fiscalité (droits agricoles ou Tarif Méline de 1892 pour protéger l'agriculture française contre la concurrence étrangère) ; enfin l'appel public à l'emprunt devient une nécessité pour financer les grands travaux et/ou les guerres. C'est justement la guerre de 1914-1918 qui va remettre en cause cette approche libérale classique des finances publiques. À l'abstentionnisme étatique va succéder l'interventionnisme étatique, émergent alors les finances publiques modernes.

II. Les finances publiques modernes du XXe siècle

Les finances publiques modernes s'inscrivent dans le cadre de l'autre approche libérale alors représentée par D. Ricardo et, depuis la crise économique de 1929, par J.M. Keynes. Au contraire des économistes classiques pour qui la poursuite des intérêts privés conduit à l'émergence de l'intérêt général (la fameuse « main invisible » chère à A. Smith), les « keynésiens » envisagent l'intérêt général comme distinct et transcendant les intérêts privés. La doctrine libérale issue de la pensée keynésienne souhaite au contraire, en situation de crise économique et sociale, une intervention de l'État puissance publique ; elle est caractérisée par des principes opposés à ceux précédemment évoqués :

- *principe de non-limitation des dépenses* : la dépense publique doit susciter la demande intérieure pour relancer l'activité économique, donc la production et l'investissement des entreprises et au final réaliser le plein-emploi ; le taux de dépenses publiques (TDP) passe ainsi de 10 % du PIB à la fin du XIXe à plus de 40 % au sortir de la Seconde Guerre mondiale et ce dans tous les pays développés ; cette hausse continue de la dépense publique sera théorisée à la fin du XIXe siècle par l'économiste allemand Adolph Wagner (« loi de Wagner[1] ») ;
- *principe d'interventionnisme budgétaire* : la crise exige le recours au *policy mix* qui est une action économique au moyen du budget (politique budgétaire au niveau de la dépense, politique fiscale au niveau de la recette) et au moyen de l'instrument monétaire (politique monétaire) ;
- *principe d'équilibre économique et non budgétaire* : le déficit budgétaire, s'il permet de réaliser l'équilibre économique général, est recherché quitte à aggraver la dette par un recours accru à l'emprunt pour financer ce déficit. Le retour de la croissance suscité par cet interventionnisme budgétaire induit un accroissement de ressources fiscales pour l'État réduisant ainsi son déficit et rétablira donc l'équilibre général des finances publiques.

Cette nouvelle approche renforce le lien entre finances publiques et économie ce qui apparaît à travers une classification des dépenses de l'État selon leur incidence économique. Outre les dépenses classiques de fonctionnement, apparaissent les dépenses d'investissement (reconstruction d'après-guerre prenant la forme de grands travaux, équipements publics, infrastructures routières, ferroviaires...) et également aussi des dépenses d'intervention (transferts sociaux sous forme d'allocations familiales, de bourses scolaires et d'aides sociales, couverture santé...). Cet État-interventionniste, devant l'ampleur de ces dépenses de santé et protection sociale, sera qualifié d'État-providence (*Welfare State*[2]). Cet interventionnisme budgétaire est souvent associé à un interventionnisme fiscal qui est l'action économique au moyen

1. Loi énoncée par l'économiste allemand A. Wagner au XIXe siècle selon laquelle les dépenses publiques augmentent plus vite que la richesse nationale ; le développement économique de toute société entraîne une hausse continue des dépenses publiques pour satisfaire une demande et des besoins sans cesse croissants (logement, éducation, culture, santé...). La « loi de Wagner » semble moins vérifiée depuis les années 1990 avec la construction d'une union économique et monétaire européenne ou UEM qui vise plutôt à limiter voire à réduire ces dépenses.
2. Terme signifiant littéralement « État de bien être » en référence à la réforme d'inspiration keynésienne de l'État social lancée au Royaume-Uni suite au rapport public de 1942 de l'économiste et homme politique britannique William Beveridge (1879-1963), rapport qui est à l'origine de la mise en place du système de protection sociale et de santé britannique actuel (NSH).

de l'impôt pour inciter les entreprises et les ménages à adopter certains comportements (investir, épargner, consommer) : certaines de ces mesures fiscales dérogatoires par leur importance et leur volume sont qualifiées de « dépenses fiscales » ou « niches fiscales ».

À la notion classique de « budget de l'État » apparaît la notion moderne de « lois de finances » (décret-loi de 1956 puis Ordonnance organique du 2 janvier 1959) ; le budget devient alors un instrument d'action économique et social au moyen de la dépense (politique budgétaire), de l'impôt (politique fiscale), et/ou par variation de la monnaie nationale (politique monétaire) ; quant à l'emprunt, il est davantage destiné à financer l'économie que les guerres. De plus, les principes budgétaires classiques connaissent des dérogations importantes pour répondre aux besoins d'un État interventionniste (c'est au prix de ces dérogations que ces principes classiques sont maintenus et repris par les textes adoptés depuis le décret de 1962 portant règlement général sur la comptabilité publique abrogé et remplacé par le décret relatif à la gestion budgétaire et comptable publique dit décret GBCP de 2012).

Mais les années 1970, marquées par la crise du système monétaire international (fin de la parité dollar-or) et les deux « chocs pétroliers », vont remettre en cause l'approche keynésienne des finances publiques devant ses conséquences inattendues (apparition de l'inflation et d'un chômage structurel).

III. Les finances publiques contemporaines du XXIe siècle

L'approche keynésienne trouve ses limites dans le cadre d'une économie ouverte manifestée en France par les échecs des plans budgétaires de relance (plan Chirac de 1975 et plan Mauroy de 1981). En réponse à la crise de l'État-providence, le « néo-libéralisme » des années 1980 prône un retour à l'État libéral classique mais dans un cadre renouvelé. À la relance budgétaire (accroissement des déficits) se substitue la consolidation budgétaire (réduction des déficits).

L'internationalisation de l'économie invite à privilégier les politiques de l'offre pour relancer l'activité : primat de la politique monétaire sur la politique budgétaire, baisse de la pression fiscale afin de limiter les dépenses publiques, souci de maîtrise du déficit et de la dette publics pour susciter l'investissement privé, impératif d'efficacité de la gestion de l'État pour inciter à une réforme de l'action publique. Ce discours libéral de la rigueur budgétaire paraît en contradiction devant le constat d'une aggravation du déficit et d'une hausse continue de la dette publique notamment en France et ce depuis les années 1980. Ce paradoxe, outre qu'il manifeste le caractère volatil de l'investissement des entreprises et donc la substitution de la dette publique à la dette privée comme instrument de soutien à l'activité économique, se révèle avec davantage de force dans le cadre européen.

La crise de l'État-providence va inscrire le projet de construction européenne dans un cadre juridique néo-libéral (Acte unique européen de 1986). Ce projet est initié en fait dès 1970 à travers une intégration monétaire et budgétaire renforcée (rapport Werner publié le 8 octobre 1970 propose la réalisation de l'UEM en trois étapes nécessitant au préalable un important transfert de compétence en matière monétaire des États vers l'Union européenne). Cette tendance va se traduire par un transfert des mécanismes de régulation à une organisation supranationale *sui generis*, la Communauté européenne devenue l'Union européenne (UE) avec le traité de Maastricht de 1992-1993, désormais dotée, avec le traité de Lisbonne de 2007-2009, de la personnalité internationale[1].

Le traité de Maastricht vise la réalisation d'une Union économique et monétaire (UEM) avec pour objectif de substituer aux monnaies nationales une monnaie unique, contraignant ainsi les États-membres à transférer leur compétence monétaire à la banque centrale européenne (BCE). Ce traité consacre le modèle ordo-libéral allemand (stabilité monétaire et équilibre budgétaire) traduit à travers l'indépendance des banques centrales nationales à l'égard de leurs gouvernements respectifs manifeste une évolution importante : le passage d'une économie de l'endettement auprès des banques pour financer le déficit des États (l'emprunt bancaire dont les taux d'intérêt sont contrôlés par les États) à une économie de l'endettement auprès des marchés financiers (l'emprunt obligataire dont les taux échappent au contrôle des États), certains parlant même de « marchéisation » de l'économie pour rappeler que le financement de la dette publique en constitue le fondement et un des éléments existentiels (la dette publique permet le fonctionnement de notre économie voire sa survie). Ce qui nuance tout discours visant à réduire fortement ou à faire disparaître la dette publique. Il s'agit au mieux de maîtriser son évolution.

1. Les deux dates des traités ainsi indiquées renvoient respectivement à la date de signature et à la date de ratification par tous les États-membres, la règle de vote de l'unanimité étant en effet nécessaire à leur entrée en vigueur.

Devant l'absence de politique budgétaire européenne commune, le Conseil européen d'Amsterdam de 1997 institue, par la voie d'une résolution et de deux règlements[1], un pacte de stabilité et de croissance (PSC), avec deux critères de convergence des politiques budgétaires nécessaires à l'établissement de la « zone euro », un seuil de déficit et de dette publics, respectivement 3 % et 60 % du produit intérieur brut (PIB) au prix du marché. Ce PSC, qui prévoit des sanctions à la seule règle de déficit, enregistre le caractère désormais global et financiarisé de notre économie: il invite les États à réduire leur déficit donc leurs dépenses au moyen de réformes structurelles (libéralisation du marché de l'emploi, régime de retraites, de l'assurance-maladie, de l'assurance chômage...). Mais ce PSC rencontre des limites en période de faible croissance économique, une situation qui appelle une politique de relance budgétaire (recours au déficit) et non plus de consolidation budgétaire (réduction du déficit).

C'est qu'en effet la soutenabilité des finances publiques est conditionnée par la soutenabilité de la croissance économique. Ce qui montre que les seuils européens de déficit et de dette publics ne sont que de simples instruments d'encadrement dont l'effectivité est liée à la situation de l'économie, c'est pourquoi ils sont rarement respectés et lorsque les États violent ces « règles politiques à géométrie variable », la mise en œuvre d'une sanction à leur égard est délicate (cas en 2003 de la France et de l'Allemagne où la procédure de sanction n'a pas été mise en œuvre par le Conseil à l'égard de ces deux grands États ayant violé les règles qu'ils s'étaient eux-mêmes fixées).

Ainsi en cas de crise majeure, on observe un retour momentané au keynésianisme (de 2008 à 2010, on assiste à une hausse des dépenses publiques suite aux plans budgétaires de relance européen et américain). Le taux de dépenses publiques ou TDP atteint en France un niveau assez élevé (53,4 % du PIB en 2020, 51,8 % en 2021 et 50,9 % en 2022), ce qui risque, en phase de récession et donc de baisse de recettes fiscales, une aggravation du déficit public (solde négatif prévu à -2,2 % en 2020) et aussi de la dette (en 2020 la dette publique brute française ou dette au sens de Maastricht s'élève à 98,7 % du PIB)[2]. Ajoutons que la pandémie de Covid-19 au sens de l'Organisation mondiale de la santé (OMS) a, depuis 2020, contraint

1. Modifié en 2011, le PSC est régi par une résolution et trois règlements: la *Résolution* du Conseil européen d'Amsterdam du 17 juin 1997, le *Règlement* (CE) n° 1466/97 du Conseil du 7 juillet 1997 relatif au renforcement de la surveillance des politiques économiques (dit « volet préventif » modifié par le règlement 1175/2011 du Parlement européen et du Conseil adopté le 16 novembre 2011); le *Règlement* (CE) n° 1467/97 du Conseil du 7 juillet 1997 visant à accélérer et à clarifier la mise en œuvre de la procédure concernant les déficits excessifs (dit « volet correctif » modifié par le règlement 1177/2011 du Parlement européen et du Conseil adopté le 8 novembre 2011); le *Règlement* 1173/2011 du Parlement européen et du Conseil adopté le 16 novembre 2011 vient préciser le système de sanction dans ses volets préventif et correctif.

2. On observe que c'est l'État qui en 2020 supporte l'essentiel du déficit public et donc de la dette publique (soit près de 80 % pour la part totale supportée par l'État, un peu plus de 10 % pour les ASSO et un peu moins de 10 % pour las APUL).

tout État néo-libéral ou toute autre organisation internationale (G20, FMI, Banque mondiale, OMC…) ou régionale (UE à travers la Commission européenne et la BCE) à octroyer des aides monétaires et financières d'urgence en faveur des banques, entreprises et/ou des ménages suivis ensuite de plans de relance budgétaire de type keynésien. Dans ce contexte de crise majeure, les règles budgétaires et monétaires européennes sont fortement assouplies voire totalement écartées aggravant ainsi les taux de déficit et de dette publics de chaque État-membre de l'Union. Ainsi en France, avec un plan de soutien d'urgence à l'économie de 110 Md€, on prévoit en fin d'année 2020 un déficit public de près de -9 % et une dette publique s'élevant à un peu plus de 115 % du PIB. C'est que le TDP a atteint 60,9 % du PIB !

Le recours croissant aux marchés financiers pour couvrir leur déficit soumet certains États de la zone euro dont l'économie n'était pas soutenable dans la durée du fait notamment du fort taux d'endettement privé (Espagne, Irlande…) à une pression sur les taux d'intérêt de leur dette publique émise en euros avec le risque d'une dépréciation de la valeur de la monnaie unique. Pour prévenir ce risque monétaire, l'UE, après l'action de la BCE de rachat indirect de dettes des États de la zone euro en crise, va contraindre les États membres à freiner leur endettement public en leur imposant, à partir 2010, année marquée par la « crise des dettes souveraines », une règle d'équilibre définie à l'article 3 du TSCG de 2012 (solde structurel limité à 0,5 % du PIB pour les États dont la dette est supérieure à 60 % du PIB et à 1 % pour les États ayant une dette inférieure à 60 %)[1]. La France s'est engagée, à travers la loi de programmation des finances publiques (LPFP) pour la période 2018-2022, à revenir dès 2022 à l'équilibre structurel exigé par le TSCG de 2012 (0,5 % du PIB) ; cet objectif a été révisé à la hausse par la Cour des comptes dans ses différents rapports depuis 2019 portant ainsi le délai au-delà de l'année 2022 pour atteindre cet équilibre[2].

On semble ainsi assister dans la zone euro, une fois sortie de crise, à un retour à la vision classique des finances publiques (impératif d'équilibre, recours mesuré à l'impôt et à l'emprunt) au contraire des États-Unis. Les gouvernements américains successifs, parfois qualifiés de gouvernements « ultralibéraux », semblent en effet plus pragmatiques en maintenant un haut degré d'interventionnisme public afin de soutenir l'activité économique. Une fois la croissance retrouvée, ces gouvernements conduisent une politique de consolidation budgétaire (maîtrise de la dépense, équilibre et baisse de la pression fiscale).

1. Le solde structurel (ou déficit structurel) est le solde public (déficit public) diminué du solde conjoncturel (déficit conjoncturel). Il s'agit par cette règle d'encadrer plus strictement les politiques budgétaires des États de la « zone euro » qui compte 19 États membres en 2020.

2. La loi de finances pour 2020 prévoit un déficit public de 2,2 % du PIB et une dette publique de 98,7 % du PIB. Avec la crise sanitaire, on anticipe en mars 2020 un déficit public de -3,9 % du PIB qui atteindra en fin d'année 2020 un taux de -9 % du PIB !

Ce discours européen de l'austérité et de la rigueur, qui trouve toutefois ses limites en contexte économique de crise majeure (en 2008 et 2020), s'inscrit dans un cadre politique et juridique renouvelé. L'image d'un État régulateur sous contrainte européenne (TSCG de 2012) se fait jour et trouve sa traduction dans des textes encadrant les finances de l'État (la LOLF de 2001), les finances sociales (la LOLFSS de 2005) et les finances locales (loi organique du 29 juillet 2004 sur l'autonomie financière des collectivités territoriales).

La difficulté est de concilier la conception libérale classique (équilibre européen des finances publiques) et la conception libérale moderne dite keynésienne (équilibre économique général). Ainsi si l'équilibre des budgets publics au sens de budgets des administrations publiques retient la première conception de l'équilibre, le budget de l'État, qui doit demeurer un instrument d'action en période de crise majeure, se conforme davantage à la seconde conception, celle de l'équilibre économique qui autorise un déséquilibre budgétaire par le recours, souvent nécessité par le contexte de crise, au déficit. Les textes financiers en vigueur reprennent ces deux conceptions, l'une plutôt libérale classique (LOPGFP de 2012 encadrant les LPFP), l'autre plutôt libérale moderne ou keynésienne (LOLF de 2001 et dans une moindre mesure la LOLFSS de 2005 encadrant respectivement les lois de finances et les lois de financement de la sécurité sociale) ce qui interroge parfois la cohérence de l'action gouvernementale en matière de finances publiques. Les crises révèlent le caractère instrumental des budgets publics et en particulier du budget de l'État et des « budgets sociaux » en contraignant les États à privilégier une conception keynésienne des finances publiques. Mais une fois les crises passées, les États-membres de l'Union européenne reviennent à une conception ordo-libérale allemande des finances publiques privilégiant la stabilité monétaire et l'équilibre budgétaire. Cet ordo-libéralisme vise à inscrire dans l'ordre juridique l'ordre économique, financier et monétaire libéral.

Afin de rendre les politiques et la gestion des finances publiques crédibles dans le temps et permettre une stabilité des décisions financières notamment fiscales et restaurer ainsi la confiance des agents économiques (créanciers de l'État, ménages, entreprises) quant au comportement à adopter (consommer, épargner et/ou investir), l'idée est d'établir une règle à valeur constitutionnelle s'imposant à tout gouvernement. Une telle tendance apparaît dans le débat lancé en France depuis 2008 d'inscrire une règle d'équilibre ou encore la fameuse « règle d'or » dans la Constitution. Ce « constitutionnalisme économique » n'a pas pour l'heure trouvé sa traduction dans une norme suprême contraignante. Il y a en tout cas la volonté d'un pilotage scientifique et rationnel de l'économie nationale au moyen des finances publiques qui en constitueraient l'instrument essentiel.

Par-delà les limites d'une telle approche « scientiste » dans un contexte économique, social et politique incertain et instable voire traversé par des crises permanentes, la prégnance du droit est manifeste dans le cadre de la régulation européenne des finances publiques nationales ce qui justifie l'intérêt de privilégier une approche juridique.

L'évolution des finances publiques depuis le XIXe siècle aboutit à la constitution d'un ensemble de règles dont les sources multiples et diverses sont situées pour la plupart à un niveau constitutionnel rappelant ainsi le caractère éminemment politique de cette discipline majeure de droit public.

Pour approfondir

- A. Barilari, « Le Traité sur la stabilité, la coordination et la gouvernance », *G&FP*, n° 4, mai 2013, p. 33.
- N. Gallifet, « L'office du juge constitutionnel français et le traité sur la stabilité, la coordination et la gouvernance au sein de l'Union économique et monétaire », *RFFP*, n° 132, nov. 2015, p. 267.
- F. Lequiller, « Vers une intégration européenne des normes de finances publiques », *RFFP*, n° 122, avril 2013, p. 133.
- Rapport économique social et financier, PLF 2020, *Perspectives économiques et des finances publiques*, Ministère de l'Économie et des Finances, Paris, 2019, p. 83-143.
- M. Saoudi, « L'équilibre des finances publiques. Vers un ordre public financier européen ? », *G&FP*, n° 1, janvier 2013, p. 73.
- M. Saoudi, « Le risque souverain dans la zone euro », *RUE*, n° 597, avril 2016, p. 232-238.

QCM

une ou deux bonne(s) réponse(s) possible(s)

1 Les finances publiques classiques se caractérisent

- ❑ a. par des dépenses limitées
- ❑ b. par des dépenses illimitées
- ❑ c. par des ressources limitées

2 L'« État-abstentionniste » est l'État qui

- ❑ a. s'impose la règle stricte d'équilibre budgétaire
- ❑ b. recourt au déficit budgétaire
- ❑ c. considère l'impôt comme un instrument de redistribution

3 L'« équilibre structurel » au sens du TSCG de 2012 vise

- ❑ a. à l'accroissement de la dépense publique
- ❑ b. une action au moyen du déficit
- ❑ c. à un encadrement plus strict des politiques budgétaires nationales

4 Les finances publiques en période de crise sont marquées

- ❑ a. par une forte contrainte monétaire européenne
- ❑ b. par forte discipline budgétaire européenne
- ❑ c. aucune de ces réponses

5 La « règle des trois E » au sens du RF européen de 2012 modifié

- ❑ a. s'impose au seul budget de l'État français
- ❑ b. s'impose aux seuls budgets locaux
- ❑ c. s'impose notamment aux budgets des APU

RÉPONSES 1.a.c. • 2.a. • 3.c. • 4.c. • 5.c.

QRC

Le budget de l'État

Méthodologie : une démarche en quatre étapes

Première étape : Définition

- « Budget » : acte de prévision souvent pour une année des dépenses et recettes d'un agent économique (entreprises, ménages).
  Appliqué à une personne publique (État, CT, EP, UE...), la notion de « budget » devient un « budget public » et prend une dimension politique : ainsi un « budget public » est défini comme un acte de prévision (ce qui suppose une adaptation en cours d'année) et acte d'autorisation (acte adopté par une assemblée élue qui par ce vote autorise l'exécutif à lever l'impôt et à l'utiliser sur un objet et une destination définis dans l'acte budgétaire adopté).
- « Budget de l'État » : statut particulier donc statut particulier de son principal instrument d'action le budget. La conception du budget est donc fonction de l'évolution du rôle de l'État.

Deuxième étape : Évolution de la question ou des termes du sujet

Budget d'un État-gendarme (XIXe) se distingue dans sa présentation, structure et règles applicables d'un budget d'un État interventionniste (depuis 1914)

Cadre d'élaboration et d'exécution du budget de l'État a changé : économie ouverte sur l'international et ses conséquences (politique économique sous tension entre libéralisme abstentionniste et libéralisme interventionniste, politique de la demande et/ou politique de l'offre et leur influence sur la gestion des finances publiques), construction européenne avec notamment l'UEM depuis le traité de Maastricht de 1992. Ce contexte général appelle à une réforme de la gestion publique (préceptes libéraux du *New public management*) ; en France la LOLF de 2001 héritera des anciennes méthodes initiées dès les années 1960 (RCB abandonnée au milieu des années 1980)

Mais crise financière de 2008 et aussi la crise sanitaire de 2020 et leurs conséquences sur la situation budgétaire des États : retour momentané du keynésianisme révélant le budget de l'État comme instrument essentiel d'action (plans de relance américain et européen) puis en 2010 politiques d'austérité du moins en Europe notamment dans la zone euro devant la difficulté à diminuer le déficit et dette de ses États membres (consolidation budgétaire). On s'attend à une consolidation budgétaire une fois passée la crise sanitaire déclenchée en Chine depuis décembre 2019.

On relève ainsi que selon le contexte du moment que le budget est soit perçu comme instrument d'action soit comme un instrument de réforme.

Troisième étape : Problématique

Encore une fois selon l'état de ses connaissances, on peut retenir telle ou telle problématique, l'essentiel étant qu'une problématique doit être dégagée pour organiser et structurer son développement.

On pourra ici retenir les deux points suivant : le budget de l'État à la fois comme instrument d'action et comme un instrument de réforme depuis la LOLF.

Quatrième étape: Annonce de plan

- **Annonce pour une dissertation**

I. Le budget d'État comme instrument d'action
   1. Le « policy mix »: politique budgétaire et politique monétaire
   2. Un « policy mix » sous contrainte européenne

II. Le budget d'État comme instrument de réforme
   1. Les apports de la LOLF
   2. Les limites de la LOLF

- **Annonce de plan pour une QRC**
   1. Le budget d'État comme instrument d'action
   2. Le budget d'État comme instrument de réforme

Rédaction possible (sous forme de QRC avec environ 30 lignes)

Le budget de l'État est comme tout budget public un acte de prévision et d'autorisation des dépenses et recettes établi pour une durée d'un an. Mais le budget de l'État a un statut particulier car il demeure, et la crise de 2020 l'a bien montré, un instrument d'action économique et social et, il est également, en particulier depuis 2001, un instrument majeur de réforme de l'État. L'État au moyen de sa politique budgétaire de relance (hausse de la dépense et/ou des prélèvements obligatoires) ou de sa politique budgétaire de consolidation (baisse de la dépense et/ou de la pression fiscale) vise à susciter l'activité économique ou au contraire à freiner tout risque de « surchauffe » de l'économie. Ainsi le déficit budgétaire demeure un instrument d'action face à une situation de crise de l'économie nationale et/ou internationale, l'exemple des crises financière (2008) et sanitaire (2020) l'ont bien montré. L'État peut également agir sur sa monnaie (politique monétaire de dévaluation ou de surévaluation) pour répondre à une situation de tension de son économie voire de maîtrise de son déficit et donc de sa dette. Mais l'instrument monétaire devient difficile à actionner depuis le projet d'une Union économique et monétaire (UEM) initiée par le traité de Maastricht de 1992 et réalisée par le Traité d'Amsterdam de 1997. De plus, le contexte de fort déficit et endettement public a conduit à faire du budget un instrument de réforme de l'État.

Depuis l'entrée en vigueur de la LOLF en 2005, le budget constitue un instrument de réforme de l'État, réforme placée sous contrainte européenne et aussi nationale. L'appartenance de la France à la « zone euro » conduit à dessaisir l'État de sa compétence monétaire au profit de la Banque centrale européenne (BCE) mais aussi soumet à discipline la politique budgétaire étatique en la plaçant sous surveillance de la Commission européenne (pacte de stabilité et de croissance ou PSC, programme de stabilité, semestre européen notamment). La traduction juridique étant l'adoption depuis 2008 des lois de programmations des finances publiques (LPFP) dont le contenu a été renforcé par la loi organique relative à la programmation et à la gouvernance des finances publiques (LOPGFP) de 2012 adoptée suite à la ratification du « pacte budgétaire » de 2012 (TSCG). La réforme est impulsée au niveau interne par le lancement depuis 2007 de la RGPP suivie en 2012 de la MAP puis de la Transformation publique depuis 2018 (Cap 2022), méthodes qui visent à redimensionner les missions de l'État afin de dégager des « gains de productivité » et à améliorer la performance du service public offert au citoyen-contribuable, ce dernier retrouve ainsi une place centrale en tant que juge de la qualité des services publics, cette nouvelle approche vise ainsi à refonder et à légitimer l'action de l'État-stratège.

L'approche globale

Fiche 3

Les sources juridiques des finances publiques

Les finances publiques contemporaines sont encadrées par un ensemble de règles puisées dans les traités européens, la Constitution de 1958, les lois et règlements. S'ajoutent à cet ensemble normatif, la jurisprudence et les mesures d'ordre intérieur (circulaires, instructions...) sans portée juridique contraignante mais organisant certaines pratiques budgétaires et comptables; sont apparus récemment les avis rendus par le Haut conseil des finances publiques (HCFP).

I. Nnormes européennes applicables aux finances publiques nationales

Les sources européennes renvoient certes aux actes édictés par les Communautés européennes (des traités d'origine de Paris de 1951 et de Rome de 1957 à l'Acte unique européen de 1986) devenues l'Union européenne ou UE (traités modificatifs de Maastricht de 1992 jusqu'au traité de Lisbonne de 2007 qui a doté l'UE de la personnalité internationale) mais aussi aux actes adoptés au sein du Conseil de l'Europe crée en 1949 (Convention européenne de sauvegarde des droits de l'homme et des libertés fondamentales ou CESDH dite aussi « convention européenne des droits de l'homme » du 4 novembre 1950).

A. Normes issues du droit européen des droits de l'homme (CESDH 1950)

La CESDH de 1950, outre qu'elle trouve à s'appliquer au domaine assez large du droit public financier (art. 7 sur la légalité des peines, art. 8 sur le droit au respect de la vie privée et familiale, art. 10 sur le droit à la liberté d'expression, art. 14 sur l'interdiction des discriminations) encadre notamment les procédures fiscales (sanctions fiscales et/ou sanctions pénales) et aussi la procédure de jugement des comptes des comptables publics. En matière de contentieux fiscal, les actes de « perquisition fiscale » portant atteinte au respect de la vie privée et du domicile ainsi que les mesures de sanctions ayant un caractère civil ou pénal sont soumis au respect des principes énoncés par la CESDH (nécessité et proportionnalité). Quant à la procédure de jugement des comptes des comptables publics, les juridictions financières, depuis un arrêt rendu en 2006 par la Cour européenne des droits de l'homme dans une affaire relative à la procédure de jugement devant la Cour des comptes française[1], doivent s'assurer du respect du principe du droit à un procès équitable (art. 6 § 1 CESDH). La loi du 28 octobre 2008 relative à la Cour des comptes et aux chambres régionales et territoriales des comptes vient conformer la procédure de jugement des comptes des comptables au principe du droit à un procès équitable. Le droit de l'Union européenne devient tout aussi prégnant.

B. Normes issues du droit de l'Union (traité de Lisbonne de 2007 et actes dérivés)

Le droit de l'Union encadre l'évolution des finances publiques nationales inscrites dans un environnement d'interdépendance des économies et de construction de l'Union économique et monétaire (UEM), projet initié dès les années 1970 qui ont été marquées par la crise du système monétaire international (SMI). La réalisation de l'UEM avec les traités de Maastricht (1992-1993) et d'Amsterdam (1997-1999) et l'instauration de l'euro depuis 2002 impose un contrôle par la Commission européenne des finances publiques nationales : leur politique budgétaire nationale est désormais subordonnée à la politique monétaire européenne. Le PSC de 1997 est formalisé par deux règlements européens l'un précisant les mesures préventives, l'autre les mesures de sanction pour lutter contre les déficits publics excessifs[2]; ces mesures sont reprises à l'article 126 du traité sur le fonctionnement de l'union européenne (TFUE) du traité de Lisbonne (2007-2009).

Ces instruments de surveillance se sont renforcés depuis la crise en 2010 dite « des dettes souveraines ». Ce dispositif normatif européen de surveillance des finances publiques nationales s'est à son tour enrichi depuis la crise sanitaire de 2020 : la Commission a ainsi activé la clause pour récession économique sévère (communément appelée « *general escape clause* ») autorisant les États à dépasser les seuils de déficit et dette publics fixés par le PSC pour faire face à la pandémie de Covid-19.

1. Arrêt *Martinie c/France* du 12 avril 2006 qui condamne l'impossibilité pour le requérant (le comptable public) de demander une audience publique devant la Cour des comptes, qui condamne aussi la place du procureur financier dans la procédure devant la Cour des comptes et aussi qui condamne la présence du commissaire du gouvernement au délibéré du Conseil d'État (le Conseil d'État est en effet juge de cassation des arrêts de la Cour des comptes).
2. C'est-à-dire si le déficit public dépasse le seuil de 3 % du PIB.

À la lutte contre les déficits publics excessifs va s'ajouter, une fois les crises économiques successives passées, une lutte contre les dettes publiques excessives :

- **une lutte contre les déficits excessifs (art. 126 al. 1 TFUE)** : le PSC, assoupli en 2005, est réformé en novembre 2011 par 5 règlements et une directive (« paquet de six » ou « *six packs* »)[1] ;
- **une lutte contre les dettes excessives (art. 126 al. 2 TFUE)** : devant l'aggravation de la dette de certains États (Grèce, Irlande, Espagne, Portugal), un mécanisme de financement de leur dette est mis en place. Aux instruments de prêts provisoires (Mécanisme puis Fonds européens de stabilité financière, respectivement MESF puis FESF) est substitué un dispositif permanent, le Mécanisme européen de stabilité ou MES prévu à l'article 136 TFUE. Par ce fonds, doté de 700 Md€ et entré en vigueur en septembre 2012, il s'agit d'une part, de racheter la dette des États en crise pour freiner la hausse des taux d'intérêt de leurs emprunts émis en euro et donc stabiliser la « zone euro » et, d'autre part, pouvoir recapitaliser les banques qui demeurent les principaux créanciers de ces États. Ce MES a été réactivé et est doté de près de 400 Md€ en mars 2020 suite à la pandémie du Covid-19 dont l'Europe est devenue l'épicentre après la Chine.

Ce montage financier pour le moins complexe résulte des limites du Traité de Lisbonne qui fait interdiction à la BCE et aux États membres de prêter directement aux États de la zone euro fortement endettés (« clause de non-renflouement » de l'art. 125 TFUE).

Ainsi, après un encadrement juridique des « déficits excessifs » et sous l'effet de cette crise, est institué un dispositif de limitation des « dettes excessives » ; c'est l'objet du Traité sur la stabilité, la coordination et la gouvernance au sein de l'union économique et monétaire de 2012 dit « TSCG » qui introduit la notion de « déficit structurel » établie cette fois, au contraire du PSC, selon le niveau de dette des États.

---

1. Actes intéressant autant la **politique budgétaire** (Règlement (UE) n° 1175/2011 du Parlement européen et du Conseil du 16 novembre 2011 modifiant le règlement (CE) n° 1466/97 du Conseil relatif au renforcement de la surveillance des positions budgétaires ainsi que de la surveillance et de la coordination des politiques économiques ; Règlement (UE) n° 1177/2011 du Conseil du 8 novembre 2011 modifiant le règlement (CE) n° 1467/97 visant à accélérer et à clarifier la procédure concernant les déficits excessifs ; Règlement (UE) n° 1173/2011 du Parlement européen et du Conseil du 16 novembre 2011 sur la mise en œuvre efficace de la surveillance budgétaire dans la zone euro ; Directive 2011/85/UE du Conseil du 8 novembre 2011 sur les exigences applicables aux cadres budgétaires des États membres) que **l'encadrement des déséquilibres macro-économiques** (Règlement (UE) n° 1176/2011 du Parlement européen et du Conseil du 16 novembre 2011 sur la prévention et la correction des déséquilibres macro-économiques, Règlement (UE) n° 1174/2011 du Parlement européen et du Conseil établissant les mesures d'exécution en vue de remédier aux déséquilibres macro-économiques excessifs dans la zone euro), *JOUE* L306 du 23/11/2011.

Pour éviter un retour à une crise des dettes souveraines, les États membres de l'UE signent le 2 mars 2012 le TSCG entré en vigueur le premier janvier 2013 et que chaque État doit ratifier s'il veut bénéficier des fonds du MES (aide financière conditionnée). En ratifiant le TSCG, l'État s'engage à l'équilibre ou à l'excédent de ses budgets publics au sens de budgets des administrations publiques ou APU. Ce traité intergouvernemental, qui garantit une mainmise des États sur la procédure de sanction, est mis en œuvre en France par la LOPGFP du 17 décembre 2012. La LOPGFP institue un Haut conseil des finances publiques (HCFP) chargé de veiller au respect de la trajectoire d'équilibre et de vérifier que les conditions de « circonstances exceptionnelles » au sens du TSCG sont réunies pour autoriser l'État à s'écarter de son objectif de moyen terme (OMT) de déficit structurel préalablement défini dans son « programme de stabilité » adressé à la Commission européenne. Cette dernière, suite à la décision du Conseil des ministres des finances (Ecofin) du 23 mars 2020 prise face à la pandémie du Covi-19, a appliqué la clause dérogatoire générale aux règles budgétaires prévue dans le PSC de 1997 modifié. Elle a ainsi levé la limite de 3 % du PIB pour le déficit public et de 60 % du PIB pour la dette publique.

Entrés en vigueur le 30 mai 2013, deux règlements européens (*« paquet de deux » ou « two pack »*)[1] viennent instituer un contrôle par la Commission (et l'Eurogroupe) des projets de budgets des États membres avant leur adoption par leur parlement national respectif : il s'agit, après un « semestre européen » (janvier à juin) qui est consacré à la coordination des politiques économiques, de s'assurer, durant les sessions budgétaires nationales (octobre-décembre), que les projets de budgets des États respectent les obligations fixées par le PSC rénové par le TSCG. La prégnance du droit de l'Union est manifeste ce qui ne va pas sans soulever la question sensible de la souveraineté budgétaire des États de la zone euro.

Ce contexte de crise est-il propice à une évolution vers un « fédéralisme budgétaire » venant ainsi prolonger et compléter l'actuel « fédéralisme monétaire » ? Pour parer une telle évolution, le pouvoir de sanction en cas de violation de la règle européenne d'équilibre au sens du TSCG de 2012 est laissé à l'appréciation politique du Conseil, organe représentant les États membres. Seule l'intégration du TSCG dans le Traité de Lisbonne et plus précisément dans le TFUE et donc la substitution de sa qualification de traité de l'Union à celle actuelle de traité intergouvernemental marquera le passage à une sorte de « fédéralisme budgétaire européen ». Par ailleurs, une situation de circonstance exceptionnelle permet à tout État de retrouver pleinement sa souveraineté budgétaire inscrite toutefois dans un cadre monétaire européen

1. Règlement n° 2011/0385 du Parlement européen et du Conseil relatif au renforcement de la surveillance économique et budgétaire des États membres connaissant ou risquant de connaître de sérieuses difficultés du point de vue de leur stabilité financière au sein de la zone euro et Règlement n° 2011/0386 du Parlement européen et du Conseil établissant des dispositions communes pour le suivi et l'évaluation des projets de plans budgétaires et pour la correction des déficits excessifs dans les États membres de la zone euro.

contraint. On assiste en tout cas à un fédéralisme tutélaire invitant au respect de la norme libérale d'équilibre budgétaire et de stabilité monétaire, norme évoluant et s'adaptant sans cesse au contexte économique national et international. Les constitutions nationales ou les règles contraignantes en tenant lieu (LOPGFP de 2012) vont intégrer dans leur ordre juridique cette norme comportementale de conduite des politiques économiques notamment dans leur dimension budgétaire et/ou monétaire avec cette remarque d'importance que les règles monétaires de la zone euro déterminent les règles budgétaires des États membres. La monnaie devient de nos jours un instrument déterminant de conduite des politiques économiques avec un impact direct sur la vie quotidienne des citoyens : qui détient le pouvoir monétaire détient l'essentiel du pouvoir gouvernemental des sociétés modernes.

II. Les dispositions constitutionnelles à caractère fiscal, budgétaire et financier

On peut distinguer les dispositions à caractère fiscal de celles à caractère budgétaire et financier. On fera une place également aux règles issues du droit budgétaire car elles trouvent leur fondement dans la Constitution.

A. Les dispositions constitutionnelles à caractère fiscal

Elles sont pour l'essentiel contenues dans le Préambule de la Constitution de la Ve République et en son sein dans la fameuse Déclaration des droits de l'homme et du citoyen (DDHC) de 1789 notamment :

- son *article 13* (égalité devant la loi fiscale au sens de l'article 6 de la DDHC et égalité devant les charges publiques et aussi principe de nécessité de l'impôt), son *article 14* (principe du consentement à/de l'impôt dont découlent les principes d'annualité et de légalité de l'impôt) et enfin *l'article 15* qui rappelle l'exigence démocratique du contrôle et de la responsabilité des gestionnaires publics au sens large (les ordonnateurs et les comptables chargés des opérations de recettes et de dépenses publiques) ;
- le principe de légalité de l'impôt (« pas d'impôt sans loi ») énoncé à l'article 14 de la Déclaration est repris par *l'article 34 C*. Il rappelle la compétence exclusive du législateur en matière « d'assiette, de taux et de recouvrement des impositions de toutes natures », catégorie générique distincte de celle de « prélèvements obligatoires » et qui recouvre les impôts et taxes d'État et ceux affectés aux collectivités territoriales ainsi qu'aux organismes de Sécurité sociale et à leurs établissements publics ou privés de rattachement. Ainsi

seule une loi c'est-à-dire l'État peut créer, modifier, ou supprimer les impositions de toutes natures. Ce qui limite le pouvoir fiscal des collectivités territoriales ainsi que celui des organismes de Sécurité sociale.

Des décisions du Conseil constitutionnel viennent interpréter les dispositions des lois financières à caractère fiscal (QPC n° 2010-24 relative à l'égalité devant la loi fiscale et les charges publiques). Les dispositions fiscales des lois financières recouvrent en effet les notions de « droits et libertés » au sens de l'article 61-1 de la Constitution de 1958 et donc peuvent faire l'objet d'une QPC et fonder ainsi une censure prononcée par le Conseil constitutionnel sur la base de cet article.

B. Les dispositions constitutionnelles à caractère budgétaire et financier

L'*article 34 C.* énonce les catégories de lois financières, (lois de finances ou LF, lois de financement de la Sécurité sociale ou LFSS et lois de programmation des finances publiques ou LPFP) et prévoit leur loi organique respective venant préciser leur contenu et portée (respectivement la LOLF de 2001 qui encadre les LF, la LOLFSS de 2005 encadrant les LFSS et la LOPGFP de 2012 qui précise la nature et la portée des LPFP).

L'*article 39 C.* sur l'initiative gouvernementale exclusive en matière de lois financières (projets de loi de finances ou PLF, projet de lois de financement de la Sécurité sociale ou PLFSS, projet de loi de programmation des finances publiques ou PLPFP) confirmée par l'*article 42 al. 2 C.* (discussion en séance publique de ces projets sur le texte présenté par le gouvernement et non, comme le veut la règle générale établie par la loi constitutionnelle du 23 juillet 2008, sur le texte des commissions parlementaires saisies au fond).

L'*article 40 C.* qui encadre le droit d'amendement parlementaire en matière financière conduit à limiter le pouvoir de modification des députés et sénateurs des ressources et charges publiques notamment celles prévues aux projets de lois de finances (régime maintenu mais quelque peu assoupli en matière de « charge publique » qui s'entend désormais de la mission au sens de l'art. 47 de la LOLF de 2001 modifiée).

Les *articles 47 C. et 47-1 C.* qui encadrent le délai d'adoption parlementaire respectivement des lois de finances initiales ou LFI (70 jours) et lois de financement de la Sécurité sociale ou LFSS (50 jours), contrainte qui semble absente à l'égard des autres lois financières (loi de finances rectificative, loi de règlement des comptes et rapport de gestion, loi de programmation des finances publiques) ; mais le lien étroit existant entre ces différents textes (dépôt, discussion et vote devant précéder ou succéder à ceux des LFI et/ou LFSS) conduit à encadrer de fait leur délai d'adoption.

L'article 47-2 C. qui consacre l'existence de la Cour des comptes en constitutionnalisant ses missions juridictionnelles (jugement des comptes des comptables publics) et non juridictionnelles (information du citoyen-contribuable à travers ses rapports publics, assistance au Parlement et au gouvernement dans le contrôle de l'exécution des lois de finances et l'application des lois de financement de la Sécurité sociale, certification des comptes de l'État et du régime général de Sécurité sociale, évaluation des politiques publiques en liaison avec le Parlement conformément aux *articles 24 C. et 51-2 C.*).

L'article 53 C. qui rappelle qu'une loi est nécessaire pour ratifier un traité international engageant les finances de l'État.

L'article 54 C., qui autorise le Conseil constitutionnel, s'il est saisi par les autorités compétentes, à rendre des décisions relatives à la constitutionnalité des traités internationaux notamment européens que la France s'apprête à ratifier : ainsi la décision n° 2012-653 du 9 août 2012 relative à la ratification du TSCG qui vient enrichir le contenu du droit constitutionnel financier.

Le régime particulier des finances locales est depuis 2003 consacré par la Constitution : outre les *articles 34 C. et 72 C.* posant le principe de libre administration, *l'article 72-2 C.* affirme le nouveau principe constitutionnel d'autonomie financière des collectivités territoriales (notion de « ressources propres », principe de compensation par l'État lors de transferts de nouvelles charges et principe de péréquation pour lutter contre les inégalités financières territoriales). La loi organique du 29 juillet 2004 relative à l'autonomie financière locale vient préciser les modalités d'application de la disposition constitutionnelle prévue à l'art. 72-2 al. 3 C. On rappelle que la procédure QPC est ouverte aux collectivités territoriales (CT). Ces dernières désormais peuvent contraindre le législateur au respect de leur libre administration et autonomie financière, principes garantis par les articles 72 C. et 72-2 C. précités (on est en effet ici dans le cadre des droits et libertés des communes, départements et régions, matière visée par la procédure QPC au sens de l'article 61-1 de la Constitution de 1958). Certaines de ces dispositions intéressant les finances publiques et la fiscalité sont peut-être appelées à évoluer dans le cadre du projet de réforme constitutionnelle visant à un renouveau de la vie démocratique présenté par le gouvernement en mai 2018.

C. Les règles issues du droit budgétaire

Le droit budgétaire peut être défini comme l'ensemble des règles relatives à l'élaboration, à l'exécution et au contrôle de l'exécution du budget de l'État et plus généralement de tout budget public. Des principes budgétaires (annualité, unité, universalité, spécialité et sincérité) encadrent la présentation et l'exécution de ces budgets en vue de leur lisibilité et compréhension. Ces règles permettent **un contrôle de l'organe**

délibérant (Parlement pour l'État, assemblée locale pour une collectivité territoriale, conseil d'administration pour un établissement public) **sur l'organe exécutif** (respectivement le gouvernement, l'exécutif local, le président ou directeur d'établissement). Ces actes de prévision et d'autorisation des dépenses et recettes que sont les budgets publics sont ainsi soumis à des principes qui répondent à l'exigence démocratique de transparence et de contrôle des finances publiques. Ces budgets sont en effet financés à titre principal par les citoyens-contribuables, représentés ici par l'organe délibérant. L'absence de tels principes manifeste souvent la nature autoritaire d'un régime politique (Consulat et Premier Empire en France de 1799 à 1814). C'est dire l'importance et l'exigence démocratique que d'affirmer et surtout d'assurer l'effectivité de ces principes qui sont au fondement des régimes parlementaires européens. Ces principes visent ainsi à établir des régimes politiques de transparence financière soucieux du « bon emploi des deniers publics ». Le constat est que notre régime politique actuel tarde à rendre effectifs ces principes appliqués notamment à la gestion de nos institutions qualifiées de « pouvoirs publics » par la LOLF (Présidence de la République Gouvernement et Parlement), Ainsi, pour reprendre l'analyse établie par un auteur sur le fonctionnement de nos institutions politiques, une démocratie semble mensongère si elle n'a pas un rapport clair et transparent avec l'argent des citoyens-contribuables[1].

Ces principes, pour la plupart formalisés dans des textes remontant aux chartes constitutionnelles de 1814 et 1830, connaissent depuis le XXe siècle et l'apparition de l'État interventionniste, des dérogations dans leur mise en œuvre. C'est pourquoi, il est devenu habituel de définir ces principes dans leur signification originelle (logique politique) et d'évoquer ensuite leurs assouplissements voire dérogations suscitées par le nouveau rôle d'un État gestionnaire (logique économique). Concilier ces deux logiques invite à présenter ces principes et leurs limites. On rappellera ici brièvement le sens de ces règles et leur portée à l'égard du budget de l'État sachant qu'elles trouvent aussi à s'appliquer avec toutefois certaines adaptations aux budgets locaux, au « budget[2] » de la Sécurité sociale et au budget de l'Union européenne.

1. La règle d'annualité

Cette règle signifie que l'autorisation parlementaire des dépenses et recettes a une durée de validité d'un an et que l'exécution administrative des opérations de dépenses et recettes doit s'inscrire dans un cadre annuel (année civile en France allant du

1. En ce sens, A. Etchegoyen, *La démocratie malade du mensonge*, éd. François Bourin, Parn, Paris, 1993.

2. « Budget » entre guillemets car la loi de financement de la sécurité sociale (LFSS) se limite simplement à une prévision de recettes et à un objectif de dépenses au contraire d'une loi de finances initiale (LFI) qui prévoit et autorise la perception des recettes et un plafond de dépenses répondant ainsi mieux à la définition classique de la notion de budget (acte de prévision et d'autorisation des recettes et dépenses) ce qui n'est pas le cas pour les LFSS.

premier janvier au 31 décembre, mais l'année budgétaire débute le premier avril au Royaume-Uni ou encore le premier octobre aux États-Unis[1]). Cette règle vise à garantir au parlement un pouvoir de contrôle annuel sur le budget de l'État (logique politique) mais pour des raisons pratiques et/ou de bonne gestion des deniers publics (logique économique), cette règle connaît des dérogations :

- dérogations *à l'annualité de l'autorisation* soit dans un cadre infra-annuel (telles la loi de finances rectificative, ou encore le budget local et européen rectificatif) soit dans un cadre pluriannuel, avec d'une part, les LPFP prévues à l'art. 34 C.1958, et, d'autre part, la procédure dite « autorisation d'engagement » ou AE et « crédit de paiement » ou CP (nouvelle présentation des crédits budgétaires de l'État établie par l'article 8 de la LOLF marquant la volonté de concilier annualité et pluriannualité dans la gestion des moyens des politiques publiques c'est-à-dire des crédits déclinés en missions, programmes et actions ou crédits sous « format MPA ») ;
- dérogations *à l'annualité dans l'exécution* : il s'agit d'une part des reports de crédit pris par arrêtés ministériels prévus à l'article 15 de la LOLF avec un régime distinct selon qu'ils visent les AE (report de droit) ou les CP (report limité à 3 % des crédits initiaux inscrits sur le même titre du programme avec toutefois un régime particulier pour les crédits de personnel) et, d'autre part, de la « journée complémentaire », pratique devenue assez rare depuis le décret GBCP de 2012 et qui intéresse le comptable public : période qui lui permet de prolonger l'exécution jusqu'au 20 janvier de l'année suivante tout en enregistrant ses opérations au compte du budget précédent. Cette souplesse appelée « journée complémentaire » intéresse en particulier l'exécution des opérations autorisées en lois de finances rectificative adoptées souvent en fin d'année (collectif budgétaire d'automne).

2. La règle d'unité

Cette règle signifie que les dépenses et recettes d'un organisme public doivent apparaître et être inscrites dans un document unique appelé budget général. La nature et la diversité de l'action de l'État conduit à prévoir des dérogations à cette règle. Si son activité non marchande, la plus importante en termes financiers, apparaît inscrite au budget général, son activité marchande est retracée dans des budgets annexes au nombre de deux depuis la LOLF (art. 18) ; la conduite de certaines opérations soit bénéficiant de recettes affectées, soit à caractère temporaire et/ ou technique se présentent quant à elles sous forme de comptes, jeu d'écritures

1. On rappelle la particularité des budgets locaux qui doivent être adoptés au plus tard le 15 avril de l'année d'exécution budgétaire ou le 30 avril s'il s'agit d'une année d'élections locales (art. L1612-2 CGCT).

comptables appelés « comptes spéciaux » qui sont au nombre d'une trentaine et appartiennent à l'une des quatre catégories énoncées et précisées aux art. 19 à 24 de la LOLF et que l'on peut regrouper ainsi :

- d'une part les *comptes d'affectation spéciale* ou CAS (art. 21 LOLF) et les *comptes de concours financiers* ou CCF (art. 24 LOLF) qui ont la particularité d'être dotés de crédits ;
- d'autre part, les *comptes de commerce* ou CC (art. 22 LOLF) et les *comptes d'opérations monétaires* ou COM (art. 23 LOLF) qui eux au contraire ne sont pas dotés de crédits et pour lesquels le Parlement se prononce simplement sur un écart autorisé entre dépenses et recettes, on dit qu'il vote sur une « autorisation de découvert[1] ».

Ainsi le **budget de l'État** est scindé en réalité en **trois documents** au régime juridique distinct en considération de la nature de l'activité menée : **budget général** (activité non marchande de l'administration centrale et déconcentrée), **budgets annexes** (activité marchande effectuée à titre principal par certains services de l'État) et **comptes spéciaux** (activités particulières ou opérations spécifiques menées par l'État). On estime toutefois que ces budgets annexes et comptes spéciaux constituent un simple assouplissement à la règle d'unité car tous ces documents (budget général, budgets annexes et comptes spéciaux) sont présentés au sein du seul, même et unique texte, la loi de finances initiale (LFI) ou loi de finances annuelle (LFA). Le Parlement a ainsi une vue globale du budget de l'État ce qui renvoie et établit le lien avec une autre règle budgétaire, la règle d'universalité.

3. La règle d'universalité

Souvent associée à la règle précédente d'unité, la règle d'universalité exige que les dépenses et recettes apparaissent au budget dans leur intégralité sans lien entre elles (règle du produit brut, dite aussi règle de non-contraction ou encore règle de non-compensation) et sans qu'aucune recette précise ne soit affectée à une dépense déterminée (règle de non-affectation).

Le principe d'universalité, **qui trouve à s'appliquer au budget général de l'État**, contient deux règles, la règle de non-contraction (aspect de l'universalité dans la présentation des dépenses) et la règle de non-affectation (aspect de l'universalité dans la présentation des recettes). Ce principe est la traduction financière de l'unité constitutionnelle de l'État garant de la solidarité nationale : une seule caisse, la caisse du Trésor public qui perçoit toute recette (un service administratif ne peut

1. Lorsque les recettes de ces comptes sont stables, leurs dépenses peuvent être augmentées jusqu'à un certain plafond autorisé par le vote parlementaire. On peut illustrer cela par l'exemple du compte bancaire d'un particulier dont sa banque l'autorise à dépenser jusqu'à la limite d'un plafond (autorisation de découvert) ; au-delà la sanction est le paiement de frais (agios).

se procurer une recette en dehors du budget voté ou loi de finances, évitant ainsi la constitution de « caisses noires ») et aussi caisse unique à partir de laquelle est effectuée toute dépense d'intérêt général (aucune dépense n'est privilégiée par rapport à une autre car elle est couverte par n'importe quelle recette publique).

Si telle recette était en effet réservée à telle dépense du budget général le risque est de voir telle politique publique financée par telle recette privilégiée par rapport à une autre politique qui ne bénéficierait pas d'une telle affectation de recette ; l'autre risque serait qu'une catégorie de contribuables exigerait de l'État que leur contribution à l'impôt se limite au seul financement de politiques ou services dont ils sont les premiers bénéficiaires. Pour éviter ces deux risques qui apparaissent comme contraires au principe de solidarité nationale et donc d'unité de l'État, on affirme l'absence de lien entre dépenses et recettes et la non-affectation d'une recette précise à une dépense déterminée.

Mais des dérogations à ce principe existent. Elles intéressent tant la règle de non-contraction que celle de non-affectation. Outre les budgets annexes et comptes spéciaux précités qui tous deux échappent à l'une et/ou à l'autre de ces règles les soumettant ainsi à un régime juridique distinct de celui du budget général, on peut évoquer les dérogations suivantes.

Les dérogations à la règle de non-contraction prévues à l'article 6 dernier alinéa de la LOLF (les prélèvements sur recettes ou PSR) qui apparaissent davantage comme un simple assouplissement à cette règle car l'état A annexé à tout PLF vient détailler l'ensemble des recettes brutes prélevées par l'État avant de rétrocéder une partie aux collectivités territoriales et à l'Union européenne (PSR) pour obtenir les recettes nettes, fiscales et non fiscales de l'État. Ces PSR se présentent comme des « moindres recettes » et non comme des « dépenses » ce qui permet au Parlement d'étendre son pouvoir d'information, de contrôle et surtout d'amendement (art. 40 C. 1958 précisé par l'art. 47 LOLF) en matière de détermination du régime des ressources locales (PSR-CT) et des ressources européennes (PSR-UE).

L'autre dérogation à la règle de non-contraction à signaler est constituée par les fameuses « dépenses fiscales » car une contraction est opérée ici entre un montant de recettes obtenu par application de la norme fiscale en vigueur (par exemple un taux normal de TVA à 20 % frappant en principe tel bien ou service de restauration) et un montant équivalent à la perte de recettes par application de la mesure fiscale dérogatoire (taux de TVA restauration réduit à 10 % depuis le premier janvier 2014)[1] : cette différence apparaît au budget sous forme d'un montant contracté qui correspond au coût supporté par l'État c'est-à-dire le contribuable, d'où le terme « dépenses fiscales » ou « niches fiscales ». Ces termes sont synonymes selon le point de vue adopté, celui de l'État (« dépenses fiscales ») ou celui du contribuable (« niches

1. Art. 68 de la loi de finances rectificative du 30 décembre 2012.

fiscales »), le résultat est le même, une perte de ressources pour l'État évaluée en 2020 à près de 90 Md€ en France au risque d'accroître son déficit en période de faible croissance économique.

Les dérogations à la règle de non-affectation : elles sont énoncées par la LOLF à l'article 17 I qui rappelle les trois procédures particulières que sont la procédure des fonds de concours (article 17 II), la procédure d'attribution de produits (article 17 III), et enfin la procédure de rétablissement de crédits (article 17 IV)[1].

Si les budgets des autres organismes publics connaissent en général la règle de non-contraction et les dérogations qui l'accompagnent, ils subissent au contraire moins fortement la règle de non-affectation : on peut affirmer qu'à l'égard notamment des budgets locaux et du « budget de la Sécurité sociale », que l'affectation d'une recette à une dépense est la règle, la non-affectation l'exception. Ces budgets sont en effet soumis plus strictement que celui de l'État à la règle d'équilibre, règle qui peut d'autant mieux être respectée que des recettes sont affectées à des dépenses préalablement déterminées.

Ainsi la présentation des budgets des collectivités territoriales en deux sections (section de fonctionnement pour les opérations ordinaires et section d'investissement pour les opérations extraordinaires) conduit à affecter des recettes de fonctionnement à des dépenses de fonctionnement (la taxe des enlèvements des ordures ménagères ou TEOM est ainsi affectée aux dépenses de ce même service public local ou encore le versement transport ou VT est affecté au service public de transport urbain) et des recettes d'investissement à des dépenses d'investissement (l'emprunt local, ressource non fiscale finance ainsi le seul investissement local).

De même, la Sécurité sociale bénéficie de recettes affectées (la contribution sociale généralise ou CSG, droits sur l'alcool et le tabac qui couvrent en partie les dépenses d'assurance-maladie, d'allocations et prestations familiales ; la contribution au remboursement de la dette sociale ou CRDS est quant à elle affectée au remboursement de la dette sociale...).

1. Les fonds de concours sont d'une part les versements à caractère non fiscal en provenance de tiers et destinés au financement de projets d'intérêt général (fonds structurels européens, subventions d'investissements entre collectivités publiques...) et d'autre part les dons et legs ; la procédure d'attribution de produits résulte de recettes perçues suite à une prestation de service fournie par les services de l'État à une collectivité territoriale par exemple ; enfin la procédure de rétablissement de crédit permet la régularisation d'une opération ou le reversement au service d'origine du versement d'une somme indue. Dans tous ces cas, il y a affectation d'une recette à une dépense ou à un service bénéficiaire, on déroge par conséquent à la règle de non-affectation.

4. La règle de spécialité

Profondément rénovée et réorientée par la LOLF vers un objectif de performance, la règle de spécialité budgétaire s'applique tant à l'autorisation qu'à l'exécution des dépenses :

- la *spécialité dans l'autorisation* : l'autorisation parlementaire des dépenses est détaillée et non globale assurant ainsi un contrôle de l'action budgétaire du gouvernement. Au contraire des recettes du budget général de l'État qui en principe ne sont pas affectées à des dépenses précises, les crédits ouverts ou autorisations de dépenses connaissent une affectation précise, on détaille leur objet et destination, on dit que les crédits sont spécialisés. À l'unité de spécialité qu'était le chapitre budgétaire sous le régime de l'ordonnance organique de 1959, la LOLF de 2001 lui substitue la notion de programme faisant ainsi passer le budget général de l'État de près de 850 chapitres à plus de 130 programmes (un programme regroupant ainsi une enveloppe globale de crédits près de huit fois supérieure, on parle alors de globalisation des crédits) ;
- la *spécialité dans l'exécution* : l'exécution administrative des crédits doit se conformer à la nature des crédits (présentés alors en sept titres et dix-huit catégories au sens de l'article 5 de la LOLF) et à la destination des crédits (détaillés au niveau des actions composantes des programmes au sens de l'article 7 de la LOLF). La LOLF innove en faisant du programme non seulement l'unité de spécialité mais aussi l'unité d'exécution des crédits plaçant ainsi cette notion au cœur de la réforme de la gestion publique orientée par les résultats.

La notion de programme sous-tend l'idée de définir une stratégie, de fixer des objectifs dans leurs trois dimensions (objectifs d'efficacité socio-économique au regard du citoyen, objectifs d'efficience au regard du contribuable et objectifs de qualité au regard de l'usager du service public) et d'évaluer les résultats par des indicateurs de performance (indicateur d'efficacité, d'efficience et/ou de qualité). Des projets annuels de performance ou PAP viennent détailler ces éléments inscrits dans tout projet de lois de finances (PLF). Un PAP accompagne ainsi chaque programme dans lequel est définie une stratégie, sont fixés des objectifs mesurés alors par des indicateurs de performance.

Chaque programme, une fois exécuté, est retracé dans un rapport annuel de performance ou RAP qui présente la performance obtenue au sein du projet de loi de règlement des comptes et rapport de gestion dit projet de loi de règlement (PLR). Si le PAP est la performance attendue d'un programme ministériel, le RAP est la performance obtenue. En examinant les textes contenant les PAP (PLF) et les RAP (PLR), le Parlement exerce un contrôle sur l'efficacité de l'action budgétaire et donc politique du gouvernement.

Les crédits qui échappent à cette logique de performance sont spécialisés en dotations et non en programmes (cas des missions Pouvoirs publics et Provisions qui sont décomposées en dotations et non en programmes). Si le programme est l'unité de spécialité de droit commun, la dotation est l'unité de spécialité par exception.

La règle de spécialité dans son aspect exécution, outre les dérogations classiques strictement encadrées par la LOLF (décrets de virements et transferts de crédits prévues à l'article 12), est fortement assouplie par le précepte de « nouvelle gestion publique » dit « liberté-responsabilité » qui vise à accorder, dans le cadre d'une globalisation (notion de programme substituée à celle de chapitre) et de fongibilité des crédits (modification en cours de gestion de leur nature et/ou destination), une large autonomie au gestionnaire notamment par le recours possible à la « fongibilité asymétrique[1] ».

Ce nouveau cadre de gestion est consacré par le décret dit GBCP de 2012 et appelle une réforme du régime de responsabilité des acteurs de la gestion publique (responsables de programme) afin de répondre aux exigences et ainsi se conformer aux principes de contrôle et de responsabilité des gestionnaires publics affirmés par l'article 15 de la DDHC de 1789. Le fort assouplissement de la règle de spécialité depuis la LOLF accroît la liberté des gestionnaires ; cependant l'exigence constitutionnelle de contrôle des finances publiques impose un régime de responsabilité renforcé de leurs actes de gestion.

5. La règle de sincérité

Souvent associé au principe d'équilibre (l'équilibre budgétaire et/ou financier doit être sincère et non factice), le principe de sincérité après avoir été dégagé par le Conseil constitutionnel dans sa décision n° 96-385 DC, est consacré par la LOLF de 2001 (articles 27 et 32) puis la Constitution de 1958 révisée en 2008 (art. 34, 47-2). On distingue alors la sincérité budgétaire (appliquée aux actes de prévision et d'autorisation tel le budget local, lois financières annuelles, la LFI et la LFSS, et la loi financière pluriannuelle, la LPFP) de la sincérité comptable (applicable aux actes de constatation une fois le budget ou loi financière exécutés à travers notamment la LR).

1. Pratique gestionnaire qui permet de modifier assez librement la répartition des crédits entre les titres 1 à 7 avec pour seule limite le respect du plafond de dépenses de personnel inscrits au titre 2 : ce dernier peut voir son montant diminué mais jamais augmenté au-delà du plafond autorisé d'où le terme « fongibilité asymétrique ».

La sincérité budgétaire (art. 32 LOLF) soumet le gouvernement à une obligation de moyens, celle d'élaborer et de déposer au parlement un projet de budget établi à partir des informations économiques et financières fiables dont il dispose ; il doit présenter à l'assemblée un budget sincère c'est-à-dire ne pas chercher à tromper le Parlement comme le fait par exemple de sous-estimer les dépenses et/ou de surestimer les recettes ; cette définition stricte exige d'établir, pour sanctionner le gouvernement, une faute intentionnelle de sa part ce qui paraît difficile car les recettes et dépenses budgétaires ont un simple caractère prévisionnel, un « droit à l'erreur » est ainsi implicitement reconnu et explique la difficulté pour le Conseil constitutionnel de sanctionner un budget sur le fondement d'une violation de cette règle. À ce jour, aucune décision du Conseil n'a admis le moyen d'« insincérité budgétaire » souvent invoqué par les parlementaires requérants.

La sanction pour « insincérité budgétaire » est rare car s'exerce ici un contrôle minimum par le juge compétent (censure par le juge administratif ou constitutionnel si ce dernier relève une erreur manifeste d'appréciation). Depuis 2012, le juge constitutionnel vérifie, s'il est saisi, de la sincérité des lois financières (LF, LFSS, LPPF) en s'appuyant sur les avis rendus par le HCFP lors du dépôt au Parlement de ces projets de textes (PLF, PLFSS et PLPFP). Il s'agit là d'une évolution importante qui tend à rehausser davantage la valeur et peut être aussi à rendre plus effective la règle budgétaire de sincérité.

La sincérité comptable (art. 27 LOLF) soumet au contraire le gouvernement à une obligation de résultat, qui est celle de l'exactitude des comptes. Elle est établie lors de l'adoption par le Parlement de la loi de règlement des comptes et rapport de gestion dite aussi « loi de règlement » ou LR, texte auquel est annexé un rapport de la Cour des comptes sur les résultats de l'exécution de la loi de finances.

Le Conseil constitutionnel s'assure du respect des règles de fond et de procédure intéressant la LR ; l'exactitude des comptes relève de la compétence de la Cour des comptes. La sincérité comptable est vérifiée par le juge des comptes dans l'exercice de sa mission juridictionnelle (jugement des comptes des comptables publics) mais aussi de sa mission non juridictionnelle (certification des comptes de l'État et du régime général de Sécurité sociale par la Cour des comptes).

Tous ces principes (annualité, unité, universalité, spécialité, sincérité) sont réaffirmés par la LOLF (article 1, 6, 27 et 32). Ces principes ont, depuis leur consécration par le Conseil constitutionnel, valeur constitutionnelle (sauf le principe de spécialité qui a simple valeur organique) ; ces principes s'imposent par conséquent au législateur financier (Parlement et gouvernement dans leur participation commune à l'élaboration et à l'adoption de la législation financière). Le juge constitutionnel a eu l'occasion de faire application des dispositions contenues dans le « bloc de constitutionnalité » (DDHC de 1789, Préambule de 1946, art. 34 C. notamment). Il a ainsi affirmé la valeur constitutionnelle de certains principes financiers : équilibre des lois de finances dans sa décision DC n° 79-110 ; équilibre financier de la Sécurité sociale, décision DC n° 97-388 ; principe d'universalité budgétaire consacré dans la décision DC n° 95-369 ; principes d'unité et de sincérité dans sa décision DC n° 94-351. La jurisprudence constitutionnelle en interprétant le sens et la portée de ces règles les constitue ainsi comme source et fondement du droit budgétaire étatique.

III. La LOLF de 2001 et autres lois organiques

Comme le prévoit la Constitution de 1958, les lois financières de l'art. 34 C. (LF, LFSS, LPFP) sont présentées et adoptées dans les conditions prévues par des lois organiques (respectivement LOLF, LOLFSS et LOPGFP). Une loi organique prise en application de l'article 72-2 al. 3 de la Constitution vient préciser la nature et la portée de l'autonomie financière des collectivités territoriales (LOAFCT).

A. La LOLF de 2001

La loi organique relative aux lois de finances ou LOLF de 2001 modifiée en 2005, 2009 et 2012, vient détailler le contenu et la portée des lois de finances ou LF. Qualifiée parfois de « Constitution financière de l'État », la LOLF vise un double objectif, moderniser le cadre de la gestion du budget de l'État et renforcer le pouvoir de contrôle et d'information du Parlement. Il s'agit de concilier démocratie financière et management public. La LOLF s'inscrit en effet dans un mouvement européen de réforme d'inspiration anglo-saxonne dit « *New public management* » : le concept économique de performance semble au cœur de cette « nouvelle gestion publique » appliquée au budget de l'État et encadrant plus largement la gestion des organismes publics bénéficiant des dotations et subventions de l'État et/ou de recettes affectées (collectivités territoriales, établissements publics tels les opérateurs de l'État) ou organismes para-publics et/ou privés (Sécurité sociale).

Issue d'une proposition de loi organique, la LOLF de 2001 a été adoptée par le Parlement à la quasi-unanimité sous le régime d'un gouvernement de « cohabitation ». Ce consensus politique remarquable rend possible une réforme de l'État inscrite dans la durée. Ce texte majeur vise à passer d'une « logique de moyens » (un bon budget est celui qui augmente d'année en année) à une « logique de résultats » (un bon budget est celui qui atteint ses objectifs à moyen terme). Le concept de performance vise à permettre cette mutation et à introduire ainsi la « culture d'entreprise » dans l'organisation et le fonctionnement de l'administration publique française. La LOLF, associée à la RGPP, la MAP puis la Transformation publique (TP) conduite depuis 2018 au sein la Direction interministérielle de la transformation publique (DITP) rattachée au Premier ministre[1], constitue un « instrument de réforme permanent »: la réforme de l'État emprunte ainsi en France la voie budgétaire et comptable.

La LOLF a certes un aspect technique en traitant de questions budgétaires, comptables et financières mais ce texte trouve une traduction tout aussi importante au plan institutionnel et formalisée par des actes législatifs et/ou réglementaires: réorganisation de l'administration centrale (ministère de l'intérieur en charge depuis 2009 des forces de police et de gendarmerie; direction générale des finances publiques créée en 2008 par fusion des anciennes directions générales des impôts et de la comptabilité publique; regroupement des trois armées françaises en un seul pôle administratif situé à Paris) ; nouvelle « carte territoriale de l'administration d'État » ou RéATE (seulement deux ou trois directions départementales interministérielles par circonscription administrative depuis 2010, réduction tout aussi drastique des directions régionales des services de l'État, suppression de certaines sous-préfectures) ; réforme de la « carte judiciaire » (fusion et/ou suppression de tribunaux de grande instance ou d'instance, tribunaux de commerce, conseils des prud'hommes), de la « carte hospitalière » (regroupement et/ou fermeture de services hospitaliers), de la « carte universitaire » (regroupement par pôles de recherche et d'enseignement supérieur sous forme d'Association ou de COMUE, suppression de certaines antennes universitaires locales), et de la « carte militaire » (regroupements et/ou fermeture de casernes et bataillons des armées de l'Air, de Terre et de Mer...). La LOLF inspire aussi par ailleurs d'autres textes financiers de valeur organique.

B. La LOLFSS de 2005

La loi organique relative aux lois de financement de la Sécurité sociale ou LOLFSS de 1996 profondément modifiée en 2005, vient détailler le contenu et la portée des lois de financement de la Sécurité sociale ou LFSS, nouvelle catégorie de loi introduite par la loi constitutionnelle du 22 février 1996.

Codifiée aux articles LO 113-3 et suivants du Code de la Sécurité sociale (CSS), la LOLFSS de 2005 est alignée sur les principes de la LOLF de 2001 (performance de la gestion publique et droit d'information parlementaire accru). Ces textes marquent l'importance et l'intérêt sans cesse croissant accordé aux finances sociales qui par leur volume de dépenses dépassent celles de l'État.

1. Transformation publique (TP) qui s'est substituée depuis 2018 à la Modernisation de l'action publique (MAP de 2012) elle-même qui fait suite à la Révision générale des politiques publiques (RGPP initiée en 2007) ; toutes ces méthodes de réformes visent à réorienter l'action publique vers les besoins du citoyen (objectif socio-économique), du contribuable (objectif d'efficience) et de l'usager du service public (objectif de qualité). Démarche de performance que l'on retrouve dans la conception et la mise en œuvre des politiques publiques en régime LOLF.

Si la LOLF et la LOLFSS manifestent chacune à son niveau les enjeux « managériaux » et « sociaux » des finances publiques contemporaines, leur dimension internationale et notamment européenne s'affirme en particulier depuis la ratification du TSCG de 2012 et sa transposition par la loi organique relative à la programmation et à la gouvernance des finances publiques du 17 décembre 2012 (LOPGFP) ; cette dernière vient encadrer les lois de programmation des finances publiques (LPFP) qui mettent en œuvre la « règle d'or européenne » établie par le TSCG ; les LPFP visent un objectif d'équilibre des comptes des administrations publiques (APU) dans un cadre triennal voire quinquennal (LPFP 2018-2022).

C. La LOPGFP de 2012

La loi organique relative à la programmation et à la gouvernance des finances publiques du 17 décembre 2012 ou LOPGFP vient préciser le contenu et la portée des lois de programmation des finances publiques ou LPFP. Encadrant les LPFP, la LOPGFP contient des dispositions relatives à la fixation de l'objectif de moyen terme (OMT) de retour à l'équilibre des budgets des APU et à la trajectoire du solde structurel au sens du TSCG de 2012. Elle détaille le mécanisme de correction en cas d'écart à cette trajectoire (hors circonstances exceptionnelles) et l'intervention des organes au cours de ce processus d'alerte et de correction (en France, rôle dévolu au HCFP). La LOPGFP vient aussi adapter la LOLF et la LOLFSS aux exigences du TSCG. Elle modifie également le contenu des lois de finances en introduisant depuis 2012 un article liminaire qui informe le Parlement sur l'objectif d'équilibre structurel à moyen terme des budgets des administrations publiques (en distinguant au sein d'un tableau l'évolution sur 3 ans des taux du déficit public, du déficit structurel et du déficit conjoncturel, taux rapportés au PIB).

D. La LOAFCT de 2004

La loi organique relative à l'autonomie financière des collectivités territoriales du 29 juillet 2004 ou LOAFCT est prise en application de l'article 9 de la Charte européenne de l'autonomie locale du 15 octobre 1985 (ratifiée le 30 juin 2006) et de l'article 72-2 al. 3 de la Constitution de 1958 qui résulte de l'article 7 de la loi constitutionnelle du 28 mars 2003 relative à l'organisation décentralisée de la République. Elle est codifiée aux articles LO 1114-1 et suivants du Code général des collectivités territoriales (CGCT). La LOAFCT de 2004 vise à établir les relations financières entre l'État et les collectivités territoriales sur la base d'une confiance réciproque (mettre fin au processus initié depuis les années 1990 de suppression d'un impôt local par une dotation de compensation versée par l'État, processus rejeté par les représentants des collectivités territoriales car contraire à la libre administration et autonomie locales).

La LOAFCT de 2004 affirme la reconnaissance d'une autonomie financière locale à travers les notions de « ressources propres » (LO 1114-2 CGCT), « d'ensemble de ressources » et de « part déterminante de ressources propres » (LO 1114-3 CGCT) qui permettent d'établir un « ratio d'autonomie » mis en œuvre par un mécanisme de garantie (LO 1114-4 CGCT). D'autres principes viennent renforcer cette autonomie, les principes de compensation (art. 72-2 al. 4 C.) et de péréquation financières (art. 72-2 al. 5 C.). Relevons que les collectivités territoriales peuvent invoquer ces dispositions organiques dans le cadre d'une procédure dite QPC pour garantir le respect de leurs droits et libertés consacrés et protégés par l'article 61-1 de la Constitution de 1958.

IV. Normes à valeur législative

Bien qu'ayant même valeur juridique que les lois ordinaires (valeur législative), les lois financières s'en distinguent au niveau de leur contenu et portée.

A. Les lois financières

La matière financière est régie depuis la Constitution de 1791 par la loi : les lois de finances ou LF pour l'État, la LFSS pour la Sécurité sociale et la LPFP pour les APU. Ces lois financières ont donc valeur législative. Elles font l'objet d'un contrôle de constitutionnalité facultatif (art. 61 al. 2 C.1958) au regard des dispositions de la Constitution et de celles de leurs lois organiques respectives (LOLF, LOLFSS et LOPGFP). Cette dernière loi organique (LOPGFP) s'étend aussi au contenu des LF (article liminaire) et LFSS. Par ailleurs, bien que la LPFP encadre les LF et LFSS dans une perspective pluriannuelle, elle n'est pas supérieure à celles-ci et ne s'impose donc pas juridiquement à ces lois financières annuelles. Ce qui limité la portée de la loi financière pluriannuelle qu'est la LPFP à l'égard des lois financières annuelles que sont les LF et LFSS. Relevons que la loi du 22 janvier 2018 de programmation des finances publiques pour les années 2018-2022 (LPFP 2018-2022) est la première à avoir été soumise au contrôle du Conseil constitutionnel ; ce dernier a par ailleurs autorisé un encadrement par l'État de la gestion des finances locales ; l'État peut désormais adopter des mesures législatives plus contraignantes relatives à l'évolution de la dépense et de la dette locales. Le juge constitutionnel a estimé que l'objectif d'équilibre des comptes publics au sens de l'art. 34 C. justifie les règles imposées par l'État dès lors qu'elles ne portent pas atteinte aux principes de libre administration et d'autonomie financière des collectivités territoriales (Décision n° 2017-760 DC du 18 janvier 2018). Toutefois, l'application de cet encadrement contractuel prévu la LPFP 2018-2022 de la dépense et dette locales des grandes collectivités (au nombre de 321) a été suspendu suite à la grave récession économique provoquée par l'épidémie de Covid-19.

Ces lois financières annuelles (lois de finances et lois de financement de la sécurité sociale) ou pluriannuelles (lois de programmation des finances publiques), au contraire des lois ordinaires, ne sont pas source de droits et d'obligations au bénéfice des particuliers notamment en leurs dispositions financières (celles qui prévoient, autorisent ou affectent les dépenses et recettes). Ces dispositions financières n'intéressent que les rapports entre le gouvernement et le parlement ou les agents publics chargés de leur mise en œuvre (ordonnateurs et comptables publics). Seules les dispositions fiscales (dispositions non financières) ont une portée normative à l'égard des particuliers et peuvent notamment faire l'objet d'un recours contentieux (dans le cadre par exemple de la procédure dite « QPC » initiée au cours d'un procès).

Les lois financières ont ainsi un régime juridique spécifique : il faut bien distinguer les dispositions financières (sans portée normative à l'endroit des administrés) et les dispositions non financières (mesures fiscales qui sont source de droits et d'obligations au bénéfice des particuliers).

Parmi les lois financières, on peut évoquer la loi de finances du 23 février 1963 modifiée à de nombreuses reprises qui vient définir et préciser le régime de responsabilité financière spécifique des gestionnaires publics notamment celui applicable aux comptables publics, la responsabilité personnelle et pécuniaire (RPP) qui est distincte des régimes de responsabilité de droit commun civil, pénal et disciplinaire, régime spécifique qui sera détaillé plus avant.

B. Les lois ordinaires

Il s'agit en premier lieu des très nombreuses lois fiscales : la fiscalité est en effet un domaine partagé entre les lois ordinaires et les lois financières précitées. Ces dernières n'ont pas le monopole des dispositions relatives aux impositions de toutes natures bien que l'idée ait été envisagée par le gouvernement de réserver les mesures fiscales et celles affectant les recettes de la Sécurité sociale aux seuls projets de lois financières (PLF, PLFSS et PLPFP). Établie par voie de circulaires, une telle « règle non écrite[1] » ne s'impose toutefois pas au Parlement.

Il faut également citer, outre les lois ordinaires à incidence financière (lois portant mesures urgentes de réformes à caractère économique, financier, loi du 23 mars 2020 d'urgence pour faire face à l'épidémie de Covid-19...), les lois relatives aux juridictions financières (Cour des comptes, Cour de discipline budgétaire et financière, chambres régionales et territoriales des comptes) dont la composition et le fonctionnement sont

1. Circulaire du Premier ministre F. Fillon du 4 juin 2010, principe repris par la Circulaire du Premier ministre J.-M. Ayrault du 14 janvier 2013 relative aux règles pour une gestion responsable des dépenses publiques, *JORF* 15/01/2013 p. 960.

précisés dans le Code des juridictions financières ou CJF. Quant au régime financier des collectivités territoriales, il est établi par un ensemble de règles législatives codifiées depuis 1996 dans le Code général des collectivités territoriales (CGCT).

V. Textes réglementaires relatifs à la gestion budgétaire et comptable publique

L'exécution des budgets publics a relevé jusqu'à 2012 du décret du 29 décembre 1962 portant règlement général sur la comptabilité publique (RGCP); ce dernier a été abrogé et remplacé par le décret n° 2012-1246 du 7 novembre 2012 relatif à la gestion budgétaire et comptable publique (décret GBCP). Ce nouveau décret appelé aussi parfois « décret du cinquantenaire » car il vient près de cinquante ans après celui de 1962 vise à conformer l'exécution des budgets des administrations publiques aux exigences de la nouvelle gestion publique (concept de performance initié par la LOLF) inscrite désormais dans un cadre européen (pluriannualité, soutenabilité et équilibre des finances publiques). Ce décret s'applique ainsi à l'État, aux collectivités territoriales (mais limité au titre premier du décret GBCP portant sur les principes fondamentaux), aux établissements publics administratifs nationaux, établissements publics industriels et commerciaux et aux groupements d'intérêt publics soumis à la comptabilité publique; également aussi aux opérations de dépenses et recettes effectuées par certains organismes de Sécurité sociale (caisses nationales de sécurité sociale); son champ d'application couvre ainsi le domaine très large des administrations publiques (APU) au sens du règlement européen du 21 mai 2013 modifié en 2015 relatif au système européen des comptes nationaux et régionaux dans la Communauté.

Le décret GBCP de 2012 vient dans un **Titre préliminaire** préciser son champ d'application (articles 1 à 6); un **Titre premier** rappelle les principes fondamentaux: à savoir le cadre budgétaire et comptable (articles 7 à 9); le statut et le rôle des ordonnateurs et des comptables (articles 10 à 22); les opérations de recettes et de dépenses budgétaires (articles 23 à 42); les opérations de trésorerie (articles 43 à 49); la justification des opérations de recettes, de dépenses et de trésorerie et autres opérations (articles 50 à 52); les différentes comptabilités existantes (définition de la comptabilité publique et de ses composantes que sont la comptabilité générale, la comptabilité budgétaire et la comptabilité analytique aux articles 53 à 60); le contrôle administratif des ordonnateurs et des comptables (articles 61 et 62).

Le **Titre II** est consacré à la gestion budgétaire et comptable de l'État (articles 63 à 173); un **Titre III** traite du statut et du rôle budgétaire des organismes à statut particulier (articles 174 à 229); un **Titre IV** est relatif aux dispositions transitoires (articles 230 à 234) et le décret GBCP s'achève avec un **Titre V** relatif aux dispositions finales (articles 235 à 240).

Le décret n° 2012-1247 du 7 novembre 2012 portant adaptation de divers textes aux nouvelles règles de la gestion budgétaire et comptable publique vient actualiser les textes renvoyant ou faisant référence aux décrets abrogés par le décret GBCP de 2012. Le décret n° 2018-803 du 24 septembre 2018 modifiant le décret n° 2012-1246 du 7 novembre 2012 relatif à la gestion budgétaire et comptable publique et autorisant diverses expérimentations vient assouplir certaines pratiques de gestion notamment pour les opérations de dépenses.

Des arrêtés viennent préciser l'application de ces décrets : Arrêté du 26 juillet 2019 relatif aux règles budgétaires des organismes; Arrêté du 2 octobre 2017 portant modification du recueil des normes comptables applicables aux organismes visés aux alinéas 4 à 6 de l'article 1er du décret n° 2012-1246 du 7 novembre 2012 relatif à la gestion budgétaire et comptable publique; Arrêté du 14 août 2017 fixant la liste des organismes divers d'administration centrale ayant interdiction de contracter auprès d'un établissement de crédit un emprunt dont le terme est supérieur à douze mois ou d'émettre un titre de créance dont le terme excède cette durée. Des circulaires adressées aux comptables et ordonnateurs pour les assister dans l'application de ces décrets et arrêtés : ainsi la circulaire du 24 février 2017 relative aux modalités d'arrêt par voie électronique du compte financier par l'organe délibérant des organismes publics nationaux.

Pour approfondir

- M. Collet, « Le Décret du 7 novembre 2012 relatif à la gestion budgétaire et comptable publique : "dépenser mieux" ou "dépenser moins" », *RFDA*, n° 2, 2013, p. 433.
- E. Oliva, « La Loi organique du 17 décembre 2012 relative à la programmation et à la gouvernance des finances publiques : l'inclusion dans l'ordre juridique national de la règle d'équilibre (ou la montagne qui accoucha d'une souris) », *RFDA*, n° 2, 2013, p. 440.
- L. Saïdj, « Les principaux fondements du nouveau règlement général », *G&FP*, n° 2-3, février-mars 2013, p. 31.
- M. Saoudi, « Le principe financier de vérité : un principe d'avenir ? », *RFFP*, n° 132, novembre 2015, p. 181-191.
- M. Saoudi, « La maîtrise par l'État de la dépense et dette locales. De la contractualisation à la constitutionnalisation financière », *RDP*, mars-avril 2019, n° 2, p. 499-520.

QCM

une ou deux bonne(s) réponse(s) possible(s)

1 Les sources juridiques des finances locales sont pour l'essentiel

- ❑ a. codifiées
- ❑ b. non codifiées
- ❑ c. contenues dans le CGCT

2 Le décret dit GBCP de 2012 encadre l'exécution

- ❑ a. du budget de l'État
- ❑ b. des seuls budgets locaux
- ❑ c. des budgets des EPIC non dotés de comptables publics

3 Le contenu et la portée des lois de programmation des finances publiques (LPFP) sont précisés et détaillés par

- ❑ a. la LOPGFP de 2012
- ❑ b. la LOLF de 2001
- ❑ c. la LOLFSS de 2005

4 Le principe budgétaire de spécialité

- ❑ a. a valeur constitutionnelle
- ❑ b. a simple valeur organique
- ❑ c. s'impose au législateur financier (Parlement et Gouvernement)

5 Les missions au sens de l'art. 7 de la LOLF constituent

- ❑ a. l'unité de spécialité des crédits
- ❑ b. l'unité d'exécution des crédits
- ❑ c. l'unité de vote des crédits

RÉPONSES 1.a.c. • 2.a. • 3.a. • 4.b.c. • 5.c.

QRC

La règle d'équilibre depuis le TSCG de 2012

Méthodologie

Avant tout définir pour comprendre le sujet!

TSCG de 2012: se limiter au sens européen (équilibre structurel et/ou déficit structurel):

- Rappeler distinction entre déficit public (effectif ou encore nominal), déficit structurel et déficit conjoncturel et les seuils éventuels fixés par le TSCG notamment en matière de déficit structurel.
- Les États en signant ce traité s'engagent à l'équilibre de leurs budgets publics au sens de budgets de leurs APU et non seulement de l'État (bien qu'un développement puisse lui être consacré car on sait qu'il supporte l'essentiel du déficit et dette publics).
- Pourquoi cette règle?: suite à la crise des « dettes souveraines » des États de la zone euro en 2010 car PSC et mécanisme d'aide financière insuffisant (MES).
- Prolongement du PSC de 1997 avec nouveauté car accent sur le déficit structurel et non seulement effectif.
- Traduction en droit français: LOPGFP de 2012 et donc nouveau contenu des LPFP.
- Évoquer aussi le rôle du HCFP chargé de veiller au respect de cette règle.

Voilà quelques éléments attendus des correcteurs.

Rédaction possible

Le traité sur la stabilité, la coordination et la gouvernance au sein de l'UEM (TSCG) du 2 mars 2012 entré en vigueur le premier janvier 2013 invitent les États signataires à réaliser l'équilibre des budgets de leurs administrations publiques. Inspirée de la règle classique dite « règle d'or » cette règle s'entend d'une diminution des dépenses au niveau des ressources disponibles; elle développe toutefois une approche renouvelée de l'équilibre mais son application à l'État demeure délicate.

Le TSCG retient l'équilibre structurel comme objectif à moyen terme dans la gestion des budgets publics (0,5 % du PIB pour les États comme la France dont la dette publique est supérieure à 60 % du PIB, seuil assoupli à 1 % pour ceux dont la dette est inférieure à 60 %). Chaque État de la « zone euro » fixe dans son programme de stabilité adressé à la Commission son objectif de moyen terme (OMT) qui est l'objectif d'équilibre structurel à atteindre suivant une trajectoire pluriannuelle établie par une norme nationale contenue dans des textes à caractère contraignant (loi organique de programmation et de gouvernance des finances publiques du 17 décembre 2012 ou LOPGFP encadrant les lois de programmation des finances publiques ou LPFP qui viennent détailler ces notions de droit de l'union).

Le Haut conseil des finances publiques (HCFP) crée par la LOPGFP veille au respect de cette règle européenne. Il demeure toutefois que cette dernière trouve ses limites en contexte de récession économique et donc dans son application au budget de l'État qui recourt au déficit comme instrument de relance l'activité (crise sanitaire de 2020).

La spécialité des crédits budgétaires de l'État

Définitions

Avant tout travail, définir les termes du sujet !

- *« spécialité des crédits »* : au sens de détail, précision quant à l'objet et destination des crédits ; il s'agit d'une autorisation parlementaire détaillée et non globale des crédits.
- « *crédits* » au sens d'autorisation de dépenses ; donc réfléchir uniquement au niveau des crédits (par de rapport ici avec les recettes et donc inutile d'évoquer les autres principes notamment l'universalité !).
- « *crédits budgétaires de l'État* » : se limiter aux crédits du budget de l'État ; donc inutile de parler des finances publiques en général c'est-à-dire des finances des administrations publiques ; donc se limiter à la LOLF qui encadre le budget de l'État notamment avec les notions de missions et surtout programmes voire actions ; insister sur le fait que le Parlement désire accorder plus de liberté aux gestionnaires et donc que ce principe est davantage assoupli (principe dit Liberté/Responsabilité) !

Au fond la question est de savoir si la LOLF maintient ce principe classique de spécialité ou si elle en modifie la nature et la portée ; on peut affirmer qu'elle opère une refonte de ce principe dans le cadre de la nouvelle gestion des crédits centrée sur la performance et les résultats et non pas tant sur les moyens alloués aux politiques publiques (crédits) ;

Rédaction

Règle budgétaire classique imposant de déterminer l'objet et la destination des crédits votés par le Parlement, la spécialité se voit profondément modifier dans le cadre de la gestion publique par la performance initiée par la LOLF de 2001. En substituant la notion de programme devenue unité de spécialité de droit commun (la dotation étant l'unité de spécialité par exception) à celle de chapitre, la LOLF renforce la globalisation et la fongibilité des crédits.

Globalisation au sens d'un regroupement de crédits au sein d'enveloppe au montant plus important (on passe ainsi de 850 chapitres à environ 130 programmes) et géré par un responsable de programme à la liberté de gestion accrue et soumis en contrepartie à une responsabilité sur les résultats de sa gestion. Ces crédits, présentés en autorisations d'engagement (AE) et crédits de paiement (CP), sont spécialisés par programmes et sont à leur tour détaillés par nature (titres et catégories de dépenses) et par destination (actions comme composantes des programmes). Cette présentation a toutefois un simple caractère indicatif : le gestionnaire public peut redéployer les crédits entre titres et/ou catégories et/ou entre actions, pratique appelée « fongibilité des crédits ».

Ainsi le gestionnaire est contraint par deux plafonds : plafond des crédits du programme et plafond des crédits relatifs aux dépenses de personnel dit titre 2 ; pour ce dernier il peut en diminuer le montant par redéploiement vers un autre titre mais jamais abonder le titre 2 par des crédits provenant d'un autre titre ; on parle alors de « fongibilité asymétrique ».

À cette liberté accordée aux responsables de programmes qui peuvent ou non l'étendre à leurs subordonnés (responsables de budget opérationnel de programme ou BOP et d'unité opérationnelle ou UO), d'autres assouplissements à la règle de spécialité sont prévus tout en étant strictement encadrés par la LOLF : virements et transferts de crédits de l'article 12.

Dans tous les cas une loi de finances rectificative vient ratifier de tels mouvements de crédits opérés en cours d'année d'exécution de la loi de finances initiale permettant un contrôle du Parlement et surtout un examen des résultats obtenus une fois que lui sera soumis le projet de loi de règlement.

La règle budgétaire d'annualité et ses limites dans le cadre de la « nouvelle gestion publique »

Méthodologie

Avant tout travail, définition des termes du sujet !

- « La règle d'annualité » : signification et portée.
- « ses limites » : au sens de dérogations et/ou exceptions en distinguant l'aspect autorisation (cadre *infra* annuel et cadre pluriannuel) et l'aspect exécution (notamment reports de crédits par arrêtés ministériels prévus à l'article 15 LOLF avec un régime distinct selon qu'il s'agit d'AE ou de CP).
- « la nouvelle gestion publique » : renvoie à ce mouvement européen de réforme d'une gestion publique par la performance formalisée par la LOLF mais aussi par ces méthodes de réforme que sont la RGPP de 2007 et la MAP depuis 2012.

Il s'agit simplement de montrer que si la logique politique (contrôle annuel et régulier du parlement sur le Gouvernement) tend à affirmer la règle d'annualité, la « nouvelle gestion publique » invite à un dépassement de ce cadre strictement annuel car à cette dimension politique fondée sur le souci de régularité s'ajoute une autre dimension, dimension économique liée à l'efficacité qui elle privilégie davantage une gestion pluriannuelle. La LOLF s'inscrit dans ce mouvement général.

Rédaction possible

La règle budgétaire d'annualité, règle classique qui signifie que tout budget public est voté et exécuté durant l'année civile, a le mérite de permettre un contrôle annuel et régulier de l'assemblée délibérante sur l'organe exécutif tant au niveau de l'élaboration (annualité dans l'autorisation) que de l'exécution du budget (annualité dans l'exécution). Si la LOLF de 2001 en ses articles 1 et 6 rappelle et applique cette règle au budget de l'État, elle innove en inscrivant désormais ces dérogations dans le cadre d'une gestion publique par la performance (la « nouvelle gestion publique »).

Les dérogations à l'annualité dans l'autorisation peuvent avoir un caractère *infra* annuel (lois de finances rectificatives ou LFR) ou pluriannuel (lois de programmation des finances publiques ou LPFP depuis 2008). Les dérogations à l'annualité dans l'exécution sont notamment les reports de crédits (art. 15 LOLF) en distinguant toutefois le régime des autorisations d'engagement (AE) dont le report est de droit des crédits de paiements (CP) dont le report est limité à 3 % des crédits initiaux. Existe par ailleurs la pratique dite « journée complémentaire » qui permet au comptable public d'exécuter certaines opérations de fin d'année prévues en LFR jusqu'au 20 janvier de l'année suivante.

À l'analyse, ce sont des contraintes internes (la TP méthode de réforme de l'État initiée depuis 2018 visant à réduire le déficit et donc la dette de l'État) et externes (encadrement européen des budgets publics nationaux en vue de respect de la règle d'équilibre structurel depuis 2012) qui conduisent à privilégier la dimension pluriannuelle de la gestion des finances publiques. Une telle évolution a le mérite de permettre aux gestionnaires publics de développer une gestion publique orientée par les résultats et donc d'avoir une vision à moyen terme de leur gestion. Il s'agit au fond de concilier annualité (CP) et pluriannualité (AE).

Fiche 4

Les concepts propres aux finances publiques

Les finances publiques sont fondées sur des concepts propres qui à la fois structurent et permettent leur évolution permanente. Leur définition permet de saisir les mutations en cours et détermine souvent les conclusions portées sur la situation financière des administrations publiques.

I. Équilibres et déficits publics

Ces termes au pluriel montrent qu'ils contiennent chacun plusieurs sens selon leur champ d'application respectif (budget de l'État ou tout autre budget public) :

- équilibre (ou déficit) de prévision dit aussi « équilibre réel » des budgets locaux (articles L. 1612-4 et L1612-5 du CGCT) et équilibre (ou déficit) d'exécution (L. 1612-12 à L1612-14 du CGCT) ; c'est la fameuse « règle d'or » applicable aux budgets locaux ;
- équilibre des comptes des administrations publiques et équilibre financier de la Sécurité sociale au sens de l'article 34 de la Constitution de 1958 précisé et complété respectivement par la LOPGFP de 2012 (pour les LPFP) et la LOLFSS de 2005 modifiée (pour les LFSS) ;
- équilibre des lois de finances au triple sens donné par l'article premier de la LOLF de 2001 modifiée : à savoir équilibre budgétaire (traduit dans un tableau d'équilibre pour dégager le déficit annuel prévisionnel du budget de l'État), équilibre financier (tableau de financement pour dégager le besoin de financement c'est-à-dire le recours à l'emprunt pour couvrir notamment le déficit budgétaire) et enfin équilibre économique (ce déficit et ce recours à l'emprunt ont pour finalité de relancer l'activité économique) ;
- déficit public (déficit des APU), déficit budgétaire (déficit de l'État), déficit local (déficit des APUL) et déficit social (déficit des ASSO) au sens de la comptabilité nationale et du système européen des comptes (SEC 2010) ;
- déficit budgétaire (déficit de l'État) et déficit primaire (qui est le déficit de l'État hors charge de la dette c'est-à-dire avant remboursement des intérêts d'emprunt). Ainsi si le budget d'un État est en déficit avant même de devoir rembourser les intérêts d'emprunt (déficit primaire), il est en situation continue d'endettement réduisant par conséquent sa marge de manœuvre ; si au contraire

son budget dégage un excédent avant le paiement des intérêts (excédent primaire), il est alors en situation de désendettement accroissant ainsi sa marge de manœuvre.

- Remarque : le déficit extérieur renvoie au déficit commercial (balance commerciale négative, situation où les importations sont supérieures aux exportations). Un excédent commercial (balance commerciale positive, situation où les exportations sont supérieures aux importations) permet de se constituer des réserves de change notamment en dollar afin de favoriser la croissance économique par des placements rémunérateurs de ces réserves ce qui accroît l'investissement public et privé et par conséquent les recettes fiscales réduisant ainsi le déficit et la dette publics.

On se limitera à la présentation de l'équilibre et du déficit des administrations publiques et notamment au principal acteur supportant le déficit public, l'État. Si l'équilibre des budgets des administrations publiques (APU) demeure un objectif, la réalité est plutôt le déséquilibre. En effet, les charges publiques sont d'un volume supérieur aux ressources publiques, cette différence est appelée solde et comme cette différence est négative (plus de charges que de ressources), on parle de solde négatif ou déficit public au sens de déficit des APU (si le solde est nul on parle d'équilibre, si le solde est positif on parlera alors d'excédent).

Le déficit public, appelé aussi déficit effectif ou déficit nominal, est en principe limité à 3 % du PIB par le PSC européen. Avec le TSCG de 2012, apparaît la notion de déficit structurel ou solde structurel repris par la LOPGFP 2012 et les lois financières annuelles (LF, LFSS) et pluriannuelles (LPFP[1]). La LPFP 2018-2022 présente sur cette période l'évolution du déficit public[2] en le comparant au déficit structurel et conjoncturel. Le déficit public a ainsi deux composantes, le déficit structurel et le déficit conjoncturel, la part du premier est souvent plus importante[3].

1. Le Haut Conseil des finances publiques (HCFP) estime qu'en 2021 suite aux effets économiques et sociales de la crise sanitaire de 2020, le déficit public de la France sera nettement supérieur au 3 % du PIB, dépassant ainsi le seuil fixé par le PSC de 1997 modifié ; Avis n° HCFP-2020-1 du 17 mars 2020 relatif au premier projet de loi de finances rectificative pour l'année 2020, JORF n° 0068 du 19 mars 2020.
2. Qui est la somme du déficit de l'État ou déficit budgétaire, du déficit des ASSO ou déficit social et du déficit des APUL ou déficit local.
3. Le solde public inscrit à l'article liminaire de la LFI pour 2020 s'élève à -2,2 % du PIB réparti en -2,2 % de déficit structurel et +0,1 % de déficit conjoncturel, le reste -0,1 % résulte de mesures temporaires et ponctuelles. Ses prévisions ont toutes été revues à la hausse suite à la grave récession économique provoquée par la crise sanitaire (épidémie de Covid-19).

Le déficit conjoncturel est le déficit subi : il résulte du jeu mécanique des « stabilisateurs automatiques » ; il est lié aux fluctuations du cycle économique ; les budgets publics ont en effet la particularité d'enregistrer les mouvements de l'économie[1].

Le déficit structurel est le déficit voulu : il résulte de l'interventionnisme budgétaire de l'État pour soutenir l'activité économique. Le déficit structurel se définit alors comme le déficit public corrigé des effets du cycle économique. La notion européenne de solde structurel vise à encadrer, hors circonstances exceptionnelles[2], les politiques budgétaires des États membres de la zone euro. La limitation du déficit structurel doit conduire à terme à diminuer sa part dans le déficit public, ce dernier serait alors constitué pour l'essentiel de déficit conjoncturel, déficit admis car « déficit subi ».

Le déficit structurel se calcule en déterminant un PIB potentiel qui est la capacité de production qu'une économie peut soutenir durablement[3]. La LOPGFP de 2012 reprend cette notion européenne de déficit structurel en la détaillant dans la LPFP. Cette dernière fixe l'objectif de moyen terme (OMT) du solde structurel[4] et sert de cadre de référence aux lois financières annuelles (LF et LFSS). Le paradoxe est que ces textes imposent le respect d'une règle qualifiée de « règle d'or » alors que le mode de calcul du PIB potentiel et donc du solde structurel varie selon l'organisme en charge de son évaluation[5]. L'autre limite est que la règle européenne d'équilibre ne trouve à s'appliquer qu'en situation économique favorable, elle est écartée en période de circonstances exceptionnelles (grave récession économique, calamité nationale, accident industriel majeur, toutes causes devant être indépendantes de l'intervention des États et engageant malgré tout souvent leurs finances publiques).

Malgré ses limites, la règle d'équilibre structurel vise à réduire le déficit public et donc la dette nécessaire à son financement : il s'agit de lutter contre le retour d'un risque, celui de la crise des « dettes souveraines » de l'ampleur de celle qu'a connue

1. Ainsi en période de récession économique, les dépenses augmentent mécaniquement du fait du maintien voire de la hausse des prestations sociales et des indemnités chômage devant le nombre accru des bénéficiaires de droits sociaux ; les ressources quant à elles diminuent car la faible croissance induit moins de recettes fiscales, creusant l'écart avec les dépenses aggravant ainsi le déficit public ; au contraire, en période de croissance économique, les dépenses sont couvertes par des recettes en hausse du fait de meilleures rentrées fiscales qui réduisent l'écart avec les dépenses conduisant à une réduction du déficit public.
2. À savoir grave récession économique, catastrophe naturelle, accident industriel majeur ou encore récemment depuis mars 2020 avec la crise sanitaire due à la pandémie du Covid-19…
3. L'estimation moyenne de croissance potentielle est en France de 1,25 % par an pour la période 2018-2022.
4. L'objectif de moyen terme (OMT) est limité à 0,5 % du PIB ou 1 % selon le niveau de dette publique (respectivement supérieur ou inférieur à 60 % du PIB).
5. Notamment le calcul de ce déficit structurel à partir de l'écart de production d'une économie (écart entre croissance réelle et croissance potentielle) ; prévisions établies selon des modalités de calcul différentes par la Commission européenne et Eurostat et, pour le cas de la France, la Direction générale du Trésor ou DGT en liaison avec l'INSEE.

la « zone euro » en 2010. Mais la crise sanitaire de 2020 semble annoncer une forte récession économique. Mais passées ces crises, on revient à un objectif de solde structurel raisonnable pour réduire le niveau jugé inquiétant de la dette de ces États ; ce fort endettement public résultant lui-même de l'interventionnisme budgétaire des États pour relancer l'activité économique aggravant à son tour leur déficit. Le financement de ce déficit au montant important appelle le recours à l'emprunt obligataire (c'est-à-dire auprès des marchés financiers) faisant alors naître la dette publique. C'est le fameux cycle « déficit-emprunt-dette ».

II. La dette publique : son évolution, son financement, sa gestion

L'évolution et la gestion de la dette publique révèlent le passage d'une économie nationale de l'endettement auprès des banques à des taux d'intérêt régulés par l'État à une économie internationale d'endettement auprès des marchés financiers à des taux d'intérêt régulés par la loi de l'offre et de la demande.

À l'origine limitée à l'État et destinée à financer les efforts de guerres[1], la dette publique s'étend aux administrations publiques et devient un instrument majeur de financement de l'économie nationale et internationale. La dette publique résulte de la somme des emprunts souscrits par les administrations publiques (APU) pour couvrir leurs déficits, leurs investissements et aussi préserver leur trésorerie. La dette publique, bien que distincte des notions de dette privée, dette extérieure et dette intérieure, entretient des liens étroits avec ces mêmes notions, en particulier depuis la crise financière de 2008 (ainsi la dette publique se substituant à la dette privée pour soutenir l'activité économique). On rappellera brièvement ces notions avant de préciser celle de dette publique :

- **la dette privée** est l'ensemble des dettes nées des emprunts contractés par les entreprises non financières (souvent pour investir) et les ménages (en particulier pour l'achat d'un bien immobilier) : la dette privée s'élève en France fin 2019 à 135,4 % du PIB (74,3 % du PIB pour les entreprises non financières et 61,1 % du PIB pour les ménages), niveau supérieur à celui atteint par la dette publique (100,4 % du PIB fin 2019) soit un endettement public

1. La dette publique apparaît au XIVe siècle avec les cités-États (Venise, Gênes, Florence) ; cette « invention italienne » inspire le roi François Ier qui en 1522 émet des rentes (emprunts d'État) alors remboursées par des impôts créés à cet effet (la gabelle, une taxe royale sur le sel) voire par d'autres ressources (la vénalité des charges et offices publics).

et privé ou endettement total de près de 235,8 % du PIB en 2019 (contre une dette totale de 230,5 % du PIB en 2018 avec près de 98,4 % pour la dette publique et 132,1 % pour la dette privée)[1].

- **la dette extérieure (brute)** est l'ensemble des dettes dues par un pays (APU, entreprises, ménages) à des prêteurs étrangers; ce qui est significatif est la dette extérieure nette (ensemble des dettes dues par un pays à des prêteurs étrangers diminué des créances sur ces mêmes prêteurs) : la dette extérieure nette permet de mesurer le « risque pays » c'est-à-dire de savoir si un pays vit au non « au-dessus de ses moyens » (« vivre à crédit ») ; la dette extérieure nette s'élève pour ce qui est de la France à 34,9 % du PIB en 2012; la crise financière de 2008 a surtout frappé les pays ayant un taux de dette extérieure nette supérieur à 80 % du PIB, vivant ainsi souvent « au-dessus de leurs moyens » (Islande, Irlande, Espagne, Grèce, Portugal...) ;
- **la dette intérieure ou dette interne ou encore dette domestique** est l'ensemble des créances détenues par les agents économiques résidents d'un État sur cet État souverain. Ces créances sont constituées de créances sociales (rémunérations des fonctionnaires), créances commerciales (créances des fournisseurs sur l'État) et créances fiscales (crédits d'impôts, remboursements et restitutions d'impôts) ;
- **la dette publique** au sens du traité européen de Maastricht se caractérise par trois éléments :
  - elle est une *dette brute* : on ne soustrait pas les actifs financiers; on ne déduit pas non plus les actifs non financiers dont la valeur est par ailleurs supérieure à celle de la dette brute[2]. La dette publique brute ou dette au sens de Maastricht ou encore « dette notifiée » à la Commission européenne n'intègre ainsi que le seul passif des APU ;
  - elle est une *dette consolidée* : on neutralise les flux de dettes entre administrations publiques (les dettes des APUL à l'égard de l'État sont ainsi déduites des dettes de l'État à l'égard des APUL), on évite ainsi les doublons;
  - elle est une *dette mesurée par sa valeur faciale* (la valeur de la dette est celle au moment de la souscription de l'emprunt et non lors de la cession ou rachat de titres déjà émis).

1. En décembre 2019, la dette des ménages dans la zone euro s'élevait 57,1 % du PIB (54,4 % en Allemagne mais 101,9 % aux États-Unis); la dette des entreprises non financières dans la zone euro s'élevait 61,6 % du PIB (41,3 % en Allemagne mais 47,3 % aux États-Unis). Source : Banque de France.

2. Les actifs financiers sont les avoirs des APU (créances, placements, stock d'or à la Banque de France); leurs actifs non financiers sont les biens dont elles sont propriétaires (équipements et infrastructures publics, forêts domaniales, musées, monuments historiques...). La dette publique nette totale (passif total diminué de l'actif total) dégage un actif et non un passif révélant ainsi que la France est riche de son patrimoine national.

Les textes européens consacrent la notion de dette publique brute qui a le mérite de constituer un critère commun d'application uniforme d'une norme de dette ; cette approche autorise par ailleurs une comparaison entre États membres de l'UE car ces derniers connaissent une trop grande diversité quant au volume et à la qualité de leurs actifs financiers et non financiers. En excluant ces actifs, l'harmonisation et la coordination européenne des politiques budgétaires nationales deviennent possibles.

La dette publique brute est limitée par le PSC européen à 60 % du PIB. Depuis la crise financière de 2008, les plans de relance ont aggravé le déficit des États donc leur dette, que la crise sanitaire de 2020 ne fera qu'augmenter le niveau[1] : pour financer leur déficit, les États doivent emprunter donc s'endetter. Le déficit entretient ainsi la dette (c'est le fameux cycle déficit-emprunt-dette) ; si le déficit constitue un flux annuel, la dette constitue un stock pluriannuel (financer le déficit de l'année et le déficit cumulé des années antérieures) ; la dette publique au sens de Maastricht a atteint en décembre 2019 en France le seuil symbolique de 100 % du PIB[2], elle est au-dessus de la moyenne des pays de la zone euro (90 %) ; ce niveau exceptionnel de dette publique en contexte de paix et non de guerre, s'explique par le transfert des dettes privées aux États : la dépense publique s'est substituée à la dépense privée pour soutenir l'activité économique. Ce fort endettement public depuis 2008 révèle davantage l'État dans son rôle de garant ultime du système financier public et privé et sa capacité d'action au moyen de ses finances publiques.

En France, la dette de l'État représente près de 80 % de la dette publique[3]. Elle est à plus de 80 % une dette négociable (dette née des emprunts émis sur les marchés internationaux de capitaux) ; elle est en décembre 2019 détenue à 53,6 % par des créanciers étrangers non résidents (contre 63,5 % en décembre 2013). Au-delà du taux d'endettement et l'origine nationale ou étrangère des créanciers de l'État, c'est surtout la monnaie d'émission de la dette qui permet de révéler le risque encouru par l'État sur ses titres ou « risque souverain » mais aussi le lien de dépendance financière d'un État à l'égard de ses investisseurs étrangers ou « souveraineté financière ». L'appel public au marché soumet les États comme toute entreprise, et ce conformément à la réglementation financière en vigueur, à une évaluation par les agences de notation. En attribuant une note mesurant la capacité d'un État à honorer le

1. En France, suite au plan de relance en réponse à la crise financière de 2008, le déficit public s'est accru de 5 points de PIB, et le taux d'endettement public de 20 points de PIB sur la période 2007-2010 pour atteindre les niveaux actuels. Le plan de relance prévu pour sortir de la crise sanitaire de 2020 se traduira aussi par une aggravation du déficit et de la dette publics.

2. Soit une dette publique brute qui au troisième trimestre de 2019 s'élève à 2 415,1 Md€ (100,4 % du PIB). La dette nette des APU s'élève quant à elle à 2 171,8 Md€ (soit 90,3 % du PIB). La dette publique devrait atteindre 115 % du PIB fin 2020 suite à la pandémie de Covid-19.

3. La dette sociale, dont la gestion relève de la Caisse d'amortissement de la dette sociale (CADES) créée en 1996 et la dette locale se partagent les 20 % de dette publique restante (soit un peu plus de 10 % du PIB pour les ASSO et un peu moins de 10 % du PIB pour les APUL). Le poids de la dette de l'État est manifeste d'où l'intérêt porté à celle-ci.

remboursement de ces emprunts, elles informent les investisseurs institutionnels[1] sur la valeur et la qualité des titres émis. Mais la dégradation de la note de certains États[2] n'a en pratique pas d'effet sur leur capacité à emprunter à des taux favorables voire négatifs ![3]. Par-delà les critiques que l'on peut porter sur l'indépendance et la crédibilité de ces agences de notation[4], ce sont davantage les taux d'intérêt en lien avec le taux d'inflation et la sécurité dont bénéficient certains titres comparés à d'autres titres (« valeurs refuges »)[5] qui déterminent la capacité d'emprunt d'un État. Cependant, la situation peut se retourner en cas de hausse brusque des taux d'intérêt dans un contexte de récession économique (« effet boule de neige » rendant alors la dette de l'État insoutenable)[6].

Les lois financières annuelles (LF, LFSS) informent le Parlement sur les charges résultant de l'emprunt (service de la dette qui comprend la charge et l'amortissement de la dette). La charge de la dette de l'État (intérêts à rembourser) est une charge budgétaire (crédits inscrits au budget annuel) donc une charge de la dette financée par le contribuable ; l'amortissement de la dette (le capital à rembourser) est une charge non budgétaire ; le capital est remboursé sur les fonds disponibles au Trésor public ou trésorerie (dette non négociable), ces derniers étant souvent insuffisants, il y a alors émission d'un nouvel emprunt (dette négociable). La loi « Giscard-Pompidou » de 1973 limite sans interdire la possibilité de financer la dette par la monnaie émise par la Banque de France puis son interdiction pure et simple est établie par le traité de Maastricht de 1992 reprise à l'article 123 TFUE dans sa nouvelle rédaction issue du Traité de Lisbonne de 2007-2009, la dette de l'État est pour l'essentiel une dette négociable : à l'instar d'une grande entreprise, l'État finance sa dette par recours aux marchés internationaux de capitaux.

1. Que sont notamment les États, les banques centrales, les groupes privés bancaires et d'assurances, les « fonds de pension » anglo-saxons qui gèrent les retraites...
2. Cas de la France en janvier 2012 et novembre 2013.
3. Taux de l'échéance constante de 10 ans ou TEC 10, taux de rendement sur 10 ans, était au premier avril 2020 de -0,02 %, il s'élève à 0,07 % au 7 avril 2020 et à 0,06 % au 21 avril 2020.
4. Ces agences, sociétés commerciales apparues au XIXe siècle aux États-Unis pour évaluer les entreprises qui se financent par l'emprunt obligataire, sont rémunérées par les organismes qui désirent être notés ; en 2001 l'entreprise américaine *Enron* a fait faillite 4 jours après avoir obtenu la meilleure note ; la banque d'investissement *Lehman Brothers* a reçu la note A quelques jours avant son effondrement et le déclenchement de la crise financière de 2007. Les trois agences (Standard & Poor's, Moody's, Fitch) ont le monopole du marché de la notation (95 % du marché).
5. La France maintient la qualité de sa signature auprès de ces créanciers : la dette française, une dette refuge au même titre que les dettes allemande et américaine.
6. Cas de l'État grec qui a partiellement fait défaut sur sa dette en 2012 (non-remboursement de la moitié de sa dette à ses créanciers privés essentiellement des banques). On parle alors de « restructuration de la dette ».

La gestion de la dette négociable de l'État relève de l'Agence France Trésor ou AFT, service à compétence nationale (SCN) crée en 2001 et rattaché à la Direction générale du Trésor (DGT[1]). L'AFT agit par l'intermédiaire de Spécialistes en valeur du trésor (SVT), groupes bancaires d'investissement français et étrangers[2], qui placent et valorisent les bons et obligations du Trésor sur les marchés internationaux de capitaux. La Caisse de la dette publique (CDP), établissement public administratif crée par l'art. 125 de la loi de finances pour 2003 modifiant l'art. 32 de la loi de finances rectificative de 1986, intervient également sur le marché secondaire, pour effectuer des opérations de rachat ou cession de titres[3]. Elle soutient ainsi la qualité de la signature de l'État.

La gestion active de la dette menée par l'AFT et la CDP vise à réduire le coût pour le contribuable. La durée de vie moyenne de la dette négociable de l'État est de 8 ans et 64 jours au 30 novembre 2020, ce sont donc les générations actuelles et non les générations futures qui assument le service de la dette (intérêts et capital). Ce qui tend à nuancer la distinction souvent établie entre impôt (prélevé sur les générations actuelles) et emprunt (couvert par les générations futures). L'équité générationnelle se pose toutefois car seuls les contribuables à hauts revenus et à capacité d'épargne élevée peuvent bénéficier des placements de titres d'État. Les autres, à faibles revenus et à forte propension de consommation, se limitent à couvrir par leurs impôts le service de la dette.

1. La gestion de la dette non négociable relève quant à elle de la Direction générale des finances publiques (DGFiP).
2. Ce sont, au 31 décembre 2019, quinze établissements au total dont quatre banques françaises (Société générale, Crédit Agricole-CIB, BNP Paribas et Natixis) et onze banques étrangères dont 5 européennes, 5 nord-américaines et une japonaise (notamment Goldman Sachs, Morgan Stanley, JP Morgan, HSBC France, Deutsche Bank, Nomura...). Les SVT sont sélectionnés tous les 3 ans par un comité composé notamment de parlementaires après approbation finale du ministre de l'Économie et des Finances.
3. Le marché primaire est celui de l'émission nouvelle et initiale des titres (« marché du neuf »), le marché secondaire est celui où s'échangent et se négocient les titres déjà émis (« marché de l'occasion »). Ce dernier est soumis à forte spéculation (pari sur la hausse ou la baisse des titres échangés) et influence donc le marché primaire (achat ou non des titres émis pour la première fois suite à cette spéculation à la hausse ou à la baisse). On comprend que l'État agit, *via* l'AFT et la CDP, sur ces deux marchés et notamment sur le marché secondaire où interviennent également les SVT afin de préserver la liquidité et la sécurité de ces titres, l'État agit ainsi pour garantir « sa signature ». La CDP reçoit des dotations du compte d'affectation spéciale (CAS) intitulé Participations financières de l'État pour remplir ses missions.

Ainsi L'État finance par l'emprunt son déficit annuel et rembourse les titres antérieurs venant à échéance[1]. Le déficit public révèle ainsi l'insuffisance des ressources notamment des prélèvements obligatoires à couvrir les dépenses publiques.

III. Dépenses publiques et prélèvements obligatoires

Un lien étroit existe entre dépenses publiques et prélèvements obligatoires. Les dépenses publiques, qui s'accroissent avec les besoins de nos sociétés modernes, sont couvertes par des ressources publiques constituées pour près de 80 % de prélèvements obligatoires[2]. Ces prélèvements obligatoires sont alors redistribués sous forme de prestations sociales et financent les dépenses de santé, d'éducation, de logement... Il s'agit de rappeler la distinction mais aussi le lien entre dépenses publiques, ressources publiques (ressources fiscales et non fiscales) et prélèvements obligatoires :

- les dépenses publiques est l'ensemble des dépenses réalisées par les APU : au sein de cet ensemble, les dépenses des ASSO sont d'un volume supérieur à celui de l'État et ODAC et le volume de dépenses réalisé par ces derniers (État et ODAC) est supérieur à celui des APUL ;
- les ressources publiques sont constituées de l'ensemble des ressources des APU, ressources fiscales (impôts et taxes) et ressources non fiscales (cotisations sociales, redevances pour service rendu, recettes domaniales, dividendes, amendes...) ; la part des ressources fiscales est prépondérante ;
- les prélèvements obligatoires se limitent seulement aux impôts, taxes et cotisations sociales qui représentent près de 80 % des ressources publiques.

Afin de mesurer le poids économique des APU, on a établi un indicateur, le taux de dépenses publiques (TDP), qui est la part des dépenses publiques rapportée au PIB[3] ; il révèle l'incidence économique et sociale résultant de tout accroissement ou réduction des dépenses publiques. On peut reprendre la distinction établie en

1. Ainsi la loi de finances initiale (LFI) pour 2020 prévoit un besoin de financement de l'État de 230,5 Md€ pour financer son déficit de 93,1 Md€ et rembourser des emprunts venant à échéance de 136,4 Md€ constitués d'emprunts à moyen et long terme (OAT). Le besoin de trésorerie s'élève quant à lui à 1,3 Md€ (emprunt à court terme constitué par les BTF). Les première et deuxième lois de finances rectificative adoptées respectivement en mars et avril 2020 suite à la crise sanitaire revoient nettement à la hausse ce besoin de financement et donc le niveau de déficit et dette de l'État.

2. On compte en France plus de deux cents types de prélèvements obligatoires, l'essentiel étant composé d'impôts et taxes.

3. En France, ce taux de dépense publique (TDP), après une hausse continue de 1945 à 1980, se stabilise à partir des années 1990 autour de 45 %, s'accroît depuis 2008 suite à la crise financière pour atteindre près de 56 % du PIB en 2017. Si en 2019 le TDP s'élève à 54 % du PIB, on prévoit en 2020 un TDP de 60,9 % du PIB du fait de la crise économique due au coronavirus.

2008 par le Conseil des prélèvements obligatoires (CPO) en distinguant les *dépenses publiques existentielles* (garantissant l'existence des sociétés comme les dépenses de police, de justice, de défense), les *dépenses publiques de développement* (préservant l'infrastructure matérielle et intellectuelle du pays, comme les dépenses en matière d'éducation, de recherche, d'équipement, de logement, de transport...) et enfin les *dépenses publiques de santé et de protection sociale* (pour maintenir la qualité de vie de ses citoyens, à travers les dépenses de soins, santé, famille, solidarité, retraites, chômage, aides et minima sociaux...).

Les deux premières catégories de dépenses (*dépenses existentielles* et *de développement)* traduisent la mission de prestation de biens et de services, la troisième catégorie de dépenses (*dépenses de santé et de protection sociale)* vise davantage une mission de redistribution et de transferts sociaux. Ce sont ces dernières dépenses qui s'accroissant dans un contexte démographique (espérance de vie) et économique (chômage structurel) tendu. De plus, si les deux premières sont dans la plupart des États financées à titre principal par des fonds publics, la troisième est couverte par un régime de financement propre à chaque État. La source de financement public ou privé des dépenses de santé et de protection sociale explique souvent les différences de taux de dépenses publiques (TDP) entre les États et donc du taux de prélèvements obligatoires (TPO) nécessaire pour couvrir ces dépenses. La France se caractérise par l'importance des dépenses de santé et de protection sociale (près de 45 % des dépenses publiques) qui se traduit dans la structure de ces prélèvements obligatoires (plus de 50 % des impôts, taxes et cotisations sociales sont affectés au financement des ASSO).

On entend par « prélèvements obligatoires » ou PO au sens de l'OCDE tous flux monétaires versés sans contrepartie par les agents économiques aux APU dès lors que ces versements ne sont pas liés à une décision volontaire de leur part. Un double critère économique se dégage : d'une part l'absence de choix du montant et des conditions de versement par les agents, et, d'autre part, l'inexistence en principe d'une contrepartie immédiate ou directe individualisée[1].

Deux grands prélèvements se dégagent, les prélèvements fiscaux (impôts et taxes) et prélèvements sociaux (cotisations sociales). Au sein des PO, la part des impôts et taxes s'élève en France à près de 60 %, celle des cotisations sociales à 40 %. La « pression fiscale » d'un pays est mesurée par le taux de prélèvements obligatoires ou TPO qui est le total des prélèvements obligatoires rapporté au produit intérieur

1. Cas particulier cependant des cotisations sociales qui donnent en principe droit à prestation les distinguant ainsi des impôts. Toutefois, certaines prestations non contributives (CMU, RSA...) tendent à nuancer cette distinction entre impositions et cotisations sociales.

brut (PO/PIB)[1] ; l'évolution du TPO est bien sûr liée à l'évolution du TDP, tous deux traduisent l'évolution du poids et/ou du rôle économique et social des administrations publiques.

Il faut relever le statut financier particulier des ASSO : elles bénéficient de près de 50 % des prélèvements obligatoires (PO), leurs dépenses s'élèvent à près de 45 % des dépenses publiques totales (35 % pour l'État et ODAC) mais leur dette représente seulement près de 10 % du PIB[2] ; on note aussi en France que le taux de dépenses publiques ou TDP est souvent supérieur au taux des ressources publiques ou TRP et donc au taux des prélèvements obligatoires ou TPO ; les ressources hors prélèvements obligatoires (redevances, amendes...) étant ainsi insuffisantes à réduire cet écart, d'où un déficit public de -3,9 % du PIB prévu par la première loi de finances rectificative de mars 2020 du fait de la récession économique déclenchée par la crise sanitaire, déficit financé par le recours à l'emprunt c'est-à-dire par l'endettement (dette publique). La deuxième loi de finances rectificative d'avril 2020 prévoit une aggravation de ce déficit public à hauteur de -9 % du PIB (61,9 % du PIB pour les dépenses totales ou TDP et 52,9 % du PIB pour les recettes totales ou TRP) et une dette publique de 115,2 % du PIB ! Les mesures gouvernementales d'urgence pour faire face à la crise s'élèvent en avril 2020 à 110 Md€ dont 42 Md€ de mesures ayant un impact sur le déficit public.

Ainsi les services publics de sécurité, défense, diplomatie, enseignement, santé et protection sociale, lutte contre la pauvreté, aides au logement... sont en France majoritairement financés par la collectivité publique (APU et donc par les PO) au contraire d'autres États où le financement de certains services est assuré par les particuliers et/ou le secteur privé (cas des États-Unis pour la protection sociale, ou encore du Japon pour l'enseignement, c'est pourquoi ces États connaissent un TPO proche de 30 % du PIB) ; d'autres États (Danemark, Suède, Belgique) connaissent au contraire un TPO plus élevé (plus de 45 %). La prudence est de rigueur dans toute comparaison du TPO entre États : il faut au préalable définir le contenu et la portée

1. En 2018, la part des PO rapportée au PIB bénéficiant aux ASSO s'élevait à 24,1 % du PIB (dont 15,7 % de cotisations sociales et 8,5 % d'impôts) contre 13,7 % à l'État (dont 13,4 % d'impôts et 0,4 % de cotisations sociales) ; 6,4 % aux APUL ; 0,5 % aux ODAC ; 0,2 % à l'Union européenne (UE). En 2019, le montant des PO s'élevait en France à 1 105,7 Md€ soit un TPO (PO/PIB) de 45,6 % du PIB. *Source* Programme de stabilité 2020.

2. Outre l'exigence constitutionnelle d'équilibre financier des lois de financement de la sécurité sociale (art. 34 C.1958), on note que les dépenses des ASSO (dépenses de retraite et de santé en hausse continue) sont sans lien avec leurs ressources : les dépenses sont en effet couvertes par des recettes affectées (cotisations et impôts sociaux) compensées si besoin par l'État notamment dans le cadre de sa politique de l'emploi en contexte de chômage structurel (exonérations de charges patronales prises en charge par le budget de l'État) ; par ailleurs le financement par l'emprunt est limité à une dette sociale gérée par la CADES qui perçoit le produit de la CRDS, une part de la CSG et d'autres prélèvements sociaux affectés, ce qui réduit le besoin de financement et donc l'émission de titres sur les marchés financiers et par conséquent la dette des ASSO.

des prélèvements obligatoires considérés et notamment leur caractère consolidé ou non (prise en compte ou non des transferts financiers entre l'État et les autres administrations locales et/ou de Sécurité sociale).

Le TPO mesure davantage le degré de prise en charge par la collectivité de certaines prestations ou fonction de redistribution (santé, retraites, enseignement, emploi, logement social...) ; il révèle les systèmes sociaux et fiscaux d'un État et donc reflète davantage un choix de société (solidarisme et/ou individualisme). Un fort taux de dépenses publiques et donc un fort taux de prélèvements obligatoires traduit ainsi souvent le haut degré de développement économique et social atteint par un État. C'est le « prix à payer » pour une qualité de vie et un « bien-être social » individuel et collectif illustré par le niveau élevé de TDP et donc du TPO que connaissent les pays scandinaves au regard notamment de leur niveau d'impôts jugé élevé.

IV. Impôts et dépenses fiscales

La conception de l'impôt évolue avec le rôle de l'État. L'action économique au moyen de l'impôt a donné naissance au concept de « dépense fiscale ».

On peut définir l'impôt comme un prélèvement pécuniaire exigé des personnes physiques et morales par la loi de façon définitive et sans contrepartie afin de couvrir les charges publiques et l'action interventionniste de la puissance publique.

Ainsi à côté de la fonction classique qui est d'accroître les ressources de l'État (objectif de rendement) s'affirment des fonctions visant d'une part, à modifier le comportement des agents économiques (objectif économique) et, d'autre part, à réaliser la justice fiscale (objectif social).

Les impositions de toutes natures (impôts et taxes) sont régies par l'art. 34 C. qui rappelle que ce domaine relève de la compétence exclusive du législateur : par ce monopole du pouvoir fiscal, l'État, pour réaliser ces différents objectifs, instrumentalise sa propre fiscalité mais aussi la fiscalité affectée à la Sécurité sociale (CSG, CRDS, droits sur l'alcool et le tabac...) et celle attribuée aux collectivités territoriales (taxes foncières, taxe d'habitation sur la résidence principale supprimée d'ici 2022, contribution économique territoriale ou CET avec ses deux composantes, la contribution foncière des entreprises ou CFE bénéficiant aux communes et EPCI et la contribution à la valeur ajoutée des entreprises ou CVAE bénéficiant aux communs, EPCI, départements et régions).

On comprend l'intérêt pour l'État de disposer de multiples et diverses impositions de toutes natures afin d'actionner l'instrument fiscal adapté aux circonstances politiques et économiques du moment et/ou pour pouvoir répondre à ses besoins financiers. De plus, la poursuite de différents objectifs parfois contradictoires (objectif de rendement, objectif économique et objectif social) explique par ailleurs la complexité du système fiscal français et donc du droit fiscal qui l'organise et le structure et dont les règles et fondements juridiques essentiels se trouvent dans le Code général des impôts (CGI pour les règles de fond) et le Livre des procédures fiscales (LPF pour les règles forme ou de procédure).

La classification administrative établie notamment par l'administration fiscale pour organiser ses services d'assiette et de recouvrement des impôts et taxes distingue :

- les **impôts directs** sont les impôts payés et supportés par la même personne, le redevable c'est-à-dire la personne qui, de par la loi fiscale, est assujettie à l'impôt est également le contribuable c'est-à-dire celle qui paie effectivement l'impôt : l'administration fiscale établit alors une liste de ces contribuables appelé « rôle » ; ce sont notamment, pour les impôts d'État, l'impôt sur le revenu ou IR, l'impôt sur les sociétés ou IS, impôt sur la fortune immobilière ou IFI qui a remplacé depuis 2018 l'ancien impôt de solidarité sur la fortune ou ISF ; la loi de finances pour 2020 prévoit de remplacer dès 2021 l'IFI par un impôt sur la fortune improductive : ce nouvel IFI est une imposition sur les biens non productifs d'investissement (objets précieux, yachts...) tout en exonérant l'immobilier productif ; pour les impôts locaux, on peut citer la taxe d'habitation ou TH appelée à disparaître, la taxe foncière sur les propriétés bâties ou TFPB et la taxe foncière sur les propriétés non bâties ou TFPNB... ; cependant cette distinction est parfois à nuancer ainsi l'IS est classé dans les impôts directs alors que l'entreprise peut en répercuter une partie sur les prix de vente de ses biens et services, le redevable n'est donc pas le contribuable (charge fiscale en partie supportée par le client final de l'entreprise). La DGFiP est chargée de leur calcul et recouvrement ; on classe aussi dans cette catégorie d'impôts directs les impôts sociaux que sont la CSG et la CRDS mais leur régime d'assiette et de recouvrement relève des organismes appelés URSSAF (Union de recouvrement des cotisations de Sécurité sociale et d'allocations familiales) et de l'Agence centrale des organismes de Sécurité sociale (ACOSS) qui gère la trésorerie de la Sécurité sociale qui est centralisée et déposée sur un compte unique tenu dans les écritures de la Caisse de dépôts et consignations (CDC) ; ces impôts sociaux ont par ailleurs la particularité d'être prélevés à la source (prélèvements sur les salaires établis par les employeurs qu'ils reversent aux URSSAF) ; relevons que depuis le premier janvier 2019, l'IR est désormais prélevé à la source (PAS) ; le principal impôt direct frappant les ménages est la CSG qui s'élève à 102 Md€ en LFI pour 2020 contre 94,5 Md€ pour l'IR ;
- **les impôts indirects** sont les impôts supportés et payées par des personnes distinctes, les redevables ne sont pas les contribuables : ceux qui sont assujettis de par la loi à l'impôt répercutent la charge fiscale sur un tiers qui supportera alors effectivement l'impôt : ainsi en est-il de la taxe sur la valeur ajoutée

ou TVA où le redevable est l'entreprise assujettie mais le contribuable le consommateur final ; les autres impôts indirects sont notamment les droits de donations, les droits de successions, la taxe intérieure de consommation sur les produits énergétiques ou TICPE, les impôts locaux indirects tels les droits de mutation à titre onéreux ou DMTO, taxes sur les cartes grises, sur le permis de conduire ; les droits de consommation sur l'alcool et le tabac affectés à la protection sociale ; leur calcul et recouvrement relèvent pour certains de la DGFiP pour d'autres de la DGDDI (droits de douane, TICPE, droits sur l'alcool et le tabac). Le principal impôt indirect est la TVA avec 187,1 Md€ en LFI 2020 soit près de la moitié des recettes fiscales totales de l'État (433,80 M€ en 2020) ; relevons que les impôts d'État sont pour les 2/3 des impôts indirects et 1/3 des impôts directs au contraire des impôts locaux (2/3 d'impôts directs locaux et 1/3 d'impôts indirects locaux) ;

- les impôts indirects ont en général la préférence des États dans la conduite de leurs politiques économiques de par leur sensation de moindre contrainte car les consommateurs n'ont pas conscience qu'ils acquittent ces impôts lors de leurs achats quotidiens de biens ou services (impôts invisibles car indolores) au contraire des impôts directs qui paraissent constituer une contrainte fiscale (impôts visibles car davantage ressentis). Tout est alors recherche d'équilibre de la part de l'État entre ces deux modalités d'exercice de son monopole de la « violence fiscale légitime ». Ajoutons que cette distinction « impôt direct/impôt indirect » détermine le juge compétent et le droit applicable (juge administratif pour le contentieux des impôts directs sauf exception comme la TVA et juge judiciaire pour le contentieux des impôts indirects sauf exception comme l'IFI).

On estime par ailleurs que les impôts directs paraissent plus justes car ils tiennent compte le plus souvent de la situation personnelle et/ou familiale des contribuables et/ou par l'application fréquente d'un taux progressif (taux variable avec la matière imposable) ; au contraire des impôts indirects perçus comme moins équitables car ils ne tiennent pas compte de la capacité contributive des personnes et se manifestent alors souvent par l'application d'un taux proportionnel (taux constant quelle que soit la matière imposable). Mais cette distinction est à nuancer car certains impôts proportionnels visent à tenir compte de cet objectif de justice fiscale et donc de justice sociale : ainsi la TVA avec ses différents taux en fonction des biens et services consommés et souvent liés aux revenus disponibles des ménages modestes, il existe en France métropolitaine un taux normal (20 %), un taux intermédiaire (10 %), un taux réduit (5,5 %) et un taux super-réduit (2,1 %) ; des taux de TVA différents sont applicables en Corse, dans les régions et départements d'outre mer (DOM-ROM au sens de l'art. 73 C. 1958) et dans les collectivités d'outre mer (COM au sens de l'art. 74 C. 1958) afin de tenir compte de leur caractère insulaire et aussi du coût de transport des livraisons de biens et prestations de service assujetties à la TVA.

L'action économique au moyen de la fiscalité ou politique fiscale demeure un champ d'action privilégié par les États mais inscrit dans un contexte désormais européen de concurrence et/ou d'harmonisation fiscale (régime de la TVA fixé par des directives européennes depuis 1970 et transposées dans le CGI). Cet interventionnisme fiscal demeure un instrument majeur d'action, car les États membres de l'UE ne disposent plus de leur instrument monétaire (politique monétaire transférée à la BCE) ; quant à leur instrument budgétaire (politique budgétaire), il est sous surveillance renforcée depuis le TSCG de 2012 hors circonstances exceptionnelles.

Les « dépenses fiscales » manifestent avec force la marge de manœuvre qui reste aux États d'agir au moyen de l'impôt (interventionnisme fiscal).

Le concept de « dépenses fiscales[1] », s'oppose d'abord à celui de « recettes fiscales » : il désigne toute mesure législative ou réglementaire conduisant à une perte fiscale pour l'État et à un allégement de la fiscalité pour le contribuable par rapport à ce qui serait résulté de l'application de la norme fiscale[2]. On parle aussi de « niches fiscales[3] ». Les dépenses fiscales apparaissent sous forme d'un montant équivalent au coût pour le budget de l'État résultant de la perte de recettes (contraction entre les recettes par application de la norme et la perte de recettes par application de la mesure dérogatoire). L'État assume par son budget ce coût lié aux dépenses fiscales et détaillé en loi de finances annuelle[4]. Depuis 2010, le gouvernement limite aux seules lois financières toute disposition relative aux prélèvements obligatoires réduisant le nombre de textes à caractère fiscal et la possibilité d'accroître ainsi l'adoption de mesures dérogatoires (les dépenses fiscales). La plupart des politiques publiques bénéficient de ces dépenses fiscales dans leur conception et mise en œuvre et sont détaillées dans un projet annuel de performance (PAP) qui accompagne chaque programme ministériel au sens de l'article 7 de la LOLF modifiée.

1. Ce concept apparaît en France en 1979 dans un rapport du Conseil des impôts, organisme crée en 1971 et remplacé depuis 2005 par le Conseil des prélèvements obligatoires (CPO).
2. Ainsi en est-il du fameux quotient familial, de la prime d'activité, des taux réduit de TVA dans la restauration ou travaux immobiliers de rénovation, ou le crédit d'impôt pour la transition énergétique (CITE) transformé en une simple prime depuis la loi de finances pour 2020.
3. On parle de « niches sociales » lorsque de telles mesures visent les recettes affectées à la protection sociale (exonération de charges sociales patronales).
4. En 2020, les dépenses fiscales sont au nombre de 468 pour un coût total de près de 90 Md€, elles touchent pour l'essentiel l'impôt sur le revenu ou IR (quotient familial, prime d'activité, réductions et crédits d'impôts...) ; impôt sur les sociétés ou IS (crédit impôt recherche, crédit impôt innovation) ; la TVA (taux réduit pour travaux de rénovation, TVA restauration...) ; la TICPE (taxe intérieure de consommation sur les produits énergétiques) et aussi la taxe d'habitation avant sa suppression d'ici 2022.

Pour approfondir

- P. Bertoni, « Prélèvements obligatoires, déficits publics et dette publique : des concepts largement conventionnels et vecteurs d'idéologie », *RFFP*, n° 125, février 2014, p. 187.
- M. Collet (dir.), « La dette publique : questions de droit », *RFDA*, n° 2, mars-avril 2019, p. 241-280.
- J. Germain, « La faible garantie de la règle européenne d'équilibre structurel des finances nationales », *G&FP*, n° 7, juillet 2013, p. 59.
- H. Guillaume, M. Ohier, « Rapport du Comité d'évaluation sur les dépenses fiscales et les niches sociales – Synthèse », *G&FP*, n° 4, avril 2012, p. 26.
- Rapports du Conseil des prélèvements obligatoires (CPO).
- Rapports annuels de la Cour des comptes sur la situation et les perspectives des finances publiques.
- M. Saoudi (dir.), « La gouvernance fiscale européenne. Vers un droit fiscal de l'Union ? », RUE, n° 620, juillet-août 2018, p. 416-443.
- M. Saoudi (dir.), « La fiscalité locale : regards comparatifs. Simple évolution ou véritable révolution ? », G&FP, n° 2, mars-avril 2020, p. 5-84.

QCM

une ou deux bonne(s) réponse(s) possible(s)

1 Les taux de déficit et la dette publics sont appelés après 2020

- ❏ a. à augmenter
- ❏ b. à demeurer stables
- ❏ c. à diminuer

2 Le déficit structurel des APU en France est

- ❏ a. fixé à 3 % du PIB
- ❏ b. le déficit public dont on soustrait le déficit conjoncturel
- ❏ c. fixé à 1 % du PIB

3 La dette de l'État est

- ❏ a. à 80 % une dette non négociable
- ❏ b. d'un montant supérieur à celui de la dette sociale
- ❏ c. d'un montant supérieur à celui de la dette locale

4 Le TPO s'élève en France en 2020

- ❏ a. à près de 56 % du PIB
- ❏ b. à près de 44 % du PIB
- ❏ c. à moins de 35 % du PIB

5 Les PO sont constitués en majorité

- ❏ a. d'impôts et taxes
- ❏ b. de cotisations sociales
- ❏ c. de redevances pour service rendu

RÉPONSES 1.a. • 2.b. • 3.b.c. • 4.b. • 5.a.

QRC

Peut-on supprimer le déficit budgétaire ?

Méthodologie

- *Déficit* : solde négatif entre dépenses et recettes.
  Distinction entre déficit public (déficit des budgets publics c'est-à-dire des APU) et déficit budgétaire (déficit du budget de l'État) ; insister sur ce dernier à savoir le déficit du budget de l'État en l'inscrivant dans l'environnement général dû à la construction de l'UEM.
  Rappeler les raisons du déficit de l'État et sa distinction et lien avec la dette de l'État (déficit-emprunt-dette).
- *Peut-on supprimer ?* : question donc il s'agit d'apporter une réponse ; « supprimer » au sens de mettre fin au déficit ; est-ce possible ? Dans quelles circonstances économiques et/ou sociales ; bref il s'agit de rappeler le lien entre finances de l'État et situation de l'économie nationale et internationale ; le déficit devient un instrument d'action économique surtout en période de crise : illustration récente, crise saninaire depuis 2020 et ses conséquences sur les finances des États.
  Il semble que loin de supprimer cet instrument essentiel, il s'agit d'en maîtriser l'évolution, pourquoi ? Car l'État inscrit son action dans le cadre de l'UEM et donc est soumis à une discipline budgétaire formalisée par le PSC de 1997 rénové par le TSCG de 2012.

Il s'agit dans ce travail d'approcher la définition du déficit budgétaire et de dire simplement que loin de pouvoir le supprimer, il s'agit pour les gouvernants et gestionnaires des finances de l'État d'en maîtriser l'évolution notamment pour les États ayant adhéré à l'UEM et surtout à la zone euro comme la France.

Rédaction possible

Le déficit budgétaire, qui est le déficit du budget de l'État résultant de l'insuffisance de ses ressources notamment fiscales pour couvrir ces principales dépenses en particulier ces dépenses de fonctionnement (personnel, charge de la dette…) et d'intervention (aides et subventions à des organismes publics et privés), révèle l'instrumentalisation des finances de l'État comme outil de politique économique. À défaut de pouvoir le supprimer, les autorités en charge de la gestion du budget de l'État ne peuvent que maîtriser l'évolution de ce déficit car inscrit désormais dans le cadre de l'Union économique et monétaire (l'union monétaire appelant à terme une union budgétaire).

Supprimer le déficit c'est rendre l'État inefficace en cas de crise majeure (ainsi la crise financière de 2008 a montré l'importance et la nécessité de recourir au déficit budgétaire) ; mais ne pas maîtriser ce déficit fait tout autant courir un risque celui de voir imploser la zone euro (dépréciation de la valeur de la monnaie unique) ; c'est pourquoi une discipline budgétaire rénovée par le « pacte budgétaire » de 2012, corollaire de la discipline monétaire, paraît tout aussi nécessaire.

Ces instruments de discipline européenne visent en particulier l'État car il supporte par son budget l'essentiel du déficit et donc de la dette publics, rappelant ainsi son rôle de garant ultime du système public financier. Mais maîtriser le déficit de l'État en situation actuelle de croissance économique nulle ou négative fait naître un risque, celui de remettre en cause la légitimité de l'État. On l'observe depuis 2020.

Fiche 5

Les acteurs des finances publiques

Par « acteurs des finances publiques », on entend souvent les organismes publics ou privés financés principalement par les prélèvements obligatoires c'est-à-dire les APU (État, ODAC, APUL et ASSO) déjà définis précédemment. Il s'agit d'évoquer ici d'autres acteurs. Les finances publiques contemporaines se caractérisent en effet par leur dimension internationale. Les finances publiques sont soumises à un jeu d'influence réciproque et à une logique propre d'acteurs multiples.

I. Les instances internationales et européennes

La « mondialisation » et/ou « globalisation » de la finance, de l'économie, des échanges, est un phénomène ancien et sans cesse renouvelé. Il a de nos jours un impact sur la vie quotidienne de chacun car l'État n'est plus le seul cadre de régulation de nos sociétés. La crise récente de 2008 nous rappelle à cette réalité. Mais la pandémie de Covid-19 en 2020 révèle les limites de cette mondialisation libérale et marchande (mesurée au moyen du produit intérieur brut ou PIB, indicateur établi sur des critères quantitatifs) et appelle à la nécessité d'un nouveau modèle de développement durable et équitable (mesuré au moyen de l'indice de développement humain ou IDH, indicateur établi sur des critères qualitatifs) ; on s'interroge ainsi sur l'idée d'une relocalisation de la production et distribution de certains biens et services jugés sensibles en période de crise (produits pharmaceutiques, instruments médicaux, denrées alimentaires). Toujours est-il que des organisations internationales de coopération (G20, G8) jusque-là en sommeil, ont retrouvé un brin d'activité effrénée depuis la crise financière de 2008 et son impact sur les économies et les finances publiques des États. Le FMI, dont l'aide financière se limitait jusque-là aux pays en développement (politique d'« ajustement structurel »), étend son action d'aide aux pays développés notamment aux États de la « zone euro[1] » qui connaissent depuis 2010 une crise de leur « dette souveraine ». L'Union européenne demeure l'acteur principal car elle dispose d'instruments juridiques et financiers plus contraignants imprimant de la sorte une dimension internationale aux finances de ses États membres.

1. Le Fonds monétaire international (FMI) est depuis la crise financière de 2008 un des membres de la « troïka » (les deux autres bailleurs de fonds étant la Commission européenne et la Banque centrale européenne ou BCE) chargée de venir en aide à certains États de la zone euro sous conditions de réformes structurelles (baisse des dépenses de santé, de retraite...).

A. Les instances internationales

Discipliner la finance internationale passe par une remise en ordre des finances publiques nationales. L'action des organisations internationales, empruntant souvent la forme de « codes de bonne conduite » (*standards setters*) sans réelle portée juridique, sorte de « droit mou » (*soft law*), a pour objet la convergence des régulations financières nationales et le renforcement de la coopération en matière de supervision bancaire.

En ce domaine, l'**Organisation des nations unies ou ONU** créée en 1945, dont la mission est le maintien de la paix et la sécurité internationale, voit son pouvoir sur les finances publiques nationales limité aux seuls États placés sous son autorité (tutelle ou mandat). Par ailleurs, les conventions fiscales internationales conclues par les pays en développement s'inspirent de conventions dites « modèle ONU » ; ces conventions visent souvent à éviter la double imposition, à lutter contre l'évasion et la fraude fiscale et à garantir les droits des contribuables (personnes physiques et personnes morales).

Le **G20** (19 États et une organisation régionale qu'est l'Union européenne), crée en marge du G7 de Washington de 1999, regroupe des États représentant près de trois quarts du PIB planétaire et deux tiers de la population mondiale. Il se réunit au niveau des chefs d'État et de gouvernements. Il définit les principes et priorités de la finance mondiale[1] ; ses décisions sont mises en œuvre par des organismes autonomes que sont notamment le Conseil de stabilité financière (CSF) dans le domaine de la régulation du système financier mondial, l'Organisation internationale des commissions de valeur (OICV) pour le contrôle des marchés boursiers et le Comité de Bâle en matière de solvabilité et stabilité du système bancaire international (créé en 1974, ce Comité comprend les superviseurs de 28 pays). Face à la crise économique mondiale provoquée par la pandémie du Covid-19, le G20 des ministres des finances s'est réuni le 26 mars 2020 pour soutenir les plans d'aides financières aux entreprises et aux ménages initiés par certains États (2 000 Md$ aux États-Unis, 1 100 Md€ en Allemagne...) et le 15 avril le G20, après accord avec les créanciers privés et publics, a suspendu sans toutefois l'annuler et ce jusqu'à fin 2020, la dette des 77 États à bas revenus (14 Md$ sur un total de 32 Md$).

Le **Fonds monétaire international ou FMI** qui siège à Washington a été créé en 1944 pour venir en aide aux pays en développement sous certaines conditions ; depuis 2009, il participe à la surveillance multilatérale des finances publiques en

1. Depuis la crise financière de 2008, les réunions du G8 et du G20 se succèdent à un rythme soutenu pour tenter de « moraliser le capitalisme » au niveau mondial : G20 de Londres en avril 2009 ; G20 de Pittsburgh en septembre 2009 ; G20 de Toronto en 2010 ; G8 et G20 de Cannes en 2011 ; G20 de Mexico en 2012, G20 de Saint-Pétersbourg en 2013, puis en Australie en 2014, en Turquie en 2015, en Chine en 2016 l'Allemagne accueillera en 2017 le G20 qui sera le douzième sommet depuis 2008. La crise sanitaire de 2020 a accéléré et accru le nombre de réunions du G20.

particulier et la mise en place de son Moniteur des finances publiques (MFP[1]). Cet instrument consiste en un suivi et en une analyse des conséquences budgétaires de la crise afin d'établir une actualisation des mesures nécessaires à la soutenabilité des finances publiques nationales[2]. Les crises sollicitent souvent l'intervention du FMI (aide financière d'urgence de 50 Md$ initié le 4 mars 2020 en faveur des pays à faible revenu ou émergents pour les aider à lutter contre le coronavirus).

La **Banque mondiale ou BM** a été créée comme le FMI dans le cadre des accords de *Bretton Woods* de 1944, elle est l'organe majeur d'aide au développement ; elle agit par l'intermédiaire de plusieurs institutions spécialisées (Banque internationale pour la reconstruction et le développement ou BIRD/IBRO en acronyme anglais, Association internationale de développement ou AIE/IDA créée en 1960, la Société financière internationale ou SFI/IFC créée en 1956, l'Agence multilatérale de garantie des investissements ou AMGI/MIGA créée en 1988, le Centre international pour le règlement des différends relatifs aux investissements ou CIRDI/ICSID créée en 1965). Le Groupe BM et le FMI ont le 25 mars 2020 lancé un plan d'action pour la dette des 76 pays de l'IDA pour faire face à l'épidémie de Covid-19.

L'**Organisation de coopération et de développement économique ou OCDE** s'est engagée, depuis 2009 et ce dans le cadre des décisions prises au sein du G20 relatives à la lutte contre la fraude fiscale et les paradis fiscaux, à établir pour ses États membres une liste de pays dits non coopératifs (« liste noire ») : il s'agit des États qui n'ont pas manifesté leur volonté de conclure des conventions internationales d'échanges d'informations fiscales afin de mettre fin à ces pratiques d'« évasion fiscale » dommageables pour les finances des États ; ces pratiques engendrent une perte de ressources pour les États aggravant souvent leur déficit et par conséquent leur dette publique. L'OCDE a aussi édicté des conventions dites « modèle OCDE » qui servent de cadre de référence à la conclusion entre pays développés de conventions fiscales internationales (éviter la double imposition, lutter contre l'évasion et la fraude fiscales, garantir les droits des contribuables). Ajoutons que l'OCDE, suite à ses prévisions économiques de forte récession provoquée par le coronavirus, souhaite un « plan Marshall » d'aide aux États les plus touchés par la pandémie, plan qui d'ailleurs historiquement est à l'origine de la création de l'OCDE !

L'**Organisation mondiale du commerce ou OMC** s'est substituée en 1995 au *GATT* (Accord général sur les tarifs douaniers et le commerce de 1947) ; elle poursuit une mission de libéralisation des échanges par la conclusion d'accords sur le commerce

1. Le MFP, préparé deux fois par an par le Département des finances publiques du FMI, s'appuie sur la même base de données que les Perspectives de l'économie mondiale (PEM) et le rapport sur la stabilité financière dans le monde (RSFM).
2. « Soutenabilité » au sens où les APU et notamment l'État doit être dans la capacité financière de faire face à ses engagements présents (rémunérer ses agents, payer ses créanciers) et futurs (verser les pensions civiles et militaires, appel en garanties de l'État) mais aussi donner confiance à ses investisseurs institutionnels (maîtrise du déficit et de la dette publics).

des marchandises, des services. Elle a aussi une mission, à travers son organe de règlements des différends (ORD), de résoudre les litiges commerciaux entre États membres. Il va sans dire que la pandémie du Covid-19 perturbe profondément le commerce mondial et donc la production et la consommation : l'OMC s'est associée le 6 avril 2020 à l'Organisation mondiale des douanes (OMD) pour faciliter le commerce des biens et services essentiels notamment en matière médicale et alimentaire.

Toutes ces organisations internationales de coopération voient leur pouvoir d'action et surtout de sanction, pour la plupart en tout cas, fortement limité. La réglementation qu'elles élaborent et édictent prend en effet souvent la forme de simples « codes de bonne conduite » sans réelle portée normative ; leur mise en œuvre dépend en général de la plus ou moins bonne volonté des États. Ces *standards setters* deviennent des normes juridiques contraignantes une fois reprises et intégrées dans des textes nationaux et surtout européens sous forme de règlements et/ou de directives[1].

B. Les instances européennes

La réglementation européenne renvoie au processus de décision au sein du « triangle institutionnel » (Commission, Conseil et Parlement européen). Mais ce dispositif décisionnel européen a montré ses limites lors de la crise financière de 2008 qui a contraint à des actions urgentes : la compétence financière des États membres en est sortie renforcée (plan de relance budgétaire et prêts d'urgence au secteur bancaire). On le constate encore en 2020 face à la crise financière provoquée par la pandémie de Covid-19.

Par ailleurs, des mesures non conventionnelles (c'est-à-dire hors opérations normales de gestion des besoins de liquidité du système bancaire lors de la création de la BCE à savoir les opérations de refinancement, de facilités permanentes de prêts et de dépôt ainsi que de réserves obligatoires) ont été prises en contexte de crise depuis 2014 par la Banque centrale européenne (BCE) à travers le rachat de dette souveraine sur le marché obligataire secondaire (marché dans lequel sont échangés les titres d'emprunt déjà émis) permettant la continuité du financement des États de la zone euro (programmes d'achats d'actifs de la dette détenue par les créanciers des États de la zone euro) ; ont été également mis en place des instruments

1. Ainsi la législation européenne entrée en vigueur en juin 2013 dite « paquet CRD IV » qui consacre le dispositif dit Réglementation « Bâle III » en réponse à la crise du secteur bancaire ayant nourri et aggravé la crise financière (ratio de solvabilité, surveillance du risque de liquidité, et exigence de transparence des banques).

financiers *ad hoc* (le FESF remplacé en 2012 par le MES[1]). En mars 2020, la BCE a de nouveau lancé un plan de rachat sans limite des dettes publiques et privées sur le marché secondaire (750 Md€ contre 640 Md€ pour la Fed américaine) à défaut de baisser son taux directeur qui est déjà en territoire négatif (-0,5 % en 2020) et ce pour inciter les banques à prêter aux entreprises et aux ménages afin de relancer l'activité économique. Ce constat se vérifie encore suite à la crise sanitaire de 2020 qui contraint les États à recourir à l'endettement public et les banques centrales à agir sur leur taux directeur pour faciliter l'emprunt obligataire et/ou à racheter de la dette publique et/ou privée sur le marché secondaire pour relancer l'activité et financer ainsi l'économie. A été souhaitée par certains États dont la France et l'Italie et 7 autres États la mise en place de dettes nationales mutualisées par l'émission d'euro-obligations dites « euro bond », « corona bond » ou « recovery bond » (du terme anglais « bond » signifiant titre de dette ou obligation) pour faire face à la crise sanitaire mais idée rejetée par d'autres États de l'Eurogroupe notamment l'Allemagne, les Pays Bas, l'Autriche et la Finlande. Si la Commission européenne semble rejeter un tel système mutualisé de dettes nationales, la BCE par la voie de sa présidente paraît assez favorable car un tel système permet de lutter contre la spéculation sur les États les plus fragiles de la zone euro. Les crises appellent en tout cas le recours massif à l'endettement pour relancer et financer l'économie.

Cette action monétaire de la BCE est complétée par l'action de l'Eurogroupe (MES), la Commission (assouplissement des seuils de déficit et de dette publics) et des États membres (lois d'urgence sanitaire, aides financières d'urgence aux entreprises et aux ménages, plan de relance budgétaire une fois la crise sanitaire passée...).

La BCE associée aux banques centrales nationales des États de l'Union (BCN) forme le système européen de banques centrales ou SEBC à bien distinguer de l'Eurosystème qui comprend la BCE et les seules banques centrales des États de la zone euro : l'objectif de l'UEM est l'adoption de la monnaie unique, l'euro, par tous les États de l'Union et donc à terme l'Eurosystème est appelé à disparaître pour laisser place au seul SEBC.

Cette coexistence momentanée des deux systèmes (SEBC et Eurosystème) s'explique par la phase transitoire nécessaire (critères liés au taux d'inflation, au déficit et dette publics, mécanisme de parité avec l'euro...) par laquelle tout État doit passer s'il souhaite intégrer la zone euro qui compte à ce jour 19 États dans une UE à 27 depuis le retrait le 29 mars 2017 du Royaume-Uni. Des États ont toutefois exprimé leur refus d'adopter l'euro (Le Royaume-Uni avant le « Brexit »), pour d'autres ce

1. Fonds provisoire de sauvetage et de secours de l'euro crée en juin 2010, le Fonds européen de stabilité financière (FESF) est remplacé en octobre 2012 par un fonds permanent, le Mécanisme européen de stabilité (MES) qui octroie des prêts (sous forme de crédits de précaution, d'achats d'obligations ou d'aides au secteur bancaire) aux États de la zone euro connaissant une crise de leur dette souveraine évitant à ces États de devoir notamment recapitaliser certaines banques et/ou les nationaliser c'est-à-dire dans tous les cas faire appel au contribuable.

refus s'est exprimé par voie référendaire (Suède, Danemark). Il faut relever que l'euro a aussi cours légal en vertu de convention monétaire et/ou d'accord formel conclu par l'UE avec certains États non membres de l'UE (Kosovo, Monténégro) ou de micro-États (Cité du Vatican, Andorre, Monaco, Saint-Marin).

Le SEBC, qui comprend la BCE et les BCN, a pour mission de définir et de mettre en œuvre la politique monétaire, d'assurer le bon fonctionnement des systèmes de paiement, de gérer les réserves de change des États membres et d'effectuer, dans le cadre fixé par le Conseil, les opérations de change. La politique monétaire consiste à faire varier la valeur de la monnaie à la hausse ou à la baisse en agissant sur les taux d'intérêt réels (taux intégrant l'inflation) ce qui rend plus difficile (hausse) ou au contraire facilite (baisse des taux) l'octroi de crédits par les banques commerciales aux entreprises et aux ménages. Cette activité de prêts bancaires vise à accroître l'investissement et donc à relancer l'activité économique et donc la croissance, ce qui permet à l'État des rentrées fiscales plus importantes (impôts et taxes assis sur des bases économiques que sont le revenu, le bénéfice ou la consommation) réduisant ainsi son déficit et donc sa dette. Cette réduction du déficit et de l'endettement publics accroît la marge de manœuvre des États et par conséquent leur capacité d'action économique. La continuité des systèmes de paiement assurée par la BCE permet l'accroissement des échanges et du commerce et donc des ressources publiques via les impôts et taxes. Quant à la politique de change et de réserve de devises elle permet à la BCE de défendre la valeur de l'euro en maintenant sa parité avec le dollar, le yen ou le yuan ou renminbi. En se constituant une réserve en dollar, la BCE peut racheter en dollar sa monnaie qu'est l'euro pour défendre et maintenir sa valeur si l'euro subit une spéculation à la baisse sur les marchés de changes de devises.

La BCE, composé d'un organe délibérant (le conseil des gouverneurs) et d'un organe exécutif (le directoire), est seule compétente pour autoriser l'émission des billets de banque dans la zone euro; elle fixe aussi le volume de pièces que chaque État est autorisé à produire et à mettre en circulation. Sa mission principale de stabilité monétaire est réalisée à travers la fixation périodique d'un taux directeur qui est le taux de financement des établissements bancaires auprès de la BCE. Ce taux directeur va ensuite déterminer le taux d'emprunt et de crédits à la consommation offerts par les banques aux entreprises et aux ménages. Relevons que par ces prêts bancaires, les établissements de crédits sont les principaux créateurs de monnaie en circulation. Les banques centrales de l'Eurosystème se limitent à émettre les billets libellés en euro et à produire la monnaie divisionnaire ou monnaie métallique (les pièces en euro) fabriquée par les États. Il demeure toutefois que si la monnaie fiduciaire (billets et pièces de monnaie[1]) est l'instrument majeur de paiement dans la zone euro, la monnaie scripturale (chèques carte de paiement et virements c'est-à-dire

1. Articles L121-1 à L123-1 du Code monétaire et financier (CMF).

monnaie inscrite au crédit des comptes bancaires[1]) est l'instrument de transaction et des échanges le plus largement utilisé à travers le monde (monnaie scripturale qui représente près de 85 % de la monnaie actuellement en circulation dans le monde). La BCE, a, depuis la « crise des dettes souveraines » de 2010, étendu sa compétence à la stabilité financière avec la mise en place en 2012 de l'Union bancaire dont les organes de régulation lui sont rattachés (Mécanisme de supervision unique, Mécanisme de résolution unique et Système de garantie de dépôt).

La crise financière de 2008 a vu aussi l'affirmation du rôle de la Banque européenne d'investissement (BEI), institution créée par le traité de Rome de 1957 pour promouvoir le développement économique équilibré des territoires de la Communauté. Se finançant sur les marchés obligataires internationaux (emprunt de 71 Md€ en 2012), la BEI est chargée d'octroyer des prêts dont 90 % sont destinés à des projets d'investissement réalisés dans l'UE. Depuis la crise, elle a accru sa participation au Fonds européen d'investissement (FEI, spécialisé dans le soutien aux PME) pour le financement de plus 200 000 petites et moyennes entreprises (PME) devant l'insuffisance voire l'inexistence du crédit bancaire. La Groupe BEI a de nouveau été sollicitée pour venir en aide aux entreprises européennes pour la plupart à l'arrêt depuis la pandémie de Covid-19 (plan de financement de 40 Md€). La BEI peut aussi contribuer à un investissement initié par un État membre (protocole d'accord « programme hôpital d'avenir » du 3 décembre 2013 pour le financement du secteur hospitalier français) ou d'institutions financières nationales spécialisées (Caisse des dépôts et consignations ou CDC). Le Groupe BEI aide également les pays tiers situés en Afrique, Asie ou Amérique latine : ainsi elle leur a apporté en avril 2020 une aide financière de 5,2 Md€. Émerge dans ce cadre européen marqué des crises successives une problématique commune liée à la stabilité monétaire et financière[2]. Une telle évolution révèle l'importance accordée au financement des États auprès des marchés internationaux de capitaux. L'Union européenne (UE) recourt ainsi à des instruments de régulation bancaire et financière afin « de mettre la finance au service de la croissance et de l'emploi » : encadrement de l'activité des agences de notation (obligation d'enregistrement et contrôle par des superviseurs)[3], institution d'un organisme de supervision des banques, assurances et marchés financiers (Conseil européen du risque systémique ou CERS)[4] et création de taxes sur les banques et sur le risque systémique[5]. Depuis janvier 2011, une Autorité européenne des marchés financiers (AEMF) est chargée de l'élaboration technique et de l'harmonisation des règles et des pratiques de supervision en vue d'assurer la stabilité financière et l'efficacité du

1. L131-1 et suivants du Code monétaire et financier (CMF).
2. Communication de la Commission européenne, 29 octobre 2008, « De la crise financière à la reprise : un cadre d'action européen ».
3. Règlement (CE) n° 1010/2009 du 16 septembre 2009.
4. Placé sous l'autorité de la BCE, le CERS est opérationnel depuis janvier 2011.
5. Décision du Conseil européen du 17 juin 2010.

marché intérieur. Le Conseil « Ecofin » du 18 décembre 2013 a conclu un accord sur la création d'une Union bancaire évitant ainsi désormais d'engager les finances publiques et donc de faire appel au contribuable dans le sauvetage du secteur bancaire. Des améliorations ont été apportées à certains organismes nationaux[1] suite à l'adoption de ces mesures prises par les autorités de l'UE. Au vu de l'ampleur de la crise sanitaire de 2020, « le Conseil ECOFIN a soutenu la proposition de la Commission européenne d'activer la clause pour récession économique sévère (communément appelée "*general escape clause*"), pour permettre une réponse budgétaire coordonnée à la pandémie au niveau européen. Cette clause du Pacte de Stabilité et de Croissance est une clause dérogatoire et générale, qui n'avait jamais été activée auparavant, et qui autorise, a minima pour 2020, une déviation par rapport aux cibles budgétaires fixées par le Conseil (les cibles du bras préventif, à savoir la recommandation d'ajustement structurel et de croissance des dépenses). La France s'inscrit dans ce dispositif exceptionnel, qui lui fournit la flexibilité requise afin d'adopter les mesures nécessaires au soutien des systèmes de santé et à la protection de l'économie » (Programme de stabilité 2020). Toutes ces institutions européennes (BCE, Union bancaire, BEI, Conseil de l'Union, Eurogroupe, Ecofin, Commission et Parlement européens) sont productrices de normes monétaires, budgétaires et financières qui s'imposent aux administrations financières nationales.

II. Les administrations financières

Il s'agit d'évoquer ici les administrations financières au sens large (autorité législative financière, autorité exécutive financière, autorités financières à statut particulier, institutions financières publiques) ; on précisera ensuite le statut et le rôle des gestionnaires publics (ordonnateurs et comptables publics) chargés de la mise en œuvre des décisions financières prises par ces autorités. Leur régime de responsabilité, quelque peu renouvelé par le décret GBCP de 2012, est placé sous la surveillance et le contrôle de juridictions financières dont la mission est appelée à s'adapter à la logique de performance de la gestion publique initiée par la LOLF de 2001. Le terme « administrations financières » renvoie certes à l'administration des finances et/ou du budget mais aussi à d'autres institutions dont il s'agit de rappeler le rôle et le pouvoir d'influence dans l'évolution du cadre de gestion des finances publiques. On peut distinguer l'autorité législative financière (Parlement et en son sein les commissions des finances), de l'autorité exécutive financière (Président de la République,

1. Notamment l'Autorité des marchés financiers (AMF) chargée de protéger l'épargne investie dans les instruments financiers, d'informer les investisseurs et de réguler le marché de ces instruments ; le Conseil de la régulation financière et du risque systémique (Corefris) qui associe le Trésor public, la Banque de France, l'Autorité de contrôle prudentiel, l'Autorité des normes comptables et l'AMF précitée.

Premier ministre et ministres), des autorités administratives (administration centrale et déconcentrée de l'Économie et des Finances), des autorités financières à statut particulier et des institutions financières publiques.

A. L'autorité législative financière

Le pouvoir budgétaire et financier du Parlement semble renforcé depuis l'adoption de la LOLF de 2001 et de la loi constitutionnelle (LC) du 23 juillet 2008. Ces textes accroissent les compétences du Parlement en matière de nomination des dirigeants d'autorités financières (art. 13 C.), d'évaluation des politiques publiques (art. 24 C.1958) avec l'assistance de la Cour des comptes (art. 47-2 C.), du droit d'amendement (art. 40 C. et 47 LOLF), du droit d'information et de contrôle avec notamment la semaine dite « contrôle et évaluation » (art. 48 al. 2 C.), la consécration par la Constitution des commissions d'enquête (art. 51-2 C.) et par la LOLF du débat orientation des finances publiques ou DOFP (art. 48 LOLF) et aussi du droit à communication de documents à caractère économique, financier et budgétaire aux commissions parlementaires des finances (art. 49 à 60 de la LOLF).

Cet accroissement du rôle du Parlement trouve ses limites car son pouvoir s'inscrit à la fois :

- dans un cadre politique contraint (le « fait majoritaire » et le « parlementarisme rationalisé » dominent la pratique de la Ve République réduisant le pouvoir de l'opposition et plus largement affaiblissent l'efficacité du contrôle parlementaire) ; on relève d'ailleurs que si la LC de 2008 précitée a visé à rehausser la place et le rôle du Parlement, elle n'a pas fondamentalement modifié le pouvoir budgétaire et financier du Parlement : le gouvernement voit ses compétences en matière de lois financières annuelles et pluriannuelle maintenues (articles 39 C., 47 C., 47-1 C., et 49 al. 3 C. notamment) ;
- dans un cadre budgétaire et financier contraint tant au niveau national (situation de fort endettement public peu favorable à la capacité d'action parlementaire notamment en matière d'exercice du droit d'amendement) qu'au niveau international (situation de l'économie et de la finance mondiale sur le niveau des taux d'intérêt qui déterminent le financement de la dette de l'État et réduisent la portée de l'autorisation parlementaire en matière d'emprunt et de trésorerie de l'État) ; la contrainte subie par le Parlement est davantage ressentie au niveau européen (TSCG de 2012 sur la règle d'équilibre structurel ajoutée à l'influence grandissante des autorités de l'UE sur les compétences budgétaires du Parlement avec notamment depuis 2010 le « semestre européen »). Ces contraintes monétaire, budgétaire et financière sont toutefois assouplies voire levées lorsque survient une crise nationale et/ou internationale d'une certaine ampleur (pandémie de Covid-19 en 2020).

B. L'autorité exécutive financière

L'autorité exécutive comprend au sens large le Président de la République (Chef de l'État), le Premier ministre (le chef du gouvernement) et les ministres, voit son rôle financier affirmer voire renforcer en période de crise et de tension des finances publiques.

1. Le Président de la République

Outre son rôle de garant des institutions (art. 5 C.), dispose de pouvoirs propres (art. 13 C.) formalisés par des décrets pris en Conseil des ministres, actes dispensés de contreseing (nomination aux emplois civils et militaires en particulier des dirigeants d'administrations et d'institutions financières). Ce pouvoir réglementaire s'étend à l'adoption des ordonnances délibérées en Conseil des ministres (art. 38 C.). Le secrétariat général de la présidence de la République (SGPR) est par ailleurs le siège où les décisions majeures de politiques économiques engageant les finances publiques sont prises. Ainsi les politiques de réforme (RGPP en 2007, MAP en 2012 et TP depuis 2018) sont définies au plus haut niveau de l'État (Présidence de la République).

Le programme gouvernemental de réforme « Action publique 2022 » a été lancé le 13 octobre 2017 et où a été installé le Comité Action publique 2022 (Cap 2022) et aussi un Comité Jeune Action publique 2022 ! Ce programme vise, selon le site internet du Premier ministre, « à repenser le modèle de l'action publique en interrogeant en profondeur les métiers et les modes d'action publique au regard de la révolution numérique qui redéfinit les contours de notre société ». Les décisions sont prises au sein des comités interministériels de la transformation publique (CITP) et mises en œuvre par le Gouvernement en vue d'être traduites dans la programmation pluriannuelle des finances publiques transmise aux autorités européennes et, le cas échéant, dans le projet de loi de programmation des finances publiques et le budget triennal.

2. Le Premier ministre

Il dirige l'action d'un gouvernement (art. 21 C.) qui « détermine et conduit la politique de la nation » (art. 20 C.). Par ces dispositions laconiques, il s'agit de rappeler le rôle politique (chef du gouvernement), juridique (pouvoir réglementaire autonome et/ou partagé avec le chef de l'État) et administratif (coordination et contrôle de l'activité des ministres) du Premier ministre. Ce rôle prééminent du gouvernement et de son chef dans tout domaine et notamment le domaine économique et financier apparaît en particulier dans l'élaboration et la mise en œuvre des textes qui traduisent la politique gouvernementale (lois financières annuelles et pluriannuelles). Le secrétariat général du gouvernement (SGG), qui coordonne l'action budgétaire du gouvernement, est au cœur de ce dispositif. Depuis le 20 novembre 2017, ont été instituées la Direction interministérielle de la transformation publique (DITP) placée sous l'autorité du ministre chargé de la réforme de l'État et dirigée par le délégué interministériel à la transformation publique et la Direction interministérielle du numérique et du système d'information et de communication de l'État (DINSIC), placée, par délégation du Premier ministre, sous l'autorité du ministre chargé du numérique et rattachée au SGG. Le ministre chargé de la réforme de l'État en dispose[1]. La DINSIC a été remplacée le **25 octobre 2019** par l**a direction interministérielle du numérique (DINUM).**

De nombreuses commissions ou instances consultatives ou délibératives sont placées directement auprès du Premier ministre[2] : ainsi du Conseil d'analyse économique ou CAE[3] chargé en toute indépendance de rendre publiques les études économiques transmises au gouvernement ; du Conseil d'orientation des retraites (COR[4]) qui suit l'évolution des régimes de retraite et fait des propositions sur leur financement ; le Commissariat général à la stratégie et à la prospective (CGSP[5]), qui s'est substitué en 2013 au Centre d'analyse stratégique (CAS), détermine les grandes orientations de l'avenir de la nation et les objectifs de développement économique, social, culturel et environnemental. Le CGSP plus connu sous le nom d'usage « France Stratégie », a pour mission, aux termes de son décret de création du 22 avril 2013, d'évaluer, d'anticiper, de débattre et de proposer. Il coordonne un réseau de huit organismes : outre le CAE et le COR précités, également le Conseil d'orientation pour l'emploi (COE), le Haut Conseil de la famille, de l'enfance et de l'âge (HCFEA), le Haut Conseil pour l'avenir de l'assurance maladie (HCAAM), le Haut Conseil du financement de la protection sociale (HCFi-PS), le Conseil national de l'industrie (CNI) et le Centre d'études prospectives et d'informations internationales (CEPII). Depuis mars 2020, ont été institués, auprès du Chef de l'État et le chef du gouvernement, un Conseil scientifique Covid-19 et un Comité analyse, recherche et expertise (Care) pour conseiller les pouvoirs publics en matière scientifique, technologique et thérapeutique pour freiner la propagation du coronavirus.

1. Décret n° 2017-1584 du 20 novembre 2017 relatif à la direction interministérielle de la transformation publique et à la direction interministérielle du numérique et du système d'information et de communication de l'État, JORF n° 0271 du 21 novembre 2017.
2. Une enquête de la Cour des comptes sur les « commissions et instances consultatives placées auprès de Premier ministre » remise en 2006 au Sénat a dénombré une quarantaine de ces conseils ou comités.
3. Décret n° 97-766 du 22 juillet 1997.
4. Décret n° 2004-453 du 28 mai 2004 relatif à la composition et à l'organisation du conseil d'orientation des retraites.
5. Décret n° 2013-333 du 22 avril 2013 portant création du Commissariat général à la stratégie et à la prospective.

3. Les ministres

Ils peuvent avoir un statut plus ou moins honorifique (ministre d'État, ministre délégué, secrétaire d'État), siègent au Conseil des ministres, organe majeur de décision gouvernementale présidé par le Chef de l'État. Si le ministre des Finances et/ou ministre délégué au Budget est juridiquement l'égal des autres ministres, il a de fait un statut prééminent à travers son pouvoir d'élaboration et de contrôle de l'exécution des lois financières et son pouvoir de contreseing des actes ministériels à incidence budgétaire et financière. Ce ministre dispose enfin d'une administration financière spécialisée.

4. Le ministère de l'Économie et des Finances

« Le ministre de l'économie prépare et met en œuvre la politique du Gouvernement en matière économique, financière, de consommation et de répression des fraudes ainsi qu'en matière d'industrie, de services, de petites et moyennes entreprises, d'artisanat, de commerce, de postes et communications électroniques, de suivi et de soutien des activités touristiques[1] ». Il est compétent « conjointement avec le ministre chargé de l'Action et des Comptes publics en matière de prévision financière et le contrôle économique et financier. Il a par ailleurs une compétence partagée avec le ministre de l'enseignement supérieur, de la recherche et de l'innovation, pour la définition et le suivi de la politique en matière d'innovation. Conjointement avec le secrétaire d'État auprès du Premier ministre chargé du numérique, le ministre de l'économie veille au développement des entreprises et des acteurs français du numérique et promeut les actions propres à accélérer la transformation numérique de l'économie. Il concourt, en veillant notamment à l'adaptation de l'économie française aux évolutions des échanges internationaux, à la définition et à la mise en œuvre de la politique du Gouvernement en matière de commerce extérieur ».

Les attributions du ministère de l'Économie et des Finances, qui évoluent avec l'organigramme gouvernemental suite aux élections présidentielle et législatives (celles de 2022), sont exercées au sein de directions centrales qui ont la plupart une implantation et organisation territoriale propre. On se limitera aux directions qui sont chargées de mettre en œuvre la politique économique, financière et fiscale du gouvernement, et celles qui recouvrent les recettes et effectuent les dépenses de l'État. Ces directions sont placées sous l'autorité du ministre de l'Action et des Comptes publics[2].

1. Décret n° 2017-1078 du 24 mai 2017 relatif aux attributions du ministre de l'économie et JORF n° 0123 du 25 mai 2017.
2. Décret n° 2017-1082 du 24 mai 2017 relatif aux attributions du ministre de l'action et des comptes publics.

La **Direction du budget ou DB** est « chargée du cadrage des finances publiques, de préparer le budget de l'État, en s'efforçant de trouver les marges de manœuvre nécessaires au financement des priorités du Gouvernement. Elle propose des réformes et des économies structurelles pour maîtriser la dépense publique, participe à l'élaboration de la politique économique et financière et incite à l'amélioration de la gestion publique[1] ».

La **Direction Générale du Trésor** (DGT) est « au service du ministre de l'Économie et des Finances pour lui proposer et conduire sous son autorité les actions de la politique économique de la France et la défendre en Europe et dans le monde. À ce titre, elle élabore des prévisions économiques et conseille le ministre sur les politiques économiques et les politiques publiques dans les domaines financier, social et sectoriel. Elle veille à la régulation du financement de l'économie et des institutions intervenant en matière d'assurance, de banque et d'investissement sur les marchés financiers. Elle participe aux négociations financières et commerciales bilatérales et multilatérales et supervise l'aide au développement. Elle assure le soutien à l'export et à l'investissement à l'étranger des entreprises. Elle gère enfin la trésorerie et la dette de l'État à travers l'Agence France Trésor (AFT). Elle fournit aussi une expertise en matière de partenariats public-privé à travers la Mission d'appui aux partenariats public-privé (MAPPP[2]) ».

La **Direction générale des finances publiques (DGFiP)** : « les grandes missions de la direction générale des finances publiques (DGFiP) concernant la fiscalité et la gestion publique sont les suivantes : établir les impôts, contrôler les déclarations fiscales, recenser le patrimoine foncier et conserver les actes relatifs aux immeubles, recouvrer les recettes publiques, contrôler et exécuter les dépenses publiques, produire l'information budgétaire et comptable, offrir des prestations d'expertise et de conseil financier, gérer la clientèle des dépôts de fonds au Trésor et piloter la stratégie immobilière de l'État. Elle exerce également une mission d'animation et de coordination en matière de pensions de l'État[3] ».

La DGFiP comprend en son sein **la direction de la législation fiscale (DLF)** qui « conçoit et élabore les dispositions législatives et réglementaires à caractère fiscal ainsi que les instructions générales nécessaires à leur application. Elle a également pour mission d'assurer la conduite des relations fiscales internationales

1. Décret n° 2007-447 du 27 mars 2007 relatif à la direction du budget, *JO* du 28 mars 2007 et Arrêté du 18 décembre 2019 portant organisation de la direction du budget.

2. Décret n° 2013-862 du 26 septembre 2013 modifiant le décret n° 2004-1203 du 15 novembre 2004 portant création d'une direction générale du trésor au ministère de l'économie et des finances appelé à être modifié en 2017 et Arrêté du 18 décembre 2019 portant organisation de la direction générale du Trésor, JORF n° 0300 du 27 décembre 2019.

3. Décret n° 2008-310 du 3 avril 2008 relatif à la direction générale des finances publiques et Arrêté du 20 décembre 2019 portant organisation de la direction générale des finances publiques, JORF n° 0301 du 28 décembre 2019.

(négociation et interprétation des conventions fiscales, procédures amiables, fiscalité des prix de transfert, négociations fiscales européennes, travaux des organisations internationales) ».

La **Direction générale des douanes et droits indirects (DGDDI)** exerce une mission de « contrôle des exportations et importations et une mission de soutien à la compétitivité économique des entreprises. Elle est notamment chargée de fluidifier et de sécuriser les échanges économiques, au niveau national, international et européen, en particulier en luttant contre la fraude. Elle participe à la mise en œuvre des mesures tendant à la protection de la sécurité et de la santé publiques. Elle exerce enfin une mission fiscale puisqu'elle perçoit des taxes et droits indirects pour le compte de l'Union européenne, de l'État, des collectivités territoriales et des établissements publics[1] ».

La **Direction interministérielle pour la transformation publique (DITP[2])** inscrit les projets de lois financières annuelles et pluriannuelle dans le cadre du processus de réforme « Cap 2022 ». Cette transformation publique appelle la généralisation des systèmes d'information et des communications électroniques au sein des administrations publiques et appelle par conséquent l'intervention également de l**a direction interministérielle du numérique (DINUM)**, créée par le décret du 25 octobre 2019, prend la suite de **la direction interministérielle du numérique et du système d'information et de communication de l'État (DINSIC)**[3].

Des services rattachés à d'autres ministères participent en liaison étroite avec la DB et la DLF à la décision financière publique : le ministère de l'Intérieur et sa **Direction générale des collectivités locales (DGCL)** concernant les dispositions relatives aux concours financiers de l'État contenu dans un projet de loi de finances et destinés au financement des budgets locaux ; ou encore le ministère des affaires sociales et sa **Direction de la Sécurité sociale (DSS)** quant aux dispositions du projet de loi de finances annuelle affectant le financement de la protection sociale.

Ces différentes directions budgétaires et financières centrales, ont pour la plupart une implantation territoriale (directions départementales et/ou régionales des finances publiques) placées sous l'autorité des administrateurs des finances publiques (DGFiP), des directeurs régionaux ou départementaux des Douanes (DGDDI), de l'INSEE.

---

1. Décret n° 2020-278 du 18 mars 2020 modifiant le décret n° 2007-1665 du 26 novembre 2007 relatif à l'organisation des services déconcentrés de la direction générale des douanes et droits indirects, JORF n° 0069 du 20 mars 2020.
2. Arrêté du 22 février 2018 portant organisation de la direction interministérielle de la transformation publique, JORF n° 0047 du 25 février 2018.
3. Décret n° 2019-1088 du 25 octobre 2019 relatif au système d'information et de communication de l'État et à la direction interministérielle du numérique, JORF n° 0251 du 27 octobre 2019.

C. Les autorités financières à statut particulier

Il s'agit d'évoquer les structures qui s'inscrivent dans le cadre de la régulation économique et financière (autorités administratives indépendantes ou AAI), de modernisation et de réforme de l'État (services à compétence nationale ou SCN) et de mise en œuvre de ses politiques publiques (opérateurs de l'État). Le ministère des Finances et/ou de l'Action et des Comptes publics peuvent s'appuyer sur ces autorités pour exercer pleinement leur mission en particulier en période de crise économique.

1. Les autorités administratives indépendances (AAI) concernées

- l'**Autorité des marchés financiers ou AMF** a été créée par la loi du premier août 2001 de sécurité financière; qualifiée d'autorité publique indépendante, l'AMF a pour mission de réguler « les acteurs et produits de la place financière française, elle réglemente, autorise, surveille et, lorsque c'est nécessaire, contrôle, enquête et sanctionne. Elle veille également à la bonne information des investisseurs et les accompagne, en cas de besoin, grâce à son dispositif de médiation[1] »;
- l'**Autorité de la concurrence** est une AAI créée en 2009 disposant d'une compétence de régulation générale notamment pour réprimer les pratiques anticoncurrentielles (ententes, abus de positions dominantes et prix abusivement bas); ses décisions qui peuvent prendre la forme de sanctions pécuniaires, sous forme d'amendes qui viennent alimenter le budget de l'État, sont soumises au contrôle de la Cour d'appel de Paris (le Conseil d'État est compétent en matière de décisions relatives aux opérations de concentration d'entreprises). L'Autorité de la concurrence (AdlC), qui trouve pour ses enquêtes sur le terrain un appui fort utile auprès de la Direction générale de la concurrence, de la consommation et de la répression des fraudes (DGCCRF) du ministère des finances, applique la législation nationale (livre IV du Code de commerce) et européenne (art. 101 et 102 du TFUE);
- l'**Autorité de contrôle prudentiel et de résolution** ou ACPR, a été créée par une ordonnance du 21 janvier 2010 modifiée depuis par la loi de séparation et de régulation des activités bancaires du 26 juillet 2013. L'ACPR est une autorité adossée à la Banque de France (BdF). Présidée par le gouverneur de la BdF, l'ACPR en est donc une simple émanation c'est pourquoi elle a perdu sa qualité d'AAI pour devenir une simple autorité administrative en

1. Ses missions dans le cadre national sont définies aux articles L621-1 et suivants et R621-1 et suivants du code monétaire et financier ou CMF; celles s'exerçant dans le cadre international et notamment européen sont régies par les articles L631-1 et suivants et R632-1 et suivants du code monétaire et financier.

application de la loi n° 2017-55 du 20 janvier 2017 portant statut général des autorités administratives indépendantes et des autorités publiques indépendantes. L'art. 104 de la loi de finances pour 2020 qui fixe le plafond d'emplois de certaines autorités indépendantes qualifie l'APCR d'autorité publique (alors dotée de 1 050 ETPT sur un total de 2 589). Elle est chargée de l'agrément des organismes et du contrôle du secteur bancaire et assurantiel financier. Sa mission, définie à l'art. 612-1 du CMF, est ainsi de veiller à la stabilité financière et à la protection des clients des banques et assurances en mettant en œuvre les décisions adoptées par le Comité de Bâle et en contribuant aux mécanismes de supervision et de résolution bancaires européens (MSU et MRU) dans le cadre de l'Union bancaire rattachée à la BCE.

2. Les services à compétence nationale (SCN)

Ils sont régis par un décret du 9 mai 1997 qui les définit comme des services hybrides à la fois centraux dans leur lien de subordination directe au ministre de tutelle et déconcentrés dans leur autonomie d'action : il s'agit notamment en se limitant au ministère des finances et/ou délégué au budget :

- l'Agence France Trésor (AFT) créée en 2001 qui assure le rôle de l'État emprunteur (gestion de la dette et de la trésorerie de l'État) ;
- l'Agence des participations de l'État (APE) créée en 2004 assure le rôle de l'État actionnaire (gestion des privatisations et des placements de l'État auprès d'entreprises publiques et privées) ;
- l'Agence pour l'informatique financière de l'État (AIFE) créée en 2005 assure et développe le système d'information budgétaire, financière et comptable de l'État ;
- l'Agence du patrimoine immatériel de l'État (APIE) créée en 2007 gère et valorise les informations publiques, le patrimoine audio-visuel, les marques, les savoir-faire, la mise à disposition d'espaces publics ;
- France Domaine ou FD, SCN créé en 2007 représente l'État propriétaire ; depuis septembre 2016 ce SCN a été remplacé par la nouvelle Direction de l'immobilier de l'État rattachée à la DGFiP ; elle est en charge de gérer et de valoriser le patrimoine immobilier de l'État en lien avec les préfets de régions et les services déconcentrés de la DGFiP (locations et cessions immobilières en vue notamment de financer le déficit de l'État) ;
- le Service des retraites de l'État ou SRE, SCN crée en 2009 et rattaché au directeur chargé de la gestion publique au sein de la Direction générale des finances publiques, représente l'État pensionnaire : il est chargé de la gestion du régime de retraites et des pensions de retraite et d'invalidité des fonctionnaires civils et militaires de l'État.

3. Les opérateurs de l'État

Notion budgétaire découlant de la LOLF, elle désigne tout organisme qui remplit les trois critères suivants : être doté de la personnalité morale ; être placé sous le contrôle direct de l'État et enfin mettre en œuvre une politique de l'État financée par son budget sous forme de subventions pour charge de service public ou de recettes affectées autorisées en lois de finances. La plupart appartiennent au périmètre des ODAC.

La loi de finances pour 2020 dénombre ainsi 483 opérateurs de l'État financés à hauteur de 56,5 Md€ (Subventions pour charges de service public à hauteur de 29,13 Md € en crédits de paiements ou CP, Ressources fiscales affectées aux opérateurs de 13,41 Md€ en CP, Dotations en fonds propres de 665,70 M€ et transferts à hauteur de 13,3 Md€ en CP) ; le total des emplois sous plafond (imposée par la loi de finances) des opérateurs pour 2020 s'élève 402 032 équivalents temps plein travaillé (ETPT). Ces 483 opérateurs, dont seulement 23 ne sont pas soumis au régime comptable fixé par le décret GBCP de 2012, concluent avec l'État un contrat d'objectif de maîtrise de la dépense publique. Leur recours à l'emprunt et donc leur endettement est strictement encadré.

Ces organismes peuvent avoir le statut juridique d'établissement public administratif ou EPA (Agences régionales de santé ou ARS, Agence nationale de sécurité du médicament et des produits de santé ou ANSM, l'Agence pour l'enseignement français à l'étranger ou AEFE) ; d'établissement public à caractère industriel et commercial ou EPIC (Centre national d'études spatiales ou CNES, Réunion des musées nationaux et du Grand Palais des Champs-Élysées) ; d'établissement public à caractère scientifique, culturel et professionnel ou EPSCP (les universités, les ENS) ; de groupement d'intérêt public ou GIP (Agence du service civique) ; ou encore d'Association (Cinémathèque française). En 2020, ces opérateurs ont ainsi un statut divers (53 % d'EPA, 32 % d'EPSCP, 7 % d'EPIC, 4 % de GIP, 2 % d'EPST, 1 % de GIE, 1 % *sui generis*) et ils exercent leur mission dans les domaines suivants : 56 % dans celui de la Recherche et enseignement supérieur, 14 % dans la Culture, 8 % dans l'Écologie, développement et mobilité durables, 4 % dans celui de la Solidarité, insertion et égalité des chances, 3 % dans la Défense, 2 % dans l'Agriculture, alimentation, forêt et affaires rurales et enfin environ 14 % couvrant d'autres missions.

D. Les institutions financières publiques

Ce sont des personnes publiques *sui generis* créées par le législateur pour remplir des missions d'intérêt général et entrant souvent dans le cadre de la mise en œuvre des lois de finances et plus généralement des politiques économiques et financières du gouvernement. On retiendra la Caisse des dépôts et consignations, la Banque de France et certains établissements qualifiés de « sociétés financières » et d'autres d'« institutions financières spécialisées ».

1. La Caisse des dépôts et consignations ou CDC

Institution ancienne, la Caisse des dépôts et Consignations a été créée par la loi de finances du 28 avril 1816 afin d'assurer la mission de dépositaire de confiance de fonds privés. « Établissement placé, de la manière la plus spéciale, sous la surveillance et la garantie de l'autorité législative », la CDC mène des activités d'intérêt général (protection de l'épargne populaire, gestion de fonds de retraite et de solidarité, aides aux collectivités territoriales) et des activités concurrentielles (services bancaires et d'assurance, activités immobilières, activités de transport, activités de loisirs...) ; la loi du 4 août 2008 de modernisation de l'économie ajoute qu'elle a aussi un rôle d'investisseur de long terme et qu'elle doit contribuer, dans le respect de ses intérêts patrimoniaux, au développement des entreprises.

Le groupe Caisse de dépôts, avec son organe délibérant (Conseil de surveillance composé à majorité de parlementaires) et son organe exécutif (directeur général nommé en Conseil des ministres pour un mandat de cinq ans), constitue, au sens de l'article L. 518-2 du Code monétaire et financier (CMF) « un groupe public au service de l'intérêt général et du développement économique du pays. Ce groupe remplit des missions d'intérêt général en appui des politiques publiques conduites par l'État et les collectivités territoriales et peut exercer des activités concurrentielles ».

Le groupe Caisse des dépôts, qui comprend l'Établissement et ses filiales, est parfois qualifié de « bras armé de l'État », de « Samu social » voire de « caisse à outils »: par ces termes, on veut signifier l'utilité de la CDC surtout en période de crise: ainsi depuis 2008, elle participe au financement des PME, des collectivités territoriales après la chute de leur banque historique Dexia, elle apporte un appui au Fonds stratégique d'investissement (FSI) de soutien aux entreprises etc. L'épidémie de Covid-19 a conduit la CDC *via* sa Banque des territoires à assouplir en avril 2020 les modalités de prêts et de remboursement auprès de ses clients-emprunteurs que sont les organismes de logement social (OLS) et les entreprises publiques locales (EPL). La CDC intervient aussi via Bpifrance dans le financement des entreprises: appel à projets lancé le 2 avril 2020 en faveur de la recherche contre le Covid-19.

2. La Banque de France ou BdF

Institution privée à l'origine (société par action dont le capital est détenu par les « deux cents plus grandes familles de France ») et dont les « statuts fondamentaux » remontent au 24 pluviôse an VIII (13 février 1800), la Banque de France (BdF) est désormais qualifiée de personne publique *sui generis* (article L142-1 CMF) à capital public (son capital appartient à l'État c'est pourquoi la BdF verse des dividendes à l'État). À l'origine créée pour financer le commerce international alors naissant sous le régime napoléonien, elle sera peu à peu chargée de la politique monétaire comme toute banque centrale créée alors avant elle comme les premières banques centrales européennes (Banque de Suède instituée en 1668 et Banque d'Angleterre en 1694). Il est utile de revenir sur la notion de monnaie pour comprendre son rôle de régulation monétaire inscrit dans le cadre européen et de soutien à l'économie dans le cadre national.

La monnaie se définit non par sa nature mais par ses trois fonctions déjà énoncées dès l'antiquité par Aristote la distinguant ainsi de la crypto-monnaie utilisant la technologie de base qu'est le *blockchain* (on en compte plus de 2000 dont le *Bitcoin, Rippel, Litecoin, Monero, Iota*...) : la monnaie est d'abord un moyen d'échange (instrument d'échange dans toute transaction), une unité de compte (instrument de référence dans toute transaction) et une réserve de valeur (instrument d'épargne à valeur stable et liquide). À ces trois fonctions classiques, se sont ajoutées la fonction symbolique (confiance en cette monnaie car placée sous le sceau souverain de l'État) et fonction économique (instrument de stabilisation macroéconomique et financière). Ces caractéristiques propres à la monnaie sont souvent absentes dans la crypto-monnaie (cette dernière souvent ne remplit pas au moins l'une de ces fonctions). L'UEM initiée par le traité de Maastricht 1992-1993 et mise en œuvre par le traité d'Amsterdam de 1997-1999 a profondément modifié la compétence monétaire des États : désormais la politique monétaire est décidée par la BCE et mise œuvre en 2020 par les 19 Banques centrales nationales (BCN) de la zone euro (dont la Banque de France). Le traité de Lisbonne consacre l'indépendance de la BCE à l'égard des gouvernements nationaux des États membres et aussi l'indépendance des banques centrales nationales (BCN) à l'égard de leur gouvernement respectif. On l'observe à l'analyse de la régulation en France de la monnaie et du crédit à travers la Banque de France et un organe qui lui est rattaché et vu précédemment à savoir l'autorité de contrôle prudentiel et de résolution (ACPR).

La lecture de l'article L141-1 CMF révèle toute l'ambiguïté du statut de la Banque de France : « La Banque de France fait partie intégrante du Système européen de banques centrales, institué par l'article 8 du traité instituant la Communauté européenne, et participe à l'accomplissement des missions et au respect des objectifs qui sont assignés à celui-ci par le traité. Dans ce cadre, et sans préjudice de l'objectif principal de stabilité des prix, la Banque de France apporte son soutien à la politique économique générale du Gouvernement. Dans l'exercice des missions qu'elle accomplit à raison de sa participation au Système européen de banques centrales, la Banque de France, en la personne de son gouverneur, de ses sous-gouverneurs ou d'un autre membre du comité monétaire du conseil général, ne peut ni solliciter ni accepter d'instructions du Gouvernement ou de toute personne ».

Et l'article L141-3 CMF de préciser, en référence à l'article 123 TFUE, qu'« il est interdit à la Banque de France d'autoriser des découverts ou d'accorder tout autre type de crédit au Trésor public ou à tout autre organisme ou entreprise publics. L'acquisition directe par la Banque de France de titres de leur dette est également interdite ».

Relevons que depuis les crises de 2008 et 2020 provoquant une forte récession économique, le rachat indirect par la BCE de dettes publiques sur le marché secondaire pour susciter une relance et stabiliser l'inflation a conduit la Banque de France à l'acquisition indirecte de la dette de l'État français (elle détient près de 18 % de la dette de l'État en 2019) !

Son nouveau statut issu du traité de Maastricht de 1992 et consacré par les lois de 1993 et 1998, conduit à distinguer son rôle dans le cadre du SEBC (mise en œuvre de la politique monétaire de la BCE et à cet égard elle est indépendante des pouvoirs publics nationaux) de celui exercé dans le cadre national et qui vise à soutenir la politique économique du gouvernement (activités d'intérêt général comme la diffusion d'information bancaire et financière, gestion du surendettement des ménages, régulation de l'activité bancaire en liaison avec l'Autorité de contrôle prudentiel et de résolution ou ACPR et ainsi que la tenue dans ses écritures du compte unique du Trésor public c'est-à-dire de l'État). Il existe en territoires ultramarins français, d'une part, un institut d'émission des départements d'outre mer (IEDOM) dont la monnaie est l'euro, et d'autre part, un institut d'émission d'outre mer (IEOM) dont la monnaie est le franc pacifique : l'IEDOM, qui, aux termes de l'art. L711-2 du CMF, a, depuis la loi n° 2016-1691 du 9 décembre 2016 relative à la transparence, à la lutte contre la corruption et à la modernisation de la vie économique, le statut de société par action simplifiée (SAS) détenue à 100 % par la Banque de France, met en œuvre pour le compte de la Banque de France, la politique monétaire décidée par la BCE ; l'IEOM, qui a le statut d'établissement public administratif (EPA), joue, aux termes de l'art. L712-4 du CMF, le rôle de banque centrale dans les collectivités d'outre mer (COM) au sens de l'art. 74 C. c'est-à-dire qu'il « met en œuvre, en liaison avec la Banque de France, la politique monétaire de l'État en Nouvelle-Calédonie, en Polynésie française et dans les îles Wallis et Futuna ». Dans ces trois COM, le change franc pacifique (CFP) a depuis 1999 une parité fixe avec l'euro établie à 8,38 € pour 1000 CFP.

3. Les « institutions financières spécialisées » et « sociétés financières »

On signalera simplement l'existence des premières prévues à l'article L516-1 CMF : « Les institutions financières spécialisées sont des établissements de crédit auxquels l'État a confié une mission permanente d'intérêt public. Elles ne peuvent effectuer d'autres opérations de banque que celles afférentes à cette mission, sauf à titre accessoire ». Ce sont par exemple l'Agence française de développement ou AFD (art. D516-3 CMF) et les sociétés de développement régional (art. R516-21 CMF). Pour les secondes, qualifiées de « sociétés financières », on peut citer les sociétés de crédit foncier (art. L515-13 CMF) et les sociétés de financement de l'habitat (art. L515-38 CMF).

L'intervention de tous ces acteurs multiples aux statuts divers montre que l'administration des finances et de l'économie est au cœur d'un réseau qui participe et met œuvre les décisions à caractère économique, budgétaire et financier. La coordination et l'efficacité de l'action de ses services nécessitent l'adoption d'actes à destination de leurs agents de conception et/ou d'exécution (circulaire, instruction, guide, mémento). Ces mesures d'ordre intérieur au sens du droit administratif encadrent l'activité des gestionnaires des deniers publics au sein desquels on distingue les ordonnateurs des comptables publics.

III. Les gestionnaires : les ordonnateurs et comptables publics

Cette distinction résulte du principe fondamental de séparation des fonctions d'ordonnateurs et de comptables dans la réalisation des opérations de dépenses et recettes publiques. La gestion publique par la performance tend à assouplir ce principe en voulant faire de ces acteurs de véritables « managers publics » à la lecture du décret du 7 novembre 2012 relatif à la gestion budgétaire et comptable publique (art. 10 à 22). On se limitera ici à évoquer leur fonction et leur régime de responsabilité.

Les ordonnateurs prescrivent les actes de dépenses et recettes, les comptables publics sont chargés de contrôler la régularité de ces actes avant de procéder au paiement de la dépense et/ou au recouvrement de la recette. Des dérogations sont prévues par les textes : les régisseurs d'avances en matière de dépenses et les régisseurs de recettes en matière de recettes peuvent à la fois décider et exécuter ces opérations : pour garantir la régularité de leurs opérations, ces régisseurs sont nommés par l'ordonnateur avec l'avis conforme du comptable public. L'acte de nomination de ces ordonnateurs et/ou régisseurs est porté à la connaissance du comptable afin qu'il vérifie leur qualité avant de procéder au paiement d'une dépense ou au recouvrement d'une recette.

Toute violation du principe de séparation des fonctions d'ordonnateur et de comptable est sanctionnée par l'infraction financière de gestion de fait. De création prétorienne, cette infraction est constituée dès lors que la personne concernée a manié des fonds publics sans avoir la qualité de comptable. Cette personne, déclarée alors « comptable de fait » par le juge des comptes, est soumise au régime sévère de responsabilité applicable au comptable patent ou comptable en titre, la responsabilité personnelle pécuniaire ou RPP qui trouve son fondement dans l'art. 60 de la **loi** n° 63-156 du 23 février 1963 de finances pour 1963 modifié par la loi n° 2011-1978 du 28 décembre 2011 de finances rectificative pour 2011 et ses décrets d'application (Décret n° 2012-1386 du 10 décembre 2012 portant application du deuxième alinéa du VI de l'article 60 de la loi de finances de 1963 modifié, dans sa rédaction issue de l'article 90 de la loi n° 2011-1978 du 28 décembre 2011 de finances rectificative pour

2011 et Décret n° 2012-1387 du 10 décembre 2012 modifiant le décret n° 2008-228 du 5 mars 2008 relatif à la constatation et à l'apurement des débets des comptables publics et assimilés et le décret n° 2008-227 du 5 mars 2008 abrogeant et remplaçant le décret n° 66-850 du 15 novembre 1966 relatif à la responsabilité personnelle et pécuniaire des régisseurs).

Dans leur activité de gestion des dépenses et recettes publiques, les ordonnateurs et les comptables sont soumis à une responsabilité spécifique appelée responsabilité financière distincte de la responsabilité de droit commun (responsabilité civile, pénale, disciplinaire) et aussi de la responsabilité politique applicable en principe aux seuls « ordonnateurs politiques » que sont les ministres et élus locaux.

A. Les ordonnateurs

Ils sont soumis à un régime de responsabilité qui vise à sanctionner toute irrégularité et/ou à réparer les dommages causés à la personne publique :

- **les responsabilités engagées en cas d'irrégularités commises dans l'exercice de leur fonction** : dans ces cas, les ordonnateurs qui ont commis des irrégularités mais qui ont agi dans le cadre de leur compétence engagent leur responsabilité financière devant la Cour de discipline budgétaire et financière ou CDBF, et leurs responsabilités de droit commun, responsabilité civile, pénale, disciplinaire et/ou politique devant le juge compétent si les faits reprochés entrent dans les qualifications prévues par le droit civil, le droit pénal, le droit de la fonction publique et le droit constitutionnel; chacun de ces régimes étant juridiquement distinct, ils peuvent par conséquent se cumuler;
- **les responsabilités engagées en cas d'irrégularités commises en dehors de l'exercice de leur fonction** : dans ces cas, les ordonnateurs qui ont commis des irrégularités et qui ont agi en dehors du cadre de leur compétence engagent leur responsabilité financière qu'est la responsabilité personnelle pécuniaire ou RPP car ils se sont immiscés dans les fonctions du comptable public (théorie jurisprudentielle de la gestion de fait) ; ils peuvent voir aussi engager leur responsabilité de droit commun, la responsabilité pénale (usurpation de fonction de l'art. 433-12 du Code pénal) ; ces responsabilités personnelles pécuniaires et/ou pénales peuvent se cumuler rappelant ainsi le régime juridique propre à chacune ;
- **les responsabilités engagées pour réparer les dommages causés à la personne publique** : il s'agit du régime classique de la responsabilité civile de droit commun ; les textes prévoient un tel régime à l'égard des ministres mais qui demeurent inapplicables en l'état du droit (absence de qualification précise des faits susceptibles d'engager une telle responsabilité et donc de

détermination du juge compétent pour poursuivre civilement un ministre); ce régime existe également à l'égard des agents publics mais la théorie de la faute de service du droit administratif rend en pratique peu effective la responsabilité civile personnelle du fonctionnaire-ordonnateur. C'est pourquoi le système français de réparation des dommages causés à la personne publique pèse davantage sur le comptable public; pour ce faire a été institué un régime propre à ce dernier, la responsabilité personnelle pécuniaire ou RPP qu'on détaillera plus loin.

Le constat général est que les ordonnateurs politiques échappant en pratique totalement (ministres) ou partiellement (élus locaux) à tout engagement de responsabilité financière; les ordonnateurs non politiques (agents publics civils et militaires de l'État, des collectivités territoriales et d'établissements publics) sont pour l'essentiel concernés et visés par ces régimes spécifiques en sus des régimes de droit commun. Mais les agents publics peuvent à leur tour échapper à la compétence de la CDBF s'ils établissent le fait que leurs opérations de dépenses et recettes dont le caractère irrégulier a été relevé ont été effectuées dans le cadre d'une décision ou ordre émanant d'un ordonnateur politique. Il y a nécessité de réviser le système de responsabilité financière des ordonnateurs et notamment de rendre effective la responsabilité financière des ministres et élus locaux. Sans cela, le système de contrôle et de sanction des ordonnateurs demeure sans portée réelle et effective.

De nouveaux acteurs de la gestion ayant la qualité d'ordonnateurs sont consacrés par le décret GBCP de 2012 : les responsables de la fonction financière ministérielle ou RFFM (article 69), les responsables de programmes ou RPROG (article 70), les responsables de budgets opérationnels de programme ou RBOP (article 71) et les responsables d'unités opérationnelles ou RUO (article 72).

B. Les comptables publics

Ils sont soumis à un régime de responsabilité qui vise à sanctionner toute irrégularité et/ou à réparer les dommages causés à la personne publique :

- **les responsabilités engagées en cas d'irrégularités** : dans ces cas, les comptables engagent leur responsabilité financière (obligation de reddition des comptes devant le juge des comptes ou un comptable principal à défaut il y a prononcé d'une amende prévue à l'art. L131-6 et s. du Code des juridictions financières ou CJF), et/ou leurs responsabilités de droit commun, responsabilité pénale (détournement des deniers publics ou des pièces comptables de l'art. 432-15 du Code pénal), et/ou responsabilité disciplinaire (un comptable est un fonctionnaire de l'État nommé par le ministre des Finances ou avec son agrément; le comptable est soumis par conséquent au pouvoir hiérarchique du ministre qui peut en cas d'irrégularités prononcer à son égard une sanction disciplinaire);

- **la responsabilité engagée pour réparer les dommages causés à la personne publique**: les comptables n'engagent pas ici leur responsabilité civile de droit commun mais leur responsabilité personnelle pécuniaire ou RPP, régime propre au droit public financier. L'article 60-VI de la loi de finances du 23 février 1963 modifiée par la loi de finances rectificative du 28 décembre 2011 rappelle que les comptables engagent leur responsabilité personnelle pécuniaire (RPP) si leur agissement a causé un préjudice financier à l'organisme public ou privé dont ils tiennent les comptes. Ce régime distingue la responsabilité du comptable du fait personnel (art. 60 I) de la responsabilité du comptable du fait d'autrui c'est-à-dire des agents placés sous leur autorité comme les régisseurs d'avances et les régisseurs de recettes (art. 60 III).

Les comptables principaux du budget de l'État[1] engagent leur responsabilité personnelle et pécuniaire (RPP) devant la Cour des comptes; les comptables secondaires du budget de l'État sont soumis au contrôle et à la responsabilité des comptables principaux; les comptables secondaires voient en effet leurs comptes centralisés dans les opérations des comptables principaux. Le juge des comptes engage la responsabilité du comptable (contrôle objectif), le ministre des Finances et/ou du Budget la met en œuvre (contrôle subjectif). Mais depuis la loi de finances rectificative du 28 décembre 2011, cette distinction des rôles entre l'autorité juridictionnelle (Cour des comptes) et l'autorité administrative (ministre des Finances et/ou du Budget) paraît moins nette. Ainsi le juge des comptes engage et met en œuvre la responsabilité du comptable dont l'agissement n'a pas causé un préjudice financier à l'organisme concerné; le juge le condamne alors au versement d'une somme en déterminant et fixant son montant.

La responsabilité financière de tous ces gestionnaires peut être engagée devant des juridictions créées à cet effet, les juridictions financières.

IV. Les juridictions financières

Un Code des juridictions financières (CJF) vient détailler le statut et le rôle de ses juridictions administratives spécialisées que sont la Cour des comptes (CC), la Cour de discipline budgétaire et financière (CDBF) et les chambres régionales et territoriales

1. Ce sont aux termes de l'article 79 du décret GBCP de 2012, les comptables des budgets annexes, des comptes spéciaux ou encore les contrôleurs budgétaires et comptables ministériels (CBCM) et les administrateurs des finances publiques (AFP) des services financiers et fiscaux déconcentrés de l'État.

des comptes (CRTC). Exerçant un contrôle *a posteriori* sur les actes des gestionnaires publics, ces juridictions voient leur rôle s'affirmer et s'accroître dans le cadre de la LOLF et sa logique de gestion orientée par les résultats.

A. La Cour des comptes

Héritière de la chambre des comptes de Paris instituée au XIIe siècle, la Cour des comptes a été créée par la loi du 16 septembre 1807 modifiée à de nombreuses reprises (1967, 2001 et 2008). Elle juge les comptes des comptables publics et de ceux qu'elle a déclarés « comptables de fait[1] ». À cette mission historique de jugement des comptes des comptables publics (près de 1 030 organismes soumis à ce contrôle juridictionnel en 2018), elle mène d'autres missions apparues avec l'État interventionniste et qualifiées de missions non juridictionnelles et reprises par l'actuel article 47-2 de la Constitution du 4 octobre 1958 : contrôle de la gestion des ministères et des responsables d'organismes publics ou privés bénéficiant de dotations de l'État, assistance au Parlement et au gouvernement dans l'exécution des lois de finances et l'application des lois de financement de la Sécurité sociale, certification des comptes de l'État et du régime général de Sécurité sociale, évaluation des politiques publiques et information du citoyen à travers ses rapports publics annuels et/ou thématiques.

Sa composition reflète sa double mission (des formations de jugement où ne siègent que les seuls magistrats et des formations de contrôle et d'audit où siègent également des membres non magistrats). Les magistrats bénéficient d'un statut particulier qui garantit leur indépendance à l'égard des pouvoirs publics (parlement et gouvernement) et qui consacre le caractère inamovible de leur charge (maîtrise par le magistrat du déroulement de sa carrière). Les non-magistrats peuvent être des fonctionnaires détachés de leur administration d'origine (État, Collectivités territoriales, Sécurité sociale, Parlement) ou des experts issus de cabinets privés.

1. C'est-à-dire toute personne qui s'est immiscée dans le maniement des deniers publics sans avoir la qualité de comptable. En pratique, la Cour des comptes juge les comptes des comptables principaux du budget de l'État.

La Cour, dirigée par un premier président nommé par décret en Conseil des ministres, comprend six chambres[1]; chacune des chambres est composée d'une quarantaine de magistrats et de rapporteurs ; chaque chambre, avec à sa tête un président de chambre exerce un contrôle des domaines relevant de son champ de compétence (examen de la gestion des ministères, contrôle des comptes et de la gestion d'établissements publics nationaux et organismes divers placés sous la tutelle de ces ministères et enfin contrôle des comptes et de la gestion des entreprises publiques). Un(e) Rapporteur général(e) dirige le Comité du rapport public et des programmes chargé(e) notamment de l'établissement du rapport public annuel remis au Chef de l'État et au parlement en février de chaque année.

Les magistrats de la Cour sont en majorité issus de l'École nationale d'administration (ENA) ; ils débutent leur carrière en tant qu'auditeurs, puis avec l'ancienneté deviennent conseillers référendaires puis conseillers maîtres. Disposant d'un parquet général qualifié de « gardien de la procédure et de la jurisprudence » avec à sa tête un procureur général assisté d'un premier avocat général et de quatre avocats généraux, la Cour des comptes gère un effectif total de 1734 membres en 2018 (effectif moyen de 759 à la Cour des comptes et 1024 dans les CRTC), gère une enveloppe de crédits (169 M€ hors charges de pension) pour l'ensemble des trois juridictions financières dont 87 % de masse salariale inscrits au programme « Cour des comptes et autres juridictions financières », piloté par le RPROG qu'est le Premier président de la Cour et programme rattaché à la mission « Conseil et contrôle de l'État » garantissant ainsi son indépendance dans l'exercice de ses fonctions et caractérisant aussi sa position particulière par rapport aux autres juridictions financières (gestion de carrière et pouvoir d'inspection des membres de la CDBF et des CRTC).

Outre le fait que ses membres magistrats sont appelés à siéger au sein de nombreuses institutions publiques (AAI ou API, EPA...) et privées (Associations, GIE...) financées par le budget de l'État ou bénéficiant de recettes affectées, la Cour des comptes est souvent associée à d'autres organismes comme le Conseil des prélèvements obligatoires (CPO) crée en 2005 en remplacement de l'ancien Conseil des impôts, et récemment le Haut conseil des finances publiques (HCFP) appelé à un avenir certain et annonçant une mutation de la Cour des comptes en une Autorité nationale de contrôle et d'audit devant la faible activité de jugement des comptes et l'importance

1. Première Chambre (compétences économiques et financières de l'État, Financement de l'économie et institutions financières publiques, Finances publiques et comptes de l'État, Industrie, commerce et services, télécommunications) ; Deuxième chambre (Énergie, transports, environnement, agriculture et mer) ; Troisième chambre (Éducation, jeunesse et sports, enseignement supérieur, recherche, culture et communication) ; Quatrième chambre (Défense, Sécurité intérieure, justice, affaires étrangères, pouvoirs publics constitutionnels et renseignement, services du Premier ministre, administration déconcentrée, finances publiques locales, appel des jugements des CRTC) ; Cinquième chambre (Travail et emploi, ville et logement, cohésion des territoires, immigration et intégration, cohésion sociale et solidarité, générosité publique) ; Sixième chambre (Sécurité sociale, santé, secteur médico-social).

sans cesse croissante de son activité non juridictionnelle qui représente désormais près de 90 % de son activité. L'action internationale et notamment européenne de la Cour constitue aussi une part croissante de son activité. Ce d'autant plus que les cadres de référence en matière de contrôle et d'audit des budgets et comptes publics sont établis sur la base de normes internationales autorisant ainsi une comparaison entre États en particulier européens comme le montre le rôle dévolu à l'institution nouvellement créée, le HCFP.

Le HCFP, qui remplace la Conférence annuelle et le Conseil d'orientation des finances publiques de 2006, est un organe indépendant crée par la LOPGFP de 2012 précitée et dont le statut est précisé par un décret du 23 février 2013. Le HCFP[1] est composé de 11 membres dont une majorité de magistrats financiers. Il est présidé par le premier président de la Cour des comptes et a pour mission de rendre des avis consultatifs émis en principe avant la saisine du Conseil d'État afin de s'assurer que les projets de lois financières (PLF, PLFSS, PLPFP) se conforment aux exigences du TSCG (hypothèses macro-économiques, définition de l'OMT, du solde structurel et de sa trajectoire annuel et pluriannuel...). Il vérifie les écarts constatés entre la prévision (lois de finances initiales et rectificatives) et l'exécution des lois financières (loi de règlement des comptes et rapport de gestion ou loi de règlement) ; si écart par rapport à l'OMT il y a, il invite le gouvernement à mettre en place le mécanisme de correction. Il s'assure que les conditions de circonstances exceptionnelles prévues à l'art. 3 TSCG sont réunies pour autoriser le gouvernement à s'écarter momentanément de l'OMT.

Le Conseil constitutionnel s'appuie sur les avis du HCFP pour examiner la sincérité des lois financières (LF, LFSS, LPFP). Ce HCFP semble s'inscrire dans cette évolution vers un « constitutionnalisme économique » visant à établir des règles permanentes dont le respect est placé sous la surveillance d'institutions indépendantes créées à cet effet afin de rendre crédibles les politiques budgétaires conduites à plus long terme (cycle économique) et non à court terme (cycle politique électoral). Plus largement, la Cour des comptes est appelée à devenir une autorité de contrôle des projets de lois financières annuelles et pluriannuelle avant leur adoption par le parlement et ce afin de s'assurer de leur respect de la règle européenne d'équilibre. Elle participerait ainsi au dispositif de contrôle appelé « semestre européen » qui se déroule de janvier à juin de chaque année.

1. Décret n° 2013-144 du 18 février 2013 relatif à la constitution initiale du Haut Conseil des finances publiques.

B. La Cour de discipline budgétaire et financière (CDBF)

Créée par la loi du 25 septembre 1948, la Cour de discipline budgétaire et financière est composée de 12 magistrats, six conseillers de la Cour des comptes et six conseillers du Conseil d'État. Présidée par le premier président de la Cour des comptes et vice-présidée par le président de la section Finances du Conseil d'État, la CDBF, qui dispose par ailleurs d'un parquet, exerce uniquement une mission juridictionnelle. Elle est compétente à l'égard des gestionnaires soumis au contrôle de la Cour des comptes : en pratique seuls les ordonnateurs non politiques (agents publics civils ou militaires) sont justiciables devant la CDBF, les ordonnateurs politiques y échappent en totalité (les ministres) ou en partie seulement (élus locaux).

Un projet de loi déposé en 2009 a visé non seulement à instituer la CDBF comme chambre d'appel de la Cour des comptes dans le jugement des ordonnateurs mais aussi à soumettre les ordonnateurs politiques (ministres et élus locaux) à la compétence de la Cour des comptes en première instance ; ce projet est toutefois resté sans suite ce qui rend à ce jour toute forme de sanction non effective non seulement à l'égard des ordonnateurs politiques, mais aussi non politiques pour les raisons évoquées précédemment. Il suffit en effet pour un gestionnaire public d'établir le fait qu'il a agi sur ordre d'un ordonnateur politique pour échapper à son tour à toute forme de poursuite et de sanction. Apparaissent ici les limites de cette juridiction à qui on reproche outre la faible activité (une dizaine d'arrêts par an en moyenne) le délai de procédure, jugé souvent anormal au regard du principe conventionnel européen au droit à un procès équitable ; par ailleurs il est reproché la lourdeur d'une procédure qui à chaque étape fait intervenir le procureur général et donc prolonge parfois inutilement sa durée conduisant à reporter sans cesse la date du délibéré et du jugement.

La CDBF sanctionne toute irrégularité (engagement d'une dépense non autorisée, émission irrégulière d'un titre de recette) ou infraction (gestion de fait[1]) aux règles de la comptabilité publique. En pratique, bien que certaines autorités politiques aient compétence pour saisir la CDBF (Premier ministre, ministres, présidents des assemblées parlementaires), ce sont la Cour des comptes et les chambres régionales et territoriales des comptes qui la saisissent des cas de mauvaise gestion relevée dans le cadre de leur mission non juridictionnelle de contrôle de la gestion des ordonnateurs ou d'organismes publics et privés chargés d'une mission de service public. La CDBF sanctionne par des amendes toute atteinte à l'ordre public financier au sens des articles L313-1 et suivants du CJF.

1. Art. L131-2, R131-12 et 13 du Code des juridictions financières ou CJF.

C. Les chambres régionales et territoriales des comptes (CRTC)

Au nombre de 17 depuis 2015, les chambres régionales et territoriales des comptes recouvrent d'une part les chambres régionales des comptes ou CRC (13 CRC en territoires de métropole) et, d'autre part, les chambres territoriales des comptes ou CTC (4 CTC en territoires d'outre-mer). Elles ont pour la plupart été créées en 1982, dans le cadre des lois de décentralisation. Présidées par un magistrat de la Cour des comptes et disposant d'un parquet dirigé par un procureur financier subordonné au procureur général près la Cour des comptes, les CRTC exercent une mission de contrôle à l'égard du comptable public local (jugement des comptes de près de 16 433 organismes en 2018), contrôle à l'égard de l'assemblée locale (contrôle budgétaire) et enfin contrôle de l'exécutif local (examen de la gestion). Cette dernière mission connaît un champ d'application assez large : elle vise aussi les responsables d'organismes publics ou privés engageant les finances publiques locales (hôpitaux publics, offices publics de l'habitat, sociétés d'économie mixte locales...). Les CRTC peuvent recevoir délégation de la Cour des comptes pour examiner la gestion d'établissements publics nationaux (universités). Elles ont également une mission d'évaluation des politiques publiques mises en œuvre au niveau local et contribuent ainsi à enrichir par leurs enquêtes les rapports thématiques de la Cour des comptes.

À l'origine au nombre de 22 en Métropole, les CRC ont vu leur nombre réduit à 13 depuis 2015 suite à la loi du 16 janvier 2015 sur la délimitation des régions qui a réduit le nombre de collectivités régionales de 22 à 13 en Métropole ; la compétence territoriale des CRC s'étend sur une voire deux régions administratives (ainsi la CRC de Lyon couvre les régions Auvergne et Rhône-Alpes). Leur principale activité, comme d'ailleurs celle de la Cour des comptes, est davantage tournée vers le contrôle de la gestion publique et l'évaluation des politiques publiques. On peut envisager, à la lecture de l'article 47-2 de la Constitution de 1958 qui énonce le principe de qualité des comptes des administrations publiques, que la certification des comptes locaux soit à l'avenir une compétence revendiquée et/ou attribuée aux CRTC, les érigeant ainsi en autorité locale de contrôle et d'audit.

Dans leur mission juridictionnelle, ces juridictions rendent un ensemble de décisions qui constitue la jurisprudence financière et reprise alors sous forme de « grands arrêts de la jurisprudence financière ». Les arrêts de la Cour des comptes et de la CDBF peuvent faire l'objet d'un pourvoi devant le Conseil d'État (CE) ; les jugements des CRTC peuvent faire l'objet d'un appel devant la Cour des comptes puis d'un pourvoi en cassation devant le CE.

Pour approfondir

- S. Damarey, « L'évolution du régime de responsabilité des comptables publics », *G&FP*, n° 7, juillet 2013, p. 38.
- G. Eckert (dir.), « L'Indépendance des autorités de régulation économique et financière : une approche comparée », *RFAP*, n° 143, 2012.
- R. Hertzog, « Vers une refondation des juridictions financières », *G&FP*, n° 1, janvier 2013, p. 39.
- B. Lasserre, « La responsabilité des gestionnaires publics », discours de clôture du colloque organisé par le Conseil d'État et la Cour des comptes, 18 octobre 2019, p. 1-8.

QCM

une ou deux bonne(s) réponse(s) possible(s)

1 Le G20, le FMI, l'OCDE voient leur rôle

- ❑ a. diminué depuis la pandémie de Covid-19
- ❑ b. décisionnel influencé les actes pris par l'Union européenne
- ❑ c. accru depuis la pandémie de Covid-19

2 La DDCCRF est une direction

- ❑ a. du ministère des finances
- ❑ b. du seul ministère de l'Intérieur
- ❑ c. vient en appui et aide à l'Autorité de la concurrence (AdlC)

3 La dette de l'État est

- ❑ a. appelée à augmenter à partir 2020
- ❑ b. est gérée par l'AFT
- ❑ c. appelée à diminuer à partir de 2020

4 La CDBF

- ❑ a. est présidée par le Premier président de la Cour des comptes
- ❑ b. exerce une mission non juridictionnelle
- ❑ c. juge les ordonnateurs secondaires que sont les préfets et recteurs

5 Le CPO est une autorité

- ❑ a. est présidée par le Premier président de la Cour des comptes
- ❑ b. juridictionnelle
- ❑ c. rattachée à la Cour des comptes

RÉPONSES 1.b.c. • 2.a.c. • 3.a.b. • 4.a.c. • 5.a.c.

QRC

Le principe de séparation des ordonnateurs et des comptables depuis la LOLF

Définition des termes

Avant tout travail définir les termes du sujet !

- « *le principe de séparation des ordonnateurs et des comptables* » : principe classique de la comptabilité publique (RGCP 1962) visant à l'origine à assurer la régularité des opérations de dépenses et recettes et plus largement la protection de l'argent public d'où deux acteurs intervenant au cours de ces opérations et notamment en matière de dépenses où les risques sont plus grands !
  - ordonnateurs : ils prescrivent, décident de ces opérations ;
  - comptables : qui les mettent en œuvre en disposant du monopole du maniement des fonds ; et aussi qui contrôlent les actes de l'ordonnateur !
- « *depuis la LOLF* » : insister sur l'apport de la LOLF de 2001 quant à la signification et portée de ce principe : est-il maintenu en l'état ? Y a-t-il modifications si oui lesquelles ?

Pour cela se situer au niveau de l'exécution en relevant le rôle respectif de ces acteurs depuis la LOLF ; on a vu que la LOLF tend à alléger les contrôles *a priori* et à renforcer les contrôles *a posteriori*, une telle évolution (logique de résultats et de performance) ayant des conséquences sur le rôle de chacun et donc sur le principe de séparation des O. et des C. De plus la nouvelle comptabilité publique notamment l'introduction de la comptabilité générale du fait qu'elle induit l'enregistrement des opérations dès leur fait générateur (dès l'engagement de la dépense) enregistrement effectué par l'ordonnateur et donc relation étroite et non réellement séparée entre ces deux acteurs.

Rédaction possible

Principe classique de la comptabilité publique, la séparation des ordonnateurs et des comptables a pour finalité d'assurer la régularité des opérations notamment des dépenses et plus largement la protection des deniers publics. La LOLF de 2001, tout en maintenant ce principe, tend à l'assouplir en vue de la performance de la gestion publique : on relève ainsi un certain rapprochement entre ces deux acteurs que sont les ordonnateurs, qui prescrivent les opérations de dépenses et recettes, et les comptables publics qui les exécutent après s'être assuré de leur régularité budgétaire et comptable.

Mais des pratiques apparaissent et qui semblent s'écarter de ce principe conduisant à terme à une réforme du décret de 1962 portant règlement général sur la comptabilité publique (RGCP 1962).

Se développe ainsi, sous l'influence de l'informatisation des opérations et procédures, un « contrôle partenarial et hiérarchisé » (CPH) : la comptabilité générale, ou comptabilité en droits constatés, induit un échange continu d'informations entre ordonnateur et comptable afin de contrôle des procédures ; le choix des opérations soumises à contrôle nécessite un accord et un partenariat entre ces deux acteurs ; l'allégement des contrôles *a priori* invite à un contrôle non systématique mais hiérarchisé des dépenses, celles à enjeux financiers ou à risques importants (marché public, emprunt...) : le choix des opérations soumises à contrôle nécessite un accord et un partenariat entre ces deux acteurs.

Par ailleurs, des contrôle et audit internes conduisent à faire du contrôleur (le comptable) un conseiller et non plus tant un censeur du contrôlé (l'ordonnateur) : la confiance tend à se substituer à la méfiance. Le renforcement des contrôles *a posteriori* fait émerger une « responsabilité managériale » des gestionnaires (ordonnateurs et/ou responsables de programmes) : cette nouvelle responsabilité sur les objectifs et résultats annonce une réforme du principe classique de séparation des ordonnateurs et des comptables et donc du régime de responsabilité afin d'adapter le texte à ces pratiques.

La responsabilité des gestionnaires publics

Méthodologie : Définition des termes du sujet avant tout développement

- « *Responsabilité* » au sens de rendre compte de ses actes ; donc inutile de détailler le système de contrôle interne et externe ce n'est pas vraiment le sujet ; Responsabilité devant qui ? Donc s'interroger sur les autorités compétentes pour engager et/ou mettre en œuvre cette responsabilité (juridictions financières et ministre des Finances) ; on pense notamment aux juridictions financières que sont la CDBF (ordonnateurs), CC et CRTC (comptables publics).
- « *Gestionnaires publics* » : au sens large ce sont les acteurs de la gestion publique, ici les ordonnateurs et comptables publics du fait du principe de séparation des fonctions des ordonnateurs et des comptables publics ; donc connaître ces acteurs en particulier les nouveaux acteurs que sont depuis la LOLF les responsables de programme et agents qui leur sont subordonnés, le rôle de chacun pour saisir leurs actes susceptibles d'engager leur responsabilité notamment ici financière.

Il s'agit de s'interroger sur le régime de responsabilité de ces acteurs et ses limites devant la logique de performance de la gestion publique initiée par la LOLF.

Rédaction possible

La responsabilité des gestionnaires publics, principe énoncé à l'article 15 de la Déclaration de 1789, se trouve renforcée dans le cadre de la nouvelle gestion initiée par la LOLF de 2001. On distingue la responsabilité des ordonnateurs de celle des comptables publics, chacun d'entre eux étant soumis à un juge particulier (respectivement la Cour de discipline budgétaire et financière ou CDBF, la Cour des comptes ou CC et/ou Chambres régionales et territoriales des comptes ou CRTC).

En ce qui concerne les ordonnateurs, on relève que globalement leur responsabilité est peu sanctionnée du fait qu'échappent les principaux d'entre eux les ordonnateurs politiques à savoir les ministres et les élus locaux. Si les premiers échappent totalement à la compétence de la CDBF, les seconds sont justiciables dans certains cas seulement (non-exécution d'une décision de justice, octroi d'avantages indus). Certes un projet de loi de 2009 sur les juridictions financières a visé à les soumettre à une CDBF rénovée mais ce projet n'a pas abouti maintenant ainsi la fragilité de ce système de responsabilité et de sanction. Les comptables publics quant à eux connaissent dans le cadre du jugement de leurs comptes par la CC et/ou CRTC une responsabilité lourde (responsabilité personnelle pécuniaire ou RPP) mais atténuée notamment par la possibilité toujours admise bien que limitée depuis 2008 d'une demande souvent acceptée de remise gracieuse des dettes qui leur incombent auprès du ministre des Finances. Le régime actuel de responsabilité ne paraît plus adapter à la « nouvelle gestion publique » fondée sur le diptyque « Liberté-responsabilité », émerge alors une responsabilité de type managériale devant le rôle accru des « nouveaux managers » que sont les responsables de programmes (RPROG), de budgets opérationnels de programmes (RBOP) et d'unités opérationnelles (RUO) consacrés par le décret du 7 novembre 2012 sur la gestion budgétaire et comptable publique. Il s'agit alors d'établir un système de responsabilité établi sur le principe anglo-saxon « récompense-sanction » selon l'atteinte ou non des objectifs fixés et résultats obtenus.

La responsabilité du comptable public

Méthodologie

- « Responsabilité » : « rendre compte » de ses actes sous-entendu dans le cadre d'une fonction particulière, tenue des comptes publics.
- « comptable public » : agent de droit public chargé d'exécuter les opérations de dépenses et recettes publiques ; régime de responsabilité propre à cet agent, la RPP au sens de la LFI pour 1963 ; régime évolutif d'où la réforme introduite par la LFR de 2011 (RPP en cas de préjudice financier causé à l'organisme (État, CT, EPCI, EP, GIP...) dont le comptable tient les comptes).

Rédaction possible

En matière de responsabilité du comptable public, on peut distinguer selon qu'il s'agit de sanctionner toute irrégularité et/ou à réparer les dommages causés à la personne publique.

- Dans le premier cas (irrégularité commise par le comptable), ce dernier engage sa responsabilité financière (obligation de reddition des comptes devant le juge des comptes ou un comptable principal à défaut il y a prononcé d'une amende prévue à l'art. L131-6 et s. du Code des juridictions financières ou CJF), et/ou la responsabilité de droit commun, responsabilité pénale (détournement des deniers publics ou des pièces comptables de l'art. 432-15 du Code pénal), et/ou responsabilité disciplinaire (un comptable est un fonctionnaire de l'État nommé par le ministre des finances ou avec son agrément ; le comptable est soumis par conséquent au pouvoir hiérarchique du ministre qui peut en cas d'irrégularités prononcer à son égard une sanction disciplinaire) ;
- Dans le second cas (réparation d'un dommage) : le comptable n'engage pas ici sa responsabilité civile de droit commun mais sa responsabilité personnelle pécuniaire ou RPP, régime propre au droit public financier. L'article 60-VI de la loi de finances du 23 février 1963 modifiée par la loi de finances rectificative du 28 décembre 2011 rappelle que les comptables engagent leur responsabilité personnelle pécuniaire (RPP) si leur agissement a causé un préjudice financier à l'organisme public ou privé dont ils tiennent les comptes. Ce régime distingue la responsabilité du comptable du fait personnel (art. 60 I) de la responsabilité du comptable du fait d'autrui c'est-à-dire des agents placés sous leur autorité comme les régisseurs d'avances et les régisseurs de recettes (art. 60 III).

Le juge des comptes engage la responsabilité du comptable (contrôle objectif), le ministre des finances et/ou du budget la met en œuvre (contrôle subjectif). Mais depuis la loi de finances rectificative du 28 décembre 2011, cette distinction des rôles entre l'autorité juridictionnelle (Cour des comptes) et l'autorité administrative (ministre des finances et/ou du budget) paraît moins nette. Ainsi le juge des comptes engage et met en œuvre la responsabilité du comptable dont l'agissement n'a pas causé un préjudice financier à l'organisme concerné ; le juge le condamne alors au versement d'une somme en déterminant et fixant son montant.

Les ordonnateurs des dépenses de l'État

Méthodologie

Avant tout définir pour comprendre le sujet !

- Ordonnateurs : un des agents de réalisation des opérations de dépenses (principe de séparation entre les fonctions d'ordonnateur et de comptable).
- Dépenses ; se limiter donc aux dépenses ; on peut rappeler alors la phase administrative (engagement, liquidation et ordonnancement ou mandatement).
- Dépenses de l'État ; se limiter aux ordonnateurs de l'État (différentes catégories et régime de responsabilité).
- Rappeler le texte de base le décret GBCP du 7/11/2012.
- Question sous-jacente : la LOLF renouvelle-t-elle leur rôle ? Crée-t-elle de nouveaux ordonnateurs (évoquer notamment les Rprog, Rbop et Ruo voire responsable de la fonction financière ministérielle).

Rédaction possible

En matière de dépenses, les ordonnateurs de l'État sont chargés, conformément au principe classique de séparation des ordonnateurs et des comptables, de réaliser les opérations d'engagement, de liquidation et d'ordonnancement.

Les ordonnateurs principaux de l'État, ceux à qui des crédits sont mis à disposition tels les ministres, délèguent leur compétence à des ordonnateurs secondaires (préfets, recteurs, ambassadeurs, administrateurs des finances publiques). Ces deux catégories peuvent déléguer leur signature à des ordonnateurs délégués (membres de cabinets ministériels, agents publics de services déconcentrés) et/ou suppléants (en cas d'absence ou d'empêchement). Toute délégation est établie sur la base d'un texte réglementaire publié et transmis au comptable afin qu'il s'assure de la régularité des opérations de l'ordonnateur et autorise ainsi le paiement.

La pratique, consacrée par le décret relatif à la gestion budgétaire et comptable publique du 7 novembre 2012, a vu naître de nouveaux ordonnateurs (responsables de la fonction financière ministérielle, responsables de programmes, de budgets opérationnels de programmes et d'unités opérationnelles). Ils demeurent tous responsables en cas de violation des règles budgétaires et comptables devant la Cour de discipline budgétaire et financière (CDBF). Échappent toutefois à cette juridiction financière, les ordonnateurs politiques (ministres et élus locaux). Il s'agit là d'une limite forte à la mise en place d'une « responsabilité managériale » dans la logique voulue par la LOLF (gestion publique par la performance).

Fiche 6

Le pilotage des finances publiques

« Pilotage », « Gouvernance », voilà des vocables propres à la culture d'entreprise qui semblent étrangers à la culture administrative française. L'emploi de ces termes révèle, outre un rapprochement entre ces « deux cultures » et la complexité des phénomènes financiers, l'évolution d'une gestion nationale des finances publiques à une gouvernance financière européenne : un pilotage à la fois global imposé par l'Union économique et monétaire (UEM[1]) et un pilotage pluriannuel des finances publiques sous responsabilité de l'État (programme de stabilité adressé à la Commission européenne). Ce pilotage global dans une perspective pluriannuelle devient nécessaire au regard des incidences économiques des mesures budgétaires et fiscales nationales prises par un État et leurs effets sur les autres États de la zone euro.

Ce pilotage sous contrainte monétaire européenne vise à répondre à une question de plus en plus prégnante celle de la soutenabilité des finances publiques nationales qui est la capacité des États à honorer leurs engagements financiers, il s'agit alors d'instituer au niveau européen une nouvelle gouvernance financière. À ce niveau, l'approche consolidée des finances publiques nationales autorise une gouvernance par l'État à travers la mise en place d'instruments de maîtrise de la dépense et d'évaluation des politiques publiques.

I. La gouvernance financière et budgétaire de la zone euro

Par la mise en place d'une nouvelle gouvernance, il s'agit d'attribuer de nouveaux moyens aux États pour répondre au défi de la soutenabilité c'est-à-dire permettre à ces États de demeurer solvable dans la durée. Une telle gouvernance intéresse avant tout la zone euro car ces États ne disposent plus de l'instrument essentiel de solvabilité permanente pour ne pas dire éternelle, la monnaie.

1. L'UEM dans son double volet à la fois monétaire et budgétaire.

La gouvernance financière et budgétaire de la zone euro résulte des engagements européens de la France[1] : il s'agit de soumettre les budgets publics à un objectif d'équilibre et d'assurer une stabilité des marchés financiers, source principale de financement de la dette des États, afin de préserver la valeur de la monnaie unique, l'euro. La spéculation à la hausse des taux d'intérêt des emprunts d'États aux finances publiques fragiles (fort déficit et endettement publics) nourrit un risque celui d'une dépréciation de la monnaie dans laquelle ils s'endettent (l'euro) : il s'agit par conséquent de freiner cette spéculation par un encadrement plus sévère des politiques budgétaires des États de la zone euro. Une meilleure gouvernance de la zone euro semble alors s'imposer.

La crise financière de 2008 a révélé, comme d'ailleurs la crise sanitaire de 2020, la nécessite de maintenir un lien étroit entre la politique monétaire et les politiques budgétaires au sein de la zone euro. En son article premier, le TSCG de 2012 élargit en la renforçant la compétence de l'UE en matière de discipline budgétaire, de coordination des politiques économiques et de gouvernance de l'« Eurozone ». Le processus dit du « semestre européen », la transmission annuelle à la Commission européenne d'un « programme de stabilité sur quatre ans », le contrôle des projets de budgets des États membres avant leur adoption par leurs parlements nationaux respectifs visent à s'assurer du respect du PSC rénové par le TSCG de 2012. Ces « moments forts européens » tendent à imposer une discipline budgétaire commune.

La monnaie unique contraint davantage les politiques budgétaires de ces États car elle les met dans l'impossibilité de recourir à l'instrument monétaire pour répondre à une crise de leur dette souveraine de l'ampleur de celle de l'année 2010 ou encore de celle de 2020 provoquée par la pandémie de Covid-19. L'euro devient un dispositif majeur dans la gouvernance européenne des finances publiques nationales que le mécanisme unique de supervision bancaire vient conforter et quelque peu renforcer[2].

La globalité des finances publiques nationales appelle un pilotage par l'État centré sur une transparence de l'activité financière des acteurs et un partage de responsabilité dans le respect de leur compétence respective : c'est l'objet de la gouvernance financière nationale qui constitue une réponse à la complexité des finances publiques contemporaines.

1. On peut ajouter que, n'étant pas une « zone monétaire optimale », cette gouvernance de la zone euro s'impose : l'absence en effet d'une politique sociale et fiscale commune dans la zone euro conduit à l'absence de mobilité des facteurs de production que sont le capital et surtout le travail au contraire de la zone dollar aux États-Unis par exemple qui réunit les conditions d'établissement d'une « zone monétaire optimale ».

2. Accord conclu les 28 et 29 juin 2012 entre les 17 États de la zone euro alors à l'époque. L'accord des 18 et 19 décembre 2013 en fait toutefois un simple organe de supervision unique aux mains des États et sans réel pouvoir d'action.

Un pilotage global qui se manifeste par un dispositif institutionnel centralisé (Haut Conseil des finances publiques institué en 2013) et Comité action publique 2022 (Cap22), une méthode de réforme conduite par l'État (Transformation publique dotée depuis 2017 d'un fonds pour la transformation de l'action publique ou FTAP), volonté politique inscrite dans un débat annuel (Débat d'orientation des finances publiques ou DOFP portant sur les PLF et PLFSS) et retranscrite dans des documents soumis au Parlement lors de ce DOFP (en particulier le Rapport économique, social et financier ou RESF remis par le gouvernement qui contient notamment l'évolution des prélèvements obligatoires, des dépenses, recettes et solde des administrations publiques et analyse les relations financières entre l'État et les ODAC et aussi le Rapport sur les orientations de la politique de Sécurité sociale).

La nouvelle gouvernance financière se veut un remède apporté à un diagnostic celui de l'accroissement continu depuis les années 1980 des déficit et dette publics[1]. L'appartenance de la France à la zone euro contraint dès lors à :

- *une gouvernance par la pluriannualité budgétaire* : Cadre de référence triennal voire quinquennal des lois de finances et des lois de financement de la Sécurité sociale (LFSS), encadrement par un gel des dotations versées par l'État aux collectivités territoriales voire limitation de la dépense et dette locales depuis la LPFP 2018-2022. Cette gouvernance pluriannuelle est depuis 2009 formalisée par les lois de programmation des finances publiques (LPFP) ; la conclusion de contrats quadriennaux ou quinquennaux entre l'État et les ODAC (notamment ses principaux opérateurs que sont les universités) s'inscrit également dans cette perspective pluriannuelle ;
- *une gouvernance par l'équilibre budgétaire* : tentative avortée en 2011 d'inscrire dans la Constitution de 1958 la fameuse « règle d'or » mais l'objectif constitutionnel d'équilibre des comptes des administrations publiques (art. 34 C.) demeure et la règle européenne d'équilibre structurel est transposée dans la LOPGFP du 17 décembre 2012 et mise en œuvre par les LPFP suite à la ratification du TSCG de 2012 ;
- *une gouvernance par une norme d'évolution de la dépense et/ou recette publique* : Norme définie pour chaque sous-secteur des APU ; l'État et les ODAC, les ASSO et les APUL ;
  - **norme pour l'État et les ODAC** en termes de dépenses « zéro valeur » hors charge de la dette et pensions complétant la norme classique « zéro volume » et aussi en termes d'emploi (la règle dite « non-remplacement d'un fonctionnaire sur deux partant à la retraite ») ; la LPFP 2018-2022 en son article 9 distingue désormais la « norme de dépenses pilotables de l'État » ou NDPE : qui comprend les dépenses du budget général et des budgets annexes (hors

1. La dette publique française passe de 22 % du PIB à 112 % du PIB entre 1982 et 2020 soit une hausse de + 90 points, les crises financières de 2008 et 2020 aggravant le niveau de cette dette.

contributions pensions, charge de la dette et mission Remboursements et dégrèvements et mission Investissements d'avenir), les dépenses des CAS (hors les CAS « Pensions » et « Participations financières de l'État ») et les dépenses du CCF « Avances à l'audiovisuel public » (soit une norme fixée à 260,5 Md€ en 2020, 262,5 Md€ en 2021 et 264,5 Md€ en 2022) et un « objectif de dépenses totales de l'État » ou ODETE (dont le périmètre recouvre la norme de dépenses pilotables de l'État en incluant le CAS « Pensions », charge de la dette, les PSR-CT et PSR-UE, les dépenses d'investissement d'avenir et des programmes des comptes spéciaux portant à titre principal des contributions aux collectivités territoriales ou des engagements financiers ainsi que de la fraction de taxe sur la valeur ajoutée affectée aux régions, au département de Mayotte et aux collectivités territoriales de Corse, de Martinique et de Guyane soit un ODETE fixé à 438,7 Md€ en 2020, 442,8 Md€ en 2021 et 450,9 Md€ en 2022) ; la crise sanitaire de 2020 conduit à revoir cette NDPE et cet ODETE ;

– **norme pour les ASSO** à travers l'ONDAM[1] prévu chaque année en LFSS. L'ONDAM, qui est l'objectif des dépenses remboursées par les régimes obligatoires de base[2] de l'assurance-maladie, se décompose en « sous-objectifs » (soins de ville, soins à l'hôpital et soins en structures médico-sociales) et divisé en « six sous-catégories » pour mieux identifier les dépenses couvertes par l'ONDAM (dépenses de soins de ville, établissements de santé tarifés à l'activité, autres dépenses relatives aux établissements de santé, établissements et services pour personnes âgées, établissements et services pour personnes handicapées et autres modes de prise en charge) ; Des conventions d'objectifs et de gestion (COG) sont conclues pour quatre ans entre l'État et les différentes caisses nationales du régime général de Sécurité sociale (CNAMTS, CNAV, CNAF[3]) et celle chargée du recouvrement des prélèvements sociaux fiscaux (impôts et taxes affectés ou ITAF) et non fiscaux (cotisations sociales) qu'est l'agence centrale des organismes de sécurité sociale ou ACOSS ; ces COG sont déclinées en contrats pluriannuels de gestion

1. Objectif national de dépenses d'assurance maladie (ONDAM) qui a été largement revu à la hausse depuis la crise sanitaire de 2020 (de +2,45 % à +5,05 %).
2. Les régimes obligatoires de base sont au nombre de trois catégories, le régime général (salariés ainsi que les non salariés ou indépendants depuis 2018 ainsi que tout bénéficiaire d'une protection universelle maladie, régime général qui est le plus important par le volume de dépenses et le nombre d'assujettis) ; le régime agricole (exploitants et salariés agricoles) et enfin les régimes spéciaux (fonctionnaires et agents assimilés comme les marins, agents des mines, de la SNCF, de la RATP, d'EDF-GDF, de l'Assemblée nationale, du Sénat, des clercs et employés de notaires).
3. Caisse nationale d'assurance maladie des travailleurs salariés (CNAMTS), caisse nationale d'assurance vieillesse (CNAV), caisse nationale d'allocations familiales (CNAF).

(CPG) entre les caisses nationales et leurs caisses locales respectives (CPAM e CARSAT et les URSSAF) qui ont le statut d'organismes privés chargés d'une mission de service public[1];

– **norme pour les APUL** : un encadrement des recettes locales à travers le gel en valeur depuis 2010 des concours financiers de l'État aux collectivités territoriales regroupés pour l'essentiel au sein d'une « enveloppe normée » qui comprend les « prélèvements sur recettes au profit des collectivités territoriales » ou PSR-CT (dont la dotation globale de fonctionnement ou DGF constitue la principale composante) et les crédits budgétaires de la mission Relations avec les collectivités territoriales (RCT) ; cet encadrement prend également la forme d'une sorte d'« étatisation de la fiscalité locale » (substitution des impositions locales par des dotations de l'État ou encore fixation de leur taux et/ou assiette par l'État et non par les collectivités territoriales comme l'autorise la loi du 10 janvier 1980 en matière des quatre impôts directs locaux : ainsi l'établissement par la loi de finances pour 2010 d'un taux national pour la CVAE composante de la CET[2]) et ce malgré la consécration par la Constitution de 1958 d'une autonomie financière locale (art. 72-2, disposition constitutionnelle complétée et précisée par la loi organique du 29 juillet 2004). En encadrant davantage leurs ressources voire en supprimant encore récemment la taxe d'habitation d'ici 2022, l'État invite les APUL et en particulier les collectivités territoires à réduire leurs dépenses. Ajoutons que la LPFP 2018-2022 contraint à une limitation de la dépense et dette locales.

Tous ces instruments de gouvernance financière nationale ayant pour conséquence un encadrement de la dépense publique ont bien sûr des incidences économiques. La difficulté est de limiter les incidences négatives de telles mesures qui visent à terme une réduction de la dépense. Relevons que les crises financières tendent à assouplir voire à s'écarter de la norme de dépenses applicable aux APUC (État et ODAC), aux ASSO et aux APUL.

1. Caisses primaires d'assurance maladie (CPAM) et Caisses d'assurance retraite et de la santé au travail (CARSAT) et Unions de recouvrement de cotisations de sécurité sociale et d'allocations familiales (URSSAF).

2. La Contribution économique territoriale (CET) se substitue, avec ces deux composantes (Contribution foncière des entreprises ou CFE et Contribution à la valeur ajoutée des entreprises ou CVAE), à l'ancienne taxe professionnelle ou TP depuis la loi de finances pour 2010 ; si la CFE voit son taux établi par les communes et EPCI, celui de la CVAE est fixé par l'État (taux national qu'appliquent les collectivités territoriales à la base d'imposition, la VA).

II. Les incidences économiques des mesures budgétaires et fiscales

Apprécier l'impact économique des mesures budgétaires et fiscales conduit à évoquer le principal instrument de politique économique d'un État, la politique budgétaire. Elle consiste à agir sur la conjoncture économique au moyen de la dépense, de l'endettement public ou des prélèvements obligatoires (impôts, taxes et cotisations sociales).

On sait que les dépenses et recettes publiques atténuent les aléas de la conjoncture économique : elles évoluent spontanément à la hausse pour la dépense et à la baisse pour la recette et inversement selon que la croissance économique est négative ou positive : ces dépenses et recettes fonctionnent comme des « stabilisateurs budgétaires automatiques ». Mais une crise, comme celle de 2008 ou encore celle de 2020, impose aux États de conduire une politique budgétaire plus volontariste pour soutenir l'activité. Tous les États semblent alors adopter une approche keynésienne des finances publiques du moins le temps de la crise.

Ce soutien à l'activité peut s'opérer au moyen de la dépense publique : la faiblesse de la dépense privée (faible investissement des entreprises et faible consommation des ménages) appelle un accroissement de la dépense publique qui nourrit un revenu global supplémentaire pour les particuliers. Une partie de ce revenu est consommée, une partie est épargnée et une autre partie est prélevée par les administrations publiques sous forme de prélèvements obligatoires (impôts, taxes et cotisations sociales). Le « multiplicateur keynésien » a ainsi un « effet multiplicateur » : le revenu consommé est dirigé vers les entreprises (augmentation de l'investissement pour répondre à la demande intérieure de biens et services appelant de nouveaux recrutements de salariés provoquant une hausse de l'emploi et donc une baisse du chômage) et aussi vers l'État (hausse de l'impôt sur les sociétés ou IS avec l'investissement accru des entreprises pour produire davantage de biens et services, hausse de l'impôt sur la consommation qu'est la TVA, hausse de l'impôt sur le revenu ou IR avec la distribution accrue de revenus aux salariés avec le retour de l'emploi et de la croissance). Le déséquilibre budgétaire à court terme suscité par une augmentation soudaine et prolongée de la dépense publique est compensé par un retour à l'équilibre (le déséquilibre budgétaire à court terme permet un retour à l'équilibre économique général à moyen et long terme).

Mais le soutien à l'activité peut aussi se réaliser au moyen d'une action sur les prélèvements obligatoires appréhendés ici comme outil fiscal (agir sur les impôts et taxes) et/ou comme outil social (agir sur les cotisations sociales) : ainsi la baisse de la pression fiscale et/ou sociale augmente le revenu disponible des ménages et/ou des entreprises mais l'effet multiplicateur est moindre car ce revenu supplémentaire est davantage épargné par les entreprises et les ménages que réellement consommé. On constate que tout gouvernement mène une politique de l'offre (plutôt favorable aux entreprises telle la baisse de la pression fiscale, des charges sociales patronales en vue de réduire la dépense publique) et/ou une politique de la demande (plutôt favorable aux ménages, telle la hausse de la dépense publique pour susciter la demande et accroître le pouvoir d'achat avec le risque de devoir accroître à terme le taux de prélèvements pour couvrir cet accroissement de dépenses). De telles politiques feront peser le « fardeau fiscal et/ou social » soit davantage sur les entreprises soit davantage sur les ménages à moins de réduire de manière drastique la dépense publique pour neutraliser ce double effet. La difficulté majeure tient à ce que ces décisions sont étroitement liées à la situation de l'économie nationale et internationale et notamment européenne. Ce qui révèle leur limite. On l'a observé lors de la crise financière de 2008 et on l'observe depuis 2020 avec la récession économique provoquée par la pandémie de Covid-19.

Cette pandémie a mis en avant un autre instrument pour soutenir et relancer l'activité économique qui est le recours à l'endettement public dans un contexte de faibles taux d'intérêt de l'emprunt des États sur les marchés financiers aidés en cela par la BCE et sa politique de rachat de dettes publiques sur le marché secondaire pour réduire le coût de l'emprunt notamment pour les États de la zone euro les plus touchés par la crise sanitaire. Dans ce contexte de grave crise, la Commission européenne a autorisé le large dépassement des seuils de déficit et de dette publics fixés par les règlements et directives respectivement à 3 % et 60 % du PIB. La France prévoit ainsi fin 2020 un déficit public de 9 % et une dette publique de 115,2 %. La soutenabilité des finances publiques nationales à un tel niveau d'endettement n'est possible qu'avec l'aide monétaire apportée par la BCE : le *policy mix* (politique budgétaire et politique monétaire) paraît consubstantielle à la zone euro en période de crise majeure.

La politique budgétaire connaît sous ses trois aspects (dépense, prélèvements obligatoires et endettement public) certaines limites en situation économique normale c'est-à-dire hors circonstances exceptionnelles :

- la première concerne la dépense : elle est liée à l'ouverture croissante de nos économies réduisant l'effet du « multiplicateur keynésien » (biens et services de production nationale délaissés au profit des biens et service de production internationale), en particulier pour les États de la zone euro qui ne peuvent recourir au second instrument tout aussi essentiel de toute politique économique, la politique monétaire (dévaluation pour améliorer la balance commerciale). Ce contexte les contraint à se soucier davantage de la compétitivité et de l'innovation de leurs entreprises quitte à les favoriser notamment par des mesures fiscales (crédit d'impôt pour la compétitivité et l'emploi ou CICE en France depuis 2013 transformé depuis 2018 en baisse de charges sociales montrant ainsi la substitution d'un outil social à un outil fiscal), mesures compensées par des hausses de prélèvements obligatoires frappant d'autres contribuables en particulier les ménages;

- la deuxième limite concerne l'endettement de l'État: l'endettement public devient un instrument de soutien de l'activité économique devant l'insuffisance de l'investissent des entreprises voire répond à une crise des dettes privées, phénomène illustré par la crise des « *subprimes* » née en 2007 aux États-Unis ou simplement à une crise sanitaire comme en 2020; le dynamisme de la dépense publique face à une dépense privée atone nourrit alors un besoin de financement croissant de l'État alors contraint de recourir à l'emprunt et donc à s'endetter davantage. Mais un fort endettement public fait courir un risque pour tout État qui ne dispose plus de sa souveraineté monétaire: l'incapacité d'honorer sa dette. Ne pouvant substituer sa monnaie nationale à sa dette (« monétisation de la dette » c'est-à-dire recourir à la « planche à billets » pour payer sa dette), l'État doit par conséquent résorber sa dette afin de garantir la soutenabilité de ses finances publiques et rassurer ainsi ces créanciers institutionnels. C'est le discours dominant actuel de consolidation budgétaire (réduction du déficit public donc de la dette);
- la troisième limite porte sur le niveau de prélèvements obligatoires: chacun connaît la fameuse expression « trop d'impôt tue l'impôt », « trop d'impôts pas d'impôts », ou les « hauts taux tuent les totaux » et théorisées notamment par l'économiste américain Laffer avec sa représentation d'une courbe graphique en forme de cloche; on veut, par-delà la critique que l'on peut porter à une telle approche idéologique de l'impôt, signifier par ces expressions que l'instrument fiscal est des plus délicats à manier (instrument qualifié alors de « monstre redoutable » par le « père de la TVA », M. Lauré) car on n'en évalue pas toujours toutes les conséquences; de plus il est toujours possible pour un redevable de transférer sa charge fiscale sur un tiers (le redevable légal peut ne pas être le contribuable réel l'exemple bien connu est la TVA, principale ressource fiscale de l'État); par ailleurs une hausse continue et non maîtrisée des taux d'impositions peut conduire à une réduction de leur assiette et donc du produit recouvré auprès des contribuables par l'administration fiscale. Il y aurait ainsi une limite à la pression fiscale (schématiquement pour reprendre la « courbe de Laffer » le montant du produit fiscal recouvré serait nul que l'on applique un taux d'imposition de 0 % ou de 100 %).

Le risque donc est d'assister à ce que l'on dénomme « l'évasion fiscale » ou la « fuite devant l'impôt » (ainsi un contribuable soumis à l'impôt sur le revenu à la hausse réduira son activité salariée ou non salariée qui constitue l'assiette principale de cet impôt voire préférera l'oisiveté au travail pour échapper en partie ou totalement à ce prélèvement fiscal). Pour des impositions dont l'assiette est mobile (capital, biens et services), le contribuable peut décider de s'expatrier pour être soumis à un régime fiscal plus avantageux surtout dans le contexte international et européen de concurrence fiscale entre les États. Les gouvernements des États sont invités à réduire le taux de leurs prélèvements obligatoires s'ils veulent attirer sur leur territoire certains contribuables en particulier les entreprises. On comprend que ces dernières bénéficient, dans le cadre du « pacte de compétitivité » du gouvernement Ayrault (2012-2014) ou encore de la « baisse du coût du travail et de la fiscalité » du gouvernement Philippe (depuis 2017), des principales mesures adoptées respectivement dans les lois de finances pour 2014 et pour 2018 et que la charge fiscale va davantage être transférée sur les ménages (hausse du taux de la contribution sociale généralisée ou CSG, impôts sur la consommation avec hausse du taux normal de TVA) ; ces impôts ont une assiette moins « délocalisable » et connaissent une certaine stabilité quant à leur champ d'application territoriale et personnelle.

Agir, en considération des limites relevées précédemment, sur la dépense, les prélèvements obligatoires et/ou l'endettement public implique d'agir sur les finances publiques étatiques, sociales et locales. L'encadrement européen des déficits des États de la zone euro privilégie une vision globale des finances publiques nationales. Une approche consolidée des finances des administrations publiques paraît ainsi nécessaire afin de maîtriser et réduire la dépense, la dette et les prélèvements obligatoires.

III. L'approche consolidée des finances étatiques, sociales et locales

Une telle approche résulte d'une contrainte externe celle de l'existence d'une politique monétaire unique associée à différentes politiques budgétaires nationales. La crise financière de 2008 a le mérite de révéler cette contradiction (**une** politique monétaire et **des** politiques budgétaires) occultée jusque-là par une situation de croissance économique assez favorable.

Une telle approche résulte aussi d'une contrainte interne. Un État en déficit et donc fortement endetté est en effet un État à la marge de manœuvre étroite, contraint ainsi de réduire ses dotations aux collectivités territoriales, ses subventions d'équilibre aux régimes obligatoires de base de la Sécurité sociale, ses contributions au budget de l'Union européenne : cette réaction financière en chaîne ou « effet domino » montre que l'assainissement des finances de l'État permet non seulement de maintenir le financement de ses propres politiques publiques mais aussi celles des autres administrations publiques. Il est par conséquent utile de privilégier une approche globale des finances publiques à fin d'encadrement des dépenses, des prélèvements obligatoires, des déficits et dette publics.

Une maîtrise du déficit public et donc de la dette publique appelle une approche consolidée des finances étatiques, sociales et locales c'est-à-dire nette de flux financiers entre ces acteurs que sont l'État, les ODAC, APUL et ASSO : on neutralise ainsi le flux de dépenses et recettes entre ces sous-secteurs des administrations publiques (une dotation de l'État versée à une collectivité territoriale sera décomptée comme simple et unique dépense publique) ; on adopte alors le système de la comptabilité nationale et non celui de la comptabilité publique qui elle contient ces deux opérations (dépense et recette publique) ce qui établit une statistique différente ; on parle alors dans le cadre des normes de la comptabilité publique de non-consolidation des données chiffrées (ainsi une subvention versée par un département à une commune sera ainsi décomptée en comptabilité publique à la fois comme une dépense départementale et comme une recette communale ce qui accroît par conséquent le volume des dépenses et recettes publiques). En matière de statistique, la prudence est de rigueur dans l'interprétation des résultats obtenus qui dépendent souvent des conventions adoptées et qu'il faut par conséquent toujours expliciter.

L'approche consolidée retenue par la comptabilité nationale montre des dépenses de Sécurité sociale, qui, mise sous pression démographique liée au vieillissement de la population et sous l'effet du progrès de la médecine et donc de son coût, atteignent un volume supérieur à celui de l'État ; les dépenses locales sous l'effet des vagues successives de décentralisation, s'élèvent quant à elles à près de la moitié des dépenses de l'État. Ainsi la loi n° 2020-289 du 23 mars 2020 de finances rectificative (LFR) pour 2020, inscrit dans le budget de l'État une nouvelle mission « Plan d'urgence face à la crise sanitaire » qui comprend des programmes ayant un impact autant sur les dépenses de la sécurité sociale que celles des collectivités territoriales rappelant le rôle financier majeur de l'État[1].

Les réformes récentes visant le système de Sécurité sociale (lois successives depuis 2003 sur les retraites, depuis 2004 lois sur l'assurance-maladie et en 2014 sur l'assurance chômage, la loi du 23 mars 2020 d'urgence pour faire face à l'épidémie de covid-19 dont l'article 11 habilite le Gouvernement à prendre par ordonnance toute mesure en matière de droit du travail, de droit de la sécurité sociale et de droit de la fonction publique) et le système local (lois sur la décentralisation depuis 2003 et loi de modernisation de l'action publique territoriale et d'affirmation des métropoles du 27 janvier 2014 dite « loi Maptam » qui sera suivie par la loi du 16 janvier de 2015 sur la délimitation des régions et la loi relative à la nouvelle organisation territoriale de la République dite « loi Notre » du 7 août 2015) s'inscrivent dans

1. Un nouveau programme 356 « Prise en charge du dispositif exceptionnel de chômage partiel à la suite de la crise sanitaire » doit prendre en charge le financement du chômage partiel à hauteur de 100 % du salaire net au niveau du SMIC ou pour les personnes en formation, 84 % pour les salaires supérieurs au SMIC et inférieurs à 4,5 SMIC. Le coût prévu par la LFR est de 8,5 milliards d'euros, dont 5,5 milliards d'euros pour l'État et le reste pour l'Unédic. Le programme est placé sous la responsabilité de la ministre du travail. Source : Commission des finances du Sénat.

cette volonté de réorganisation de leurs structures et d'encadrement de leur action (notion de compétence d'attribution substituée à celle de clause générale de compétence notamment pour les départements et les régions) à fin de maîtrise et de ralentissement de la hausse continue de leurs dépenses.

L'approche consolidée révèle ainsi un paradoxe qui éclaire les relations financières entre l'État, la Sécurité sociale et les collectivités territoriales : l'État assume l'essentiel du déficit et donc de la dette publique[1] bien que ses propres dépenses demeurent inférieures à celles des ASSO et progressent beaucoup moins vite que celles des APUL. Plusieurs facteurs expliquent ce paradoxe :

- le déficit demeure pour l'État un outil de régulation conjoncturelle, les prélèvements obligatoires, un instrument permanent d'action publique (dépenses fiscales) ;
- par ailleurs, la baisse des ressources des APUL et ASSO résulte le plus souvent de mesures fiscales dérogatoires prises par l'État dans le cadre de ses politiques d'aménagement du territoire et de développement économique (impôts locaux) et/ou de l'emploi (cotisations sociales). De telles mesures sont compensées par le budget de l'État afin de maintenir le niveau de ressources, donc de dépenses de la Sécurité sociale (exigence constitutionnelle d'équilibre financier) et des collectivités territoriales (exigence constitutionnelle de libre administration et d'autonomie financière locale). Ces dernières voient leurs dépenses se maintenir voire s'accroître car couvertes par des recettes affectées et dont la baisse éventuelle serait alors assumée par le budget de l'État c'est-à-dire le contribuable national.

L'approche consolidée des finances publiques laisse entrevoir un système de « vases communicants » entre finances de l'État, finances sociales et finances locales ce qui contraint à un pilotage global centré sur une maîtrise de la dépense publique priorité affichée en situation économique normale c'est-à-dire hors circonstances exceptionnelles.

IV. La maîtrise de la dépense publique

Dans son rapport public annuel pour l'année 2013, la Cour des comptes insiste sur la « priorité à la maîtrise des dépenses publiques », elle constate en effet qu'à ce jour l'effort de redressement des finances publiques repose à 75 % sur des hausses de prélèvements obligatoires et à 25 % sur la maîtrise des dépenses, elle invite dès lors les administrations publiques (APU) à redoubler et intensifier leur effort.

---

1. Ainsi pour un taux de dette publique de 112 % du PIB fin 2020, la part de l'État et ODAC s'élève à près de 80 % celle des ASSO à un peu plus de 10 % et celle des APUL à un moins de 10 %.

La question de la maîtrise de la dépense publique est renouvelée de nos jours sous la contrainte de deux impératifs, l'impératif d'encadrement des dépenses sociales et locales (les ASSO représentent près de 45 % de la dépense publique, contre 35 % pour l'État et ODAC et 20 % pour les APUL) et l'impératif managérial (ce que la Cour des comptes appelle dans ses différents rapports publics depuis 2013 une « meilleure productivité » et une nécessaire révision du contenu des missions des APU). Ces deux impératifs se résument en une réduction de la dépense pour une modernisation de l'action publique.

Les dépenses sociales relèvent certes des ASSO mais également de l'État (minima sociaux supportés par le budget de l'État comme le RSA, APA, AAH)[1] et des APUL (départements en matière d'aide et d'action sociales). On se limitera aux dépenses des ASSO (finances sociales) dont une partie importante apparaît en lois de financement de la Sécurité sociale ou LFSS qui couvrent les régimes obligatoires de base notamment le régime général : dépenses d'assurance vieillesse (retraites), dépenses d'assurance-maladie en particulier ; on évoquera aussi les dépenses de chômage bien que non couvertes par le périmètre des LFSS.

L'enjeu lié à l'évolution importante des finances sociales, que traduit l'augmentation croissante des prélèvements sociaux au sein des prélèvements obligatoires, a conduit à les soumettre à partir de 1996 (année où les dépenses de Sécurité sociale demeurent sans cesse supérieures à celles de l'État) au contrôle du Parlement par-delà leur gestion classique par les partenaires sociaux (syndicats d'employeurs et de salariés) pour en résorber le déficit devant l'insuffisance chronique de leur principale ressource, les cotisations sociales dans un contexte de faible croissance (la dégradation de l'activité économique impacte directement le financement de la Sécurité sociale). C'est l'objet de la loi constitutionnelle de 1996 créant les lois de financement de la Sécurité sociale (LFSS) dont la loi organique de 1996 (LOLFSS) vient préciser le contenu et la portée.

La LOLFSS de 1996 a été profondément modifiée par la LOLFSS de 2005 qui renouvelle le régime des LFSS en les orientant vers la logique et les principes de la LOLF de 2001. Les LPFP inscrivent depuis 2009 les LFSS dans un cadre quadriennal en fixant notamment un objectif national de dépenses d'assurance-maladie (ONDAM). La difficulté réside dans la nature particulière des LFSS qui se limitent à fixer un objectif de dépenses, les déterminants de la dépense de Sécurité sociale, dont une partie est exclue du périmètre des LFSS (notamment le régime de l'assurance chômage), ne peuvent être prévus et établis avec certitude :

- les dépenses des régimes de retraites sont couvertes majoritairement par les cotisations sociales et fondées sur le principe de la répartition (les actifs cotisent pour financer les retraites des inactifs) ; le contexte de tension

1. Respectivement Revenu de solidarité active (RSA), Allocation personnalisée pour l'autonomie (APA) et Allocation pour adulte handicapé (AAH).

démographique (à terme un actif pour un voire deux inactif(s)) explique les législations successives depuis 1995 portant réforme du financement des retraites ; il est alors proposé de reporter l'âge légal de départ à la retraite et/ou d'augmenter les cotisations et impositions sociales (CSG notamment) ; le projet actuel d'un régime unique en lieu et place de plus de 40 régimes existants s'inscrit dans cette perspective de réduction des dépenses de retraite ;

- les dépenses des régimes d'indemnisation chômage sont gérées par le système paritaire de l'Unedic (depuis la loi du 13 février 2008 sur le service public de l'emploi, Pôle emploi est l'opérateur qui gère les activités liées à l'inscription et à l'indemnisation du chômage) ; le régime d'assurance chômage, qui échappe au périmètre des LFSS, est financé principalement par des cotisations sociales dont le montant prélevé diminue avec la hausse du taux de chômage ; la question du financement de ce régime est alors posée devant son déficit préoccupant ; un accord mais sur deux ans a été trouvé par les partenaires sociaux (syndicats d'employeurs et de salariés) le 21 mars 2014 ; mais en cas d'absence d'accord partenarial, l'État recouvre pleinement son pouvoir législatif et réglementaire en imposant ses règles (décrets n° 2019-797 et n° 2019-796 du 28 juillet 2019 relatifs respectivement au régime d'assurance chômage et aux nouveaux droits à indemnisation, à diverses mesures relatives aux travailleurs privés d'emploi et à l'expérimentation d'un journal de la recherche d'emploi). Ajoutons que la généralisation du chômage partiel depuis mars 2020 a aggravé le déficit et donc la dette de l'Unedic dont l'État s'est porté garant accroissant ainsi son rôle dans la gestion de l'assurance chômage ;
- des dépenses de soins et santé couvertes à part égale par des ressources fiscales (CSG et autres prélèvements sociaux) et des cotisations sociales toutes deux sensibles à la situation de l'économie et aussi liées à des facteurs à caractère imprévisible échappant à tout encadrement ou évolution précise que sont notamment les nombres d'arrêts maladie en prévision de l'année couverte par la LFSS, nombre d'accidents et de maladies professionnelles, risques ou non d'épidémies et/ou de victimes potentielles pour l'année concernée... La pandémie de Covid-19 a bien sûr accru ces dépenses.

La maîtrise de la dépense sociale doit par conséquent se fonder sur le niveau de croissance du PIB : une réduction drastique des dépenses de protection sociale en contexte de faible croissance fragilise le principe de solidarité nationale (aides aux chômeurs, soutien aux malades, pauvres et exclus). Ce choix politique décisif a un impact financier direct sur la vie des personnes appartenant aux catégories sociales les plus vulnérables.

Outre la norme d'évolution de la dépense que constitue l'ONDAM, d'autres instruments juridiques et/ou institutionnels sont mis en place en vue d'une maîtrise de la dépense sociale. Un régime original de financement de la dette sociale a été défini par l'ordonnance du 24 janvier 1996 relative au remboursement de la dette sociale. L'ordonnance a ainsi créé une Caisse d'amortissement de la dette sociale ou CADES, caisse provisoire devenue quasi-permanente alimentée par l'emprunt émis sur les marchés financiers : la dette née de cet emprunt est financée par la contribution au remboursement de la dette sociale ou CRDS au taux unique de 0,5 %, à laquelle s'ajoute une part de CSG et d'autres prélèvements sociaux. L'assiette de la CRDS est identique à celle de la CSG (revenu du travail, revenu du capital et revenu de remplacement).

La gestion de la trésorerie sociale, qui déroge au principe classique d'unité de trésorerie, relève quant à elle de l'Agence centrale des organismes de Sécurité sociale (ACOSS) dont le compte unique de disponibilités courantes (CUDC) est tenu dans les écritures de la Caisse des dépôts et consignations (CDC) ; l'ACOSS est assistée d'organismes locaux chargés du recouvrement des impositions et cotisations sociales (URSSAF). Il est parfois envisagé, en vue d'une maîtrise du déficit et de la dette de la Sécurité sociale, de fusionner le budget de l'État et le budget de la Sécurité sociale en un seul budget, le budget de la Nation, pour informer des dettes de l'État envers les régimes sociaux (mesures d'exonérations de charges sociales) et aussi les contributions de l'État aux comptes sociaux (subventions d'équilibre des régimes spéciaux). Également l'idée est d'instituer d'ici 2030 un guichet unique de recouvrement de la sphère sociale (Acoss et Urssaf) et fiscale (DGFiP). L'objectif est d'accroître la transparence des relations financières entre l'État et la protection sociale.

Les dépenses locales sont réalisées par les APUL et en leur sein majoritairement par les collectivités territoriales au sens large (communes et EPCI, départements et régions réalisent près de 91 % des dépenses des APUL). La pression à la hausse de ces dépenses résulte de cinq facteurs agissant seuls ou combinés entre eux :

- un facteur lié à la décentralisation (transfert de compétences de l'État et donc de charges notamment de personnel en particulier depuis la loi de 2004 dite « Liberté et responsabilité locales » ou « loi LRL » attribuant de nouvelles compétences essentiellement au profit des régions (gestion du personnel non enseignant des lycées) et départements (gestion du personnel non enseignant des collèges), suivront d'autres lois notamment la loi du 16 décembre 2010 sur la réforme territoriale et la loi du 27 janvier 2014 sur la modernisation de l'action publique territoriale et d'affirmation des métropoles dite « loi MAPTAM ») ; les lois du 16 janvier de 2015 sur la délimitation des régions et la « loi Notre » du 7 août 2015. La décentralisation est un processus dynamique accroissant sans cesse le volume des dépenses locales ;

- un facteur lié au cycle politique local (taux d'investissement public évoluant avec le cycle électoral; ainsi les années d'élections municipales, départementales et régionales, on constate un taux élevé de dépenses d'investissement, taux qui atteint son maximum l'année précédant l'échéance électorale) ; on rappelle que les collectivités territoriales réalisent chaque année et ce depuis 2015 près de 55 % de l'investissement public selon le nouveau système européen des comptes (SEC 2010). Elles constituent un levier essentiel de soutien à l'activité économique et partant de la croissance ;
- un facteur lié à l'accroissement continu des effectifs sans lien avec le processus de décentralisation (la montée en puissance des EPCI n'a pas conduit à une « économie d'échelle » et donc à une réduction des dépenses du personnel communal et intercommunal selon la Cour des comptes dans ses rapports très critiques notamment ceux de 2001 et 2005 sur l'intercommunalité) ;
- un facteur lié à l'augmentation des prestations sociales davantage assumée par les départements (dépenses de RSA, APA, AAH qui sont très sensibles à la situation démographique et économique du pays) ;
- un facteur lié aux coûts supportés suite à l'adoption des normes imposées par les législations nationale et européenne en matière de sécurité, d'hygiène et d'environnement; la Commission consultative d'évaluation des normes (CCEN) instituée en 2008 au sein du Comité des finances local (CFL) est chargée d'évaluer l'impact financier des normes obligatoires qu'elles émanent de l'administration nationale (décret, arrêté) ou européenne (règlement et directive) ; la CCEN a vu son rôle et son pouvoir renforcés par la loi du 17 mai 2011 de simplification et d'amélioration de la qualité du droit ;
- un facteur lié aux charges d'intérêt de la dette résultant de l'emprunt local qui on le sait se limite au financement des seules dépenses d'investissement; mais la crise de 2008 a tari cette principale source de financement qu'est l'emprunt bancaire ; la crise a aussi révélé les risques encourus par certaines collectivités ayant succombé à la tentation des emprunts structurés dits « emprunts toxiques » et aggravant leur situation financière voire ayant fragilisé la capacité de financement de leur « banque historique », Dexia Crédit local de France ; l'effondrement de cette banque des collectivités territoriales a été provoqué par la faillite d'une de ses filiales aux États-Unis.

La loi du 26 juillet 2013 de séparation et de régulation des activités bancaires vient davantage encadrer le régime de l'emprunt public local et prévenir ces risques (art. L1611-3-1 CGCT). Cette dernière loi autorise par ailleurs à l'article L1611-3-2 CGCT la création d'une agence de financement des collectivités territoriales (l'Agence France Locale ou AFL opérationnelle sur les marchés financiers depuis 2015) revêtant la forme d'une société anonyme dont elles détiennent la totalité du capital et qui intervient sur les marchés par l'intermédiaire d'une filiale. Ces deux structures (société anonyme et filiale) agissent au nom et pour le compte des collectivités territoriales « actionnaires » en contribuant ainsi au financement de leurs opérations d'investissement.

Devant ces facteurs possibles d'évolution de la dépense locale, et dans le respect des principes constitutionnels de libre administration (art. 34 et 72 C.) et d'autonomie financière locale (art. 72-2 C.), l'État se doit de transférer les ressources nécessaires à la couverture de charges nées de l'attribution de nouvelles compétences aux collectivités territoriales en privilégiant les ressources qui répondent à la notion de « ressources propres » c'est-à-dire les ressources dont elles ont la maîtrise par la capacité qu'elles ont de modifier le taux et/ou l'assiette à savoir essentiellement les ressources fiscales.

Mais le caractère assez peu précis voire ambigu de ces dispositions constitutionnelles limite leur portée effective : si bien que l'affirmation du principe constitutionnel d'autonomie financière n'a pas mis un frein véritable au processus initié depuis les années 2000 « d'étatisation » de la fiscalité locale (allégements voire suppression d'impositions locales et leur substitution par des ressources fiscales dont le taux est établi par l'État telle la CVAE ou par des dotations ou compensations fiscales soumises à une norme d'évolution dite « enveloppe normée » ; ces dotations et/ou compensations fiscales sont intégrées pour la plupart depuis 2004 dans la Dotation globale de fonctionnement ou DGF[1]). L'État tend à encadrer ainsi les ressources des collectivités territoriales (« gel des dotations » depuis 2010) afin d'inviter ces dernières à réduire leurs dépenses limitant ainsi sa participation financière.

La loi de finances pour 2012 en son article 108 résume assez bien la volonté de l'État d'associer les collectivités territoriales à la maîtrise de la dépense publique tout en respectant le cadre de leurs relations financières fixé par la Constitution de 1958 : « Chaque année le gouvernement dépose en annexe au projet de loi de finances un rapport qui comporte une présentation de la structure et de l'évolution des dépenses ainsi que de l'état de la dette des collectivités territoriales. À cette fin, les régions, les départements et les communes ou les établissements publics de coopération intercommunale de plus de 50 000 habitants transmettent au représentant de l'État, dans des conditions fixées par décret en Conseil d'État pris après avis du Comité des finances locales, un rapport présentant notamment les orientations budgétaires, les engagements pluriannuels envisagés, la composition et l'évolution de la dette ainsi que la composition et l'évolution des dépenses de personnel, de subvention, de communication et d'immobilier ». La LPFP 2018-2022 n'a fait que

1. DGF qui apparaît à travers la procédure de prélèvements sur recettes au profit des collectivités territoriales (PSR-CT) inscrite au budget de l'État pour un montant d'environ 30,86 Md€ sur un total de 44,38 Md€ de PSR-CT dans la loi de finances pour l'année 2017.

renforcer le contrôle de l'État sur la gestion des finances locales notamment celle des grandes collectivités territoriales les plus concernées par la limitation de leur dépense et dette.

À cette volonté de maîtrise ciblée de la dépense sociale et locale, il faut ajouter un encadrement par l'État de ses propres dépenses et surtout des organismes bénéficiant de ses subventions ou de recettes affectées, les ODAC dont une majorité constitue des opérateurs de l'État.

L'État soumet, en particulier depuis la LPFP 2009-2011, les ODAC au régime qu'il s'applique à lui-même : il leur étend la norme dite « zéro valeur » hors charge de la dette et pensions déjà évoquées précédemment ; il conclut également des contrats d'objectifs soumettant ainsi les ODAC et notamment ceux qualifiés d'« opérateurs de l'État » à une gestion par la performance selon les principes établis par la LOLF.

Le processus de réforme Cap 2022 initié en 2017, dont l'objectif est de réduire le coût du travail et de la fiscalité, vise à agir sur les charges des entreprises (baisse des cotisations sociales reportée sur les ménages par une hausse de la CSG, baisse du taux normal de l'IS de 33 % à 25 % d'ici 2022) et/ou baisse de la pression fiscale sur les ménages (suppression de l'ISF et son remplacement par l'IFI, baisse de l'IR depuis 2020, suppression de la TH d'ici 2022 compensées par le maintien d'un taux normal de TVA élevé à 20 %) et aussi limitation de la dépense et dette locales (LPFP 2018-2022). La mise en place d'un Comité interministériel de la transformation publique (CITP) pour mettre en œuvre ce processus de réforme emprunte la voie numérique (DINUM) et s'appuie sur la méthode d'évaluation de l'action publique en distinguant chacun des acteurs (État, ODAC, ASSO et APUL).

V. L'évaluation des politiques publiques

La question de l'évaluation des politiques publiques est ancienne[1], sa nouveauté tient à sa consécration par la Constitution de 1958 en son article 24 (nouvelle mission d'évaluation des politiques publiques attribuée au Parlement), article 39 al. 3

1. Si, aux termes du décret du 18 novembre 1998, l'évaluation d'une politique publique « a pour objet d'apprécier l'efficacité de cette politique en comparant les résultats aux objectifs assignés et aux moyens mis en œuvre », on peut soutenir que la méthode dite RCB des années 1960 ; la circulaire Rocard de 1989 sur le Renouveau du service public ; les réformes structurelles ministérielles (RSM) du gouvernement Raffarin de 2002 ; les audits de modernisations du gouvernement Villepein de 2006 ; la RGPP du gouvernement Fillon de 2007-2012 ; la MAP du gouvernement Ayrault de 2012-2014 et enfin le programme de réformes Cap 2022 du gouvernement Philippe depuis 2017 s'inscrivent dans cette démarche globale de gestion par objectif et recherche de résultat de l'action publique.

(statut des études d'impact joint aux projets de loi[1]), article 47-2 (mission d'évaluation des politiques publiques attribuée par la Constitution à la Cour des comptes) et article 48 al. 3 (une semaine parlementaire par mois consacrée au contrôle et à l'évaluation) suite à l'adoption de la loi constitutionnelle du 23 juillet 2008. La formalisation juridique de l'évaluation et sa mise en œuvre par la LOLF (art. 7 dans la définition que cet article donne à la notion de programme) enregistre une réalité celle de l'imbrication des politiques publiques qui conduit à un financement public croisé (en provenance de l'État, des collectivités territoriales, des organismes de Sécurité sociale voire de l'Union européenne) et ce dans divers domaines et champs de l'action publique (éducation, culture, aide et action sociale, politique de la ville, logement, sécurité...).

Devant la multiplicité des acteurs publics et privés avec chacun sa propre logique d'action pour conduire la politique publique, le système classique de contrôle des deniers publics centré sur la régularité doit être complété par un système d'évaluation davantage orienté sur l'efficacité pour rendre compte de la complexité de l'action publique. C'est ainsi que la Cour et les chambres régionales et territoriales des comptes affirment et renforcent leur compétence d'évaluation des politiques publiques, compétence désormais consacrée par la Constitution de 1958.

La plupart des politiques publiques actuelles sont des politiques partagées avec l'État, par conséquent le régime qui lui est applicable (la LOLF et sa logique d'évaluation permanente) tend à se diffuser et à s'étendre au régime budgétaire et financier de la Sécurité sociale, des collectivités territoriales et plus largement à tout autre organisme public et privé intéressé par la mise en œuvre de ces politiques. La gestion publique orientée par les résultats des politiques publiques se diffuse ainsi au sein des administrations publiques (État, ODAC, APUL et ASSO).

Alors que le système de contrôle vise un organisme en particulier en s'assurant du respect par celui-ci des normes en vigueur, la méthode d'évaluation couvre au contraire une politique publique au champ beaucoup plus large et étendu et appelant l'intervention souvent de plusieurs organismes publics et/ou privés, sa finalité est de faire évoluer les normes établies en fonction des insuffisances révélées par la pratique. Si la démarche de contrôle semble se soucier de la conformité de la pratique aux règles existantes (règles de procédure, normes budgétaires et comptables...), la méthode d'évaluation vise à faire évoluer ces règles pour les conformer à la pratique.

1. La loi organique du 15 avril 2009 prise en application de l'art. 39 al. 3 définit l'étude d'impact comme « l'évaluation des conséquences économiques, financières, sociales, environnementales ainsi que les coûts et bénéfices financiers attendus des dispositions envisagées pour chaque catégorie d'administrations publiques et de personnes physiques et morales intéressées en indiquant la méthode de calcul retenu ; l'évaluation des conséquences des dispositions envisagées sur l'emploi public ».

Si le système de contrôle semble conduire au maintien du *statu quo* lui reprochant parfois son caractère « conservateur » des situations et des faits, l'évaluation aurait au contraire un caractère réformateur plus prononcé. D'ailleurs, la LOLF, qui s'inspire du *New public management*, contient ces notions de « politique publique » et d'« évaluation » dans la définition qu'elle donne des programmes au sens de l'article 7. La mise en œuvre de ces politiques publiques (programmes) intègre aussi, à travers ces « nouveaux managers » que sont les responsables de programmes au sens du décret GBCP de 2012, les notions anglo-saxonnes de *control* (au sens de contrôle de la bonne gestion financière) et celle aussi d'*accountability* (qui signifie à la fois transparence de la gestion et responsabilité des gestionnaires). Tous ces éléments semblent implicitement contenus dans les dispositions constitutionnelles précitées qui insistent sur l'étude et la mesure de l'impact des politiques publiques.

L'importance désormais accordée à l'évaluation comme méthode de réforme de l'action publique conduit à inscrire sa conception et sa mise en œuvre au plus haut niveau de l'État, Président de la République et/ou Premier ministre (RGPP, MAP puis Cap22 depuis 2017). Se réunit ainsi depuis le premier février 2018, à intervalle régulier, le comité interministériel de la transformation publique (CITP) où s'élaborent et se décident les réformes administratives qui résultent de l'évaluation des politiques publiques.

Pour approfondir

- A. Barilari, « Crise des finances publiques, crise de la gouvernance », *G&FP*, n° 3, mars 2012, p. 93.
- M. Klopfer, « Quels impacts de la réduction des déficits publics sur les collectivités locales ? », *G&FP* n° 12, décembre 2013, p. 8.
- R. Lanneau, « Qu'entend-on par maîtrise des dépenses publiques ? », *G&FP*, n° 11, novembre 2013, p. 16.
- M. Saoudi, « Un nouvel instrument financier de développement des territoires : l'Agence France locale », in CIST, En quête de territoire(s) ? Looking for territories ? Grenoble, février 2016, p. 434-438 et aussi mis en ligne sur HAL archives ouvertes.
- M. Saoudi, « Régions : la capacité financière et fiscale en questions », *G&FP*, mai-juin 2017, p. 32-37.
- S. Strosa, « La LOLF, les RGPP et l'évaluation des politiques publiques. Bilan et perspectives », *RFFP*, n° 121, février 2013, p. 243.
- G. Vidal, « La réduction des dépenses publiques », *G&FP*, n° 5, mai 2013, p. 26.

QCM

une ou deux bonne(s) réponse(s) possible(s)

1 Le processus de réforme Cap22 invite

- ❑ a. à développer une approche globale des finances publiques
- ❑ b. à inscrire les finances publiques dans un cadre pluriannuel
- ❑ c. à inscrire les finances publiques dans un cadre européen

2 La gouvernance financière et budgétaire de sécurité sociale

- ❑ a. relève de l'UE
- ❑ b. relève de l'État et des ASSO
- ❑ c. s'inscrit dans le cadre fixé par le TSCG de 2012

3 Les dépenses des APUL

- ❑ a. sont supérieures à celles de l'État et ODAC
- ❑ b. sont supérieures à celles des ASSO
- ❑ c. comprennent en majorité les dépenses des CT et EPCI

4 Les dépenses sociales sont en majorité assurées par

- ❑ a. les CT et EPCI
- ❑ b. les ASSO
- ❑ c. les seuls EPLE

5 Les politiques publiques sont

- ❑ a. des politiques publiques partagées
- ❑ b. conduites par l'État et ODAC en lien avec les ASSO et les APUL
- ❑ c. relèvent de la seule compétence de la Cour des comptes

RÉPONSES 1.a.b.c • 2.b.c. • 3.c. • 4.b. • 5.a.b.

QRC

Les ressources publiques suffisent-elles à couvrir les charges publiques?

Méthodologie

Avant tout travail, définition des termes!

- *Ressources publiques* c'est-à-dire ressources des administrations publiques (APU) en distinguant ressources issues des prélèvements obligatoires (PO) et ressources hors prélèvements obligatoires; rappeler que près de 80 % des ressources proviennent des PO; rappeler le niveau de PO en France en 2020 (près de 44 % du PIB); également que ces PO bénéficient pour une bonne part aux administrations de sécurité sociale (ASSO) car elles assurent l'essentiel des charges ou dépenses publiques.
- *Charges publiques* c'est-à-dire charges des APU en distinguant charges budgétaires (charges de personnel, charge de la dette, autres charges) et charges non budgétaires (amortissement de la dette, trésorerie); au sens économique on parle de dépenses publiques pour mesurer le poids économique des APU (60,9 % du PIB en 2020); ce sont les ASSO qui supportent l'essentiel de ces dépenses (près de 45 % ASSO; 30 % État, 5 % ODAC et 20 % APUL).
- *« suffisent-elles à couvrir... »*?: une question donc on attend une réponse; on sait qu'existe un solde négatif entre ressources et charges publiques appelé déficit public ou déficit effectif ou encore déficit nominal. Ce déficit nourrit une dette publique qui tend à augmenter en période de faible croissance économique. Rappeler que l'État supporte l'essentiel de ce déficit et dette publics. Une fois ce constat relevé, évoquer les solutions notamment émanent de l'Union européenne (UE) pour maîtriser ce déficit.

Rédaction possible

Les ressources publiques, au sens de ressources des administrations publiques (APU) sont constituées à près de 80 % de prélèvements obligatoires ou PO (impôts, taxes et cotisations sociales); elles sont depuis au moins les années 1980 insuffisantes à couvrir les charges publiques (dépenses de fonctionnement, d'investissement et d'intervention des APU). En effet, face à un taux de prélèvements obligatoires (TPO) de 45 % du PIB, les dépenses demeurent à un niveau supérieur (54,6 % du PIB). Ce solde négatif ou déficit public (-9 % du PIB en 2020) appelle le recours à l'emprunt ce qui nourrit la dette publique (près de 115,2 % du PIB fin 2020). La question de la soutenabilité des finances publiques devient alors prégnante et des réponses sont alors apportées tant au niveau national qu'européen.

Au niveau national, des textes financiers sont adoptés pour une meilleure gouvernance des finances des APU (LOLF de 2001 encadrant les lois de finances, LOLFSS de 2005 réorganisant le régime des lois de financement de la sécurité sociale, lois de programmation des finances publiques qui depuis 2009 servent de cadre de référence à l'équilibre comptes des APU); des méthodes de réformes sont expérimentées (RRGPP, MAP puis Cap22 depuis 2017).

Au niveau européen, le traité sur la stabilité, la coordination et la gouvernance au sein de l'union économique et monétaire (TSCG de 2012) impose aux États membres de la zone euro dont la France à réaliser l'équilibre ou à un excédent de leurs budgets publics. Entré en vigueur le premier janvier 2013, le TSCG est mis en œuvre par la loi de programmation et de gouvernance des finances publiques (LOPGFP) du 17 décembre 2012 qui vient ainsi rappeler l'exigence européenne de « bonne gestion financière ».

L'approche spécifique

Fiche 7

Catégories, contenu et structure des lois de finances

Il existe plusieurs catégories de lois de finances, il s'agira de définir l'objet de chacune d'entre elles. Avant cela, une précision terminologique.

En langage courant, on parle de « budget de l'État », en langage juridique on retient le terme de « loi de finances » qui est le support matériel et juridique du budget de l'État; ce dernier prend une forme législative anciennement qualifiée de « loi budgétaire » aujourd'hui de « loi de finances »; la notion de loi de finances est beaucoup plus large que celle de budget: si la loi de finances contient le budget de l'État qui est une description comptable de ces opérations de dépenses et recettes, elle ne contient pas que le budget, des dispositions non budgétaires c'est-à-dire non attachées à la description de telles opérations peuvent y figurer (par exemple des dispositions relatives au régime de responsabilité des gestionnaires publics, ou encore au droit d'information et de contrôle du parlement)[2].

Ces lois de finances se distinguent par leur contenu spécifique et suivent une procédure d'élaboration, d'exécution et de contrôle particulière qu'il s'agira de préciser en retenant le texte majeur qui développe l'ensemble des règles encadrant cette procédure, la loi de finances de l'année. Les lois de finances en général et la loi de finances de l'année en particulier entretiennent par ailleurs des liens étroits avec les lois de programmation des finances publiques, les lois de financement de la Sécurité sociale, et les budgets des collectivités territoriales et de l'Union européenne, liens renforcés par la LOPGFP de 2012 précitée.

I. Les quatre catégories de lois de finances

Apparue dans le décret-loi organique du 19 juin 1956, la notion de lois de finances, reprise par l'ordonnance organique du 2 janvier 1959, est définie à l'article premier de la LOLF de 2001. Selon qu'elle prévoit et autorise pour l'année civile les dépenses et recettes de l'État (loi de finances initiale ou LFI ou loi de finances de l'année ou LFA), ou bien qu'elle les modifie en cours d'année (loi de finances rectificative ou LFR dite parfois « collectif budgétaire » lorsqu'elle est adoptée en fin d'année), ou encore qu'elle constate les résultats de l'exercice budgétaire précédent (loi de règlement des comptes et rapport de gestion ou loi de règlement ou LR), une loi de finances reçoit une qualification différente selon sa nature, sa portée et aussi parfois la procédure d'adoption suivie.

À ces trois catégories de lois de finances (LFI, LFR et LR), la LOLF ajoute en son article 45 une quatrième catégorie, les lois de l'article 45, qui sont des lois adoptées en circonstances particulières marquées par l'urgence et résultant de l'observation de la pratique (invalidation totale par le Conseil constitutionnel en décembre 1979 de la loi de finances pour 1980, suspension de la procédure budgétaire parlementaire suite à la dissolution de l'Assemblée nationale prononcée par le chef de l'État en octobre 1962). Ces situations ont conduit à prévoir des « lois partielles » (adoption de la première partie de la loi de finances qui autorise la perception des recettes dans l'attente de l'adoption de l'ensemble du texte) et si échec de ces dernières, des « lois spéciales » autorisant le gouvernement à lever l'impôt.

Les lois de l'article 45 de la LOLF, qui semblent recouvrir ces deux types de lois (lois partielles et lois spéciales), se justifient par le principe constitutionnel de continuité de l'État, principe qui s'impose en droit constitutionnel financier français au contraire par exemple du droit constitutionnel financier américain où semble plutôt prévaloir le principe du vote démocratique quitte à paralyser le fonctionnement de l'État fédéral (*shutdown*) le temps de trouver un accord entre les deux branches de l'autorité budgétaire, le président des États-Unis et le Congrès.

On rappelle que ces quatre catégories de lois de finances, dans leur présentation et/ou lors de leur exécution, sont soumises aux règles budgétaires d'annualité, d'unité, d'universalité, de spécialité ainsi que de sincérité et d'équilibre, règles définies aux articles 1, 6, 27 et 32 de la LOLF avec les assouplissements et dérogations qui les accompagnent (articles 9 à 24 de la LOLF).

II. Contenu et structure des quatre catégories de lois de finances

Aux termes de l'art. 34 C., « les lois de finances déterminent les ressources et les charges de l'État dans les conditions et sous les réserves prévues par une loi organique ». La loi organique auquel l'article 34 C. renvoie ici est la LOLF de 2001 qui en son article premier vient ainsi préciser que « les lois de finances déterminent, pour un exercice, la nature, le montant, et l'affectation des ressources et des charges de l'État, ainsi que l'équilibre budgétaire et financier qui en résulte. Elles tiennent compte d'un équilibre économique défini, ainsi que des objectifs et des résultats des programmes qu'elles déterminent ». La LOLF insiste sur l'équilibre dans ses trois dimensions à la fois internes (équilibre budgétaire et financier) et externe au budget de l'État (équilibre économique) ; elle innove surtout par l'introduction de la notion de programme fondant ainsi une gestion du budget de l'État selon une démarche de performance que traduisent les termes « objectifs » et « résultats ».

La LOLF énonce par ailleurs qu'« ont le caractère de lois de finances : la loi de finances de l'année et les lois de finances rectificatives, la loi de règlement et les lois prévues à l'article 45 ». Par cette formulation successive des quatre catégories de lois de finances, elle rappelle le régime juridique commun entre les lois de finances de l'année et lois de finances rectificatives pour bien le distinguer de celui applicable à la loi de règlement et dans une moindre mesure celui applicable aux lois prévues à l'article 45.

A. La loi de finances de l'année (LFA) ou loi de finances initiale (LFI)

Appelé projet de lois de finances (PLF) lors de son dépôt au Parlement par le gouvernement, ce texte reçoit la qualification de loi de finances initiale (LFI) ou loi de finances de l'année (LFA) une fois définitivement adopté par l'Assemblée nationale et le Sénat. Son contenu et sa structure sont précisés à l'article 34 de la LOLF aux termes duquel :

- la LFI, outre **un article liminaire** introduit par l'article 7 de la LOPGFP de 2012, a une présentation bipartite : **une première partie** qui prévoit et autorise l'ensemble des recettes, qui rapportées à un plafond de dépenses et d'autorisations d'emplois rémunérés par l'État, permet d'établir l'équilibre (déficit) budgétaire (art. 34 I) ; **une seconde partie** vient détailler les moyens des politiques publiques c'est-à-dire les autorisations de dépenses, à savoir les crédits qui sont votés par mission, ensuite spécialisés et exécutés par programmes (art. 34 II) ;
- cette structure bipartite distingue les dispositions selon qu'elles doivent figurer chaque année en LFI (domaine obligatoire prévu à l'article 34 I 1°, 5°, 6°, 7° et 8° et à l'article 34 II 1°, 2° et 3°[1]), de celles qui doivent figurer lorsqu'on envisage de prendre de telles dispositions pour l'année concernée (domaine

1. Appartiennent ainsi à ce domaine obligatoire, l'autorisation de perception des impositions de toutes natures, l'évaluation de chacune des recettes budgétaires, les plafonds de dépenses du budget général, de chaque budget annexe et des charges de chaque catégorie de comptes spéciaux ainsi que le plafond des autorisations d'emplois rémunérés par l'État, l'équilibre budgétaire pour ce qui est de la première partie (art. 34 I) ; concernant la seconde partie (art. 34 II), relèvent du domaine obligatoire les autorisations d'engagement (AE) et crédits de paiement (CP) par mission du budget général, de chaque budget annexe et de chaque catégorie de comptes spéciaux dotés de crédits (pour les autres une autorisation de découvert).

exclusif prévu à l'article 34 I 2°, 3° et 4° et à l'article 34 4°, 5° et 6°[1]), de celles enfin qui peuvent y figurer car toute autre loi peut également les contenir (domaine facultatif ou domaine partagé prévu à l'article 34 II 7°[2]). Ainsi le contenu de la LFI est sévèrement encadré par la LOLF et donc par la Constitution dans laquelle elle puise son fondement.

Le Conseil constitutionnel a développé toute une jurisprudence visant à protéger les domaines obligatoires, exclusifs et facultatifs de la LFI ; à cet effet, s'il est saisi par les autorités politiques compétentes, il sanctionne certaines dispositions qu'il qualifiera alors de « cavaliers budgétaires ». Une telle sanction est prononcée dès lors qu'une disposition figurant dans la LFI n'a pas sa place car elle ne répond pas au critère d'appartenance à l'un de ces trois domaines défini par la LOLF. Le juge invite alors le législateur qui souhaite malgré tout reprendre et faire adopter de telles dispositions qualifiées par le juge de « cavalier budgétaire » de pouvoir le faire mais en les inscrivant dans un autre texte de loi qu'une loi de finances. Il s'agit d'exclure ces dispositions qui risquent d'alourdir inutilement le texte et d'allonger le débat budgétaire. La tentative du législateur (Parlement et/ou gouvernement) d'introduire une telle mesure susceptible par la suite d'être sanctionnée par le juge est parfois motivée par la volonté de voir son adoption accélérée car le calendrier parlementaire de discussion et de vote d'une loi de finances est enfermé dans un délai constitutionnel assez court, il est en effet fixé à 70 jours par l'art. 47 C.

B. La loi de finances rectificative (LFR)

On connaissait jusque-là en moyenne deux LFR par an, en début et surtout en fin d'année (« collectif budgétaire d'automne »). Leur nombre, qui n'est pas limité par les textes, s'est accru sous l'effet d'une réponse urgente à apporter par l'État à la crise financière de 2008 puis à la crise sanitaire de 2020. Ainsi la LFR du 23 mars 2020 (LFR1) complétée et amplifiée par la LFR du 20 avril 2020 (LFR2) ont revu à la hausse les dépenses et à la baisse les recettes fiscales de l'État prévues en LFI 2020. On peut ainsi distinguer deux sortes de LFR, les LFR qui interviennent en fin

1. Domaine exclusif, au sens où la LFI en a l'exclusivité si de telles mesures sont prises ; elles peuvent concerner la première partie (art. 34 I) : dispositions relatives aux ressources de l'État affectant l'équilibre budgétaire, celles relatives aux affectations de recettes au sein du budget de l'État, évaluation des prélèvements sur recettes au profit des collectivités territoriales et de l'Union européenne ; elles peuvent également concerner la seconde partie (art. 34 II) : le plafond de reports de crédits, l'octroi de garanties de l'État, prise en charge par l'État de dettes de tiers.
2. Domaine facultatif ou domaine partagé car ces dispositions peuvent indifféremment être contenues dans une LFI ou toute autre loi : ainsi les dispositions relatives aux impositions de toutes natures n'affectant pas l'équilibre budgétaire de l'année, modalités de répartition des concours financiers de l'État aux collectivités territoriales, approbation de conventions financières, dispositions relatives au droit d'information et de contrôle du Parlement, à la comptabilité de l'État et au régime de responsabilité pécuniaire des gestionnaires publics.

d'année dites « collectifs d'automne » des LFR adoptées en cours d'année suite à un changement d'ordre politique (nomination d'un nouveau gouvernement et adoption par conséquent d'un budget conforme à son programme électoral) et/ou changement d'ordre économique (révision des hypothèses de croissance). Ces LFR de circonstances voient leur nombre augmenter depuis quelques années. On compte pas moins de quatre LFR en 2020 (mars, avril, juillet et novembre) !

Le régime de la LFR est aligné sur celui de la LFI ; ce régime est défini à l'article 35 de la LOLF. La LFR se caractérise par les éléments suivants :

- élément lié à son objet : seule une LFR peut modifier en cours d'année les dispositions d'une LFI[1] prévues aux articles 34 I 1°, 3° à 10° et 34 II 1° à 6° ; la LFR doit comporter les dispositions[2] prévues aux 6° et 7° du I de l'article 34 ; elle seule peut ratifier les modifications apportées à l'autorisation parlementaire en cours d'exécution (décrets d'avances prévus à l'article 13 de la LOLF ; les arrêtés de reports de crédits de l'article 15 LOLF...) ;
- élément lié à sa présentation bipartite : la LFR est présentée en totalité ou en partie dans les mêmes formes qu'une LFI (outre un article liminaire, deux parties distinguant d'une part les ressources et l'article d'équilibre et d'autre part les dépenses avec les seules dispositions ayant fait l'objet de modifications en cours d'exécution sous forme décrets de transferts, virements, et/ou d'annulation de crédits, décrets d'avances et arrêtés de reports) ;
- élément lié à la protection de son domaine : la LFR, comme la LFI a un domaine obligatoire, exclusif et facultatif tous trois protégés par la Constitution et la LOLF et garantis par un contrôle facultatif de constitutionnalité (sanction des « cavaliers budgétaires »).

1. Ainsi toute modification relative à l'autorisation de perception des ressources, aux affectations de recettes au sein du budget de l'État, à l'évaluation de chacune des recettes budgétaires, au plafond de dépenses (art. 34 I) ou encore modifications relatives aux crédits du budget général, chaque budget général et chaque catégorie de comptes spéciaux, au plafond d'autorisation d'emplois rémunérés par l'État fixé par budget général et budget annexe (art. 34 II).

2. La LFR doit fixer le plafond de dépenses du budget général et de chaque budget annexe, les charges de chaque catégorie de comptes spéciaux ainsi que le plafond d'autorisation d'emplois rémunérés par l'État, et arrêter les données générales de l'équilibre budgétaire présentées dans un tableau d'équilibre (art. 34 I).

C. La loi de règlement (LR)

Appelée désormais loi de règlement des comptes et rapport de gestion depuis l'entrée en vigueur en 2005 de la LOLF, son régime se distingue nettement des deux précédentes catégories (LFI et LFR). Aux termes de l'article 37 de la LOLF, une loi de règlement ou LR :

- contient l'article liminaire prévu à l'article 8 de la LOPGFP de 2012 ;
- elle ne se présente pas en deux parties au contraire des LFI et LFR ;
- elle connaît également à l'instar des deux précédentes un domaine obligatoire (article 37 I, II et III)[1], un domaine exclusif (article 37 IV 1° à 5°)[2] et un domaine facultatif (article 37 V)[3], domaines sur lesquels veille le Conseil constitutionnel et peut être appelé à se prononcer et à sanctionner les « cavaliers budgétaires » en cas de sa saisine par les autorités politiques compétentes.

D. Les lois de l'article 45 de la LOLF

L'article 45 de la LOLF prévoit les deux procédures ouvertes au gouvernement lorsque ce dernier n'a pas déposé en temps utile la loi de finances pour sa promulgation avant le début de l'exercice (article 47 al. 4 C.) :

- il peut demander à l'Assemblée nationale avant le 11 décembre de l'année précédant l'exercice d'émettre un vote séparé sur l'ensemble de la première partie de la loi de finances de l'année ; ce projet est ensuite soumis au Sénat selon la procédure d'urgence (dite procédure accélérée depuis la loi constitutionnelle du 23 juillet 2008) ; on parle de « loi partielle » ;
- si la procédure précédente n'a pas été suivie ou n'a pas abouti, le gouvernement dépose alors devant l'Assemblée nationale, avant le 19 décembre de l'année qui précède le début de l'exercice, un projet de loi spéciale l'autorisant à percevoir les impôts existants jusqu'au vote de la loi de finances de l'année ; ce projet est ensuite discuté par le Sénat selon la procédure d'urgence.

---

1. La LR arrête le montant définitif des recettes et des dépenses du budget auquel elle se rapporte ainsi que le résultat budgétaire qui en découle ; le montant définitif des ressources et charges de trésorerie ayant concouru à la réalisation de l'équilibre financier de l'année correspondante, présenté dans un tableau d'équilibre ; elle approuve le compte de résultat de l'exercice établi à partir des ressources et charges constatées (comptabilité générale ou comptabilité en droits constatés).
2. Ces mesures si elles apparaissent en cours d'exécution, doivent figurer en LR : décrets d'avances, décrets d'annulation, majorations d'autorisations de découvert de comptes spéciaux (CC et COM).
3. Domaine facultatif ou partagé avec toute autre loi ordinaire : information et contrôle du parlement, comptabilité de l'État et régime de responsabilité pécuniaire des agents des services publics.

L'adoption d'une « loi spéciale » est aussi prévue en cas d'invalidation par le Conseil constitutionnel de la totalité des dispositions d'une loi de finances empêchant ainsi sa promulgation et son entrée en vigueur (article 62 al. 1 C.).

Étant toutes deux qualifiées de « lois de finances », ces « lois partielles » et « lois spéciales » sont soumises au régime prévu par l'article premier de la LOLF notamment au niveau des dispositions qu'elles doivent contenir (domaine obligatoire), ou peuvent contenir, à titre exclusif (domaine exclusif) ou à titre facultatif (domaine facultatif). Le respect des domaines de ces lois est placé sous la surveillance du juge constitutionnel et s'impose au législateur financier.

Pour approfondir

- Connaître l'Assemblée, *Lois de finances et lois de financement*, Assemblée nationale, octobre 2010.
- Ministère de l'Économie et des Finances, *Guide pratique de la LOLF – Comprendre le budget de l'État*, juin 2012, 75 p.
- Sénat, Le principe de sincérité des lois de finances et des lois de financement de la sécurité sociale, Études juridiques, Documents de travail du Sénat, Paris, octobre 2006, 81 p.

QCM

une ou deux bonne(s) réponse(s) possible(s)

1 Les lois de règlement

- ❑ a. sont des lois d'autorisation des dépenses et recettes de l'État
- ❑ b. sont des lois de constatation des résultats de l'exercice budgétaire annuelle
- ❑ c. constituent l'une des quatre catégories de lois de finances

2 Les lois de finances rectificatives se présentent

- ❑ a. en deux parties comme les lois de finances annuelles
- ❑ b. en quatre parties comme les lois de financement de la Sécurité sociale
- ❑ c. avec un article liminaire précédant les deux parties

3 Les lois de finances initiales ou annuelles appartiennent

- ❑ a. à la catégorie des lois de l'art. 34 de la LOLF de 2001
- ❑ b. à la catégorie des lois de finances de l'art. 34 C. 1958
- ❑ c. à la catégorie des lois de programmation des finances publiques

4 Les lois partielles ou spéciales au sens de l'Art. 45 de la LOLF

- ❑ a. font l'objet d'un contrôle de constitutionnalité facultatif
- ❑ b. font l'objet d'un contrôle de constitutionnalité obligatoire
- ❑ c. font l'objet d'une procédure spéciale d'élaboration

5 L'ordonnance d'exécution du PLFSS au sens de l'art. 47-1 C.

- ❑ a. a valeur réglementaire
- ❑ b. a valeur législative
- ❑ c. est une loi de finances qui constate les résultats de l'exercice budgétaire

RÉPONSES 1.b.c. • 2.a.c. • 3.a.b. • 4.a. c. • 5.a.

QRC

En quoi la LOLF innove dans la présentation et le contenu de la seconde partie de toute loi de finances initiale ?

Méthodologie

Avant tout travail définitions des termes afin d'éviter le hors sujet (lourdement sanctionné !)

- « LOLF », texte encadrant le budget de l'État, donc se limiter à l'État.
- « présentation et contenu de la seconde partie de toute LFI » : il s'agit d'évoquer la seule seconde partie de toute LFI qui comme chacun sait détaille les crédits c'est-à-dire les autorisations de dépenses de l'État seul car il s'agit de la LFI et la LFI seule donc inutile d'évoquer les autres lois de finances (LFR, LR, lois de l'article 45...) ; inutile d'évoquer les principes budgétaires classiques (unité, universalité...).

La question est simple : décrire la présentation des crédits en missions, programmes et actions en définissant ce qu'est une mission, un programme, une action et en insistant sur leur contenu c'est-à-dire des crédits au sein des programmes qui sont les unités de spécialité et d'exécution de ces crédits auxquels sont associés des objectifs (d'efficacité, d'efficience et de qualité) et formalisés par des PAP contenant stratégie, objectifs et indicateurs rédigés par les responsables de programmes ; on peut distinguer ce format MPA au sein du budget général, budgets annexes et comptes spéciaux.

Rédaction possible de la QRC

La loi organique de 2001 (LOLF) innove dans la présentation de la seconde partie de la loi de finances annuelle, qui vient, après la première partie consacrée pour l'essentiel aux recettes de l'État, détailler les crédits du budget de l'État c'est-à-dire les autorisations de dépenses. La LOLF impose ainsi une présentation par finalité de politiques publiques : la mission (ministérielle ou interministérielle) est l'unité de vote parlementaire des crédits ; elle est décomposée en deux ou plusieurs programmes, qui constituent l'unité de spécialité et d'exécution des crédits ; ces programmes ministériels sont déclinés en plusieurs actions qui permettent de mesurer le coût de l'action publique c'est-à-dire la performance des services publics.

Cette déclinaison en MPA se trouve au sein du budget général, des deux budgets annexes et des comptes spéciaux dotés de crédits (les comptes d'affectation spéciale et les comptes de concours financiers). Les crédits non soumis à la logique de performance sont spécialisés par dotations (missions Pouvoirs publics et Provisions).

À chaque programme sont définis une stratégie, des objectifs (d'efficacité, d'efficience et de qualité) et des indicateurs de performance permettant de mesurer l'atteinte ou non de ces objectifs. Tous ces éléments sont contenus dans un document appelé projet annuel de performance (PAP) annexé au projet de loi de finances annuel (PLF). Chaque programme exécuté (on compte environ 130 programmes au sein du budget général), est retracé dans un rapport annuel de performance (RAP) annexé au projet de loi de règlement des comptes et rapport de gestion (PLR) ; ces documents essentiels (PAP et RAP) sont établis par les responsables de programmes placés sous l'autorité des ministres. Cette démarche vise à développer la « culture de résultat » au sein de l'administration française.

Fiche 8

Préparation et adoption de la loi de finances de l'année

Les quatre catégories de lois de finances présentées précédemment sont soumises à des règles particulières encadrant leur préparation par le gouvernement et leur d'adoption par le Parlement. On développera le régime des lois de finances initiales (LFI) ou lois de finances de l'année (LFA), nous limitant pour les autres, à renvoyer aux articles qui définissent leur régime de préparation et/ou d'adoption : articles 39 à 44 de la LOLF applicables aux projets de lois de finances rectificatives ou PLFR ; article 45 de la LOLF pour les projets de « lois partielles » et les projets de « lois spéciales » et enfin article 46 de la LOLF pour les projets de loi de règlement (PLR).

Le projet de loi de finances initiale (PLFI) ou plus simplement projet de loi de finances (PLF) relève, comme tout projet de loi, de la compétence du gouvernement ; ce PLF est ensuite discuté et adopté par le Parlement. On peut ainsi distinguer une phase administrative de préparation gouvernementale et une phase politique d'autorisation parlementaire.

I. Une préparation gouvernementale

La LOLF donne peu de précision quant à cette phase administrative de préparation qui couvre chaque année les mois de janvier à septembre : seul l'article 38 de la LOLF énonce de manière assez laconique que « sous l'autorité du Premier ministre, le ministre chargé des Finances prépare les projets de lois de finances, qui sont délibérés en Conseil des ministres ». Il s'agit d'évoquer le rôle des acteurs cités (Premier ministre et ministre des Finances) et ceux non expressément cités (le Conseil des ministres est présidé par le Chef de l'État et réunit également les autres ministres). Le ministre des Finances et ses services administratifs semblent au cœur de cette préparation gouvernementale des textes intéressant les finances de l'État et plus largement les finances publiques. C'est ainsi lui qui fixe chaque année par voie de circulaires budgétaires le calendrier de préparation. Ce sont en effet des mesures d'ordre intérieur (circulaire, instruction, note, directive...) qui organisent chaque année la préparation gouvernementale des lois de finances.

La LOLF, bien qu'elle ouvre la possibilité au Parlement de participer à cette préparation (art. 48 avec notamment le débat d'orientation des finances publiques ou DOFP), n'a pas mis fin au monopole du gouvernement. Par ce DOFP, les grandes lignes du PLF pour l'année N sont présentées et débattues courant juin-juillet de l'année N-1 (ainsi le PLF 2021 a été soumis à un DOFP au Parlement en juin 2020). Au même moment doit être déposé en première lecture au plus tard le premier juin le projet de loi de règlement (PLR) de l'année précédente (ainsi dépôt au plus tard le premier juin 2020 du PLR de l'année 2019). On peut ajouter que la révision constitutionnelle du 23 juillet 2008 qui a visé à renforcer le rôle du Parlement n'a pas véritablement remis en cause la prééminence du pouvoir budgétaire de l'exécutif. Mais le gouvernement lorsqu'il élabore son PLF, s'il échappe quelque peu à l'influence du Parlement, connaît, outre la limite tenant au contexte de l'économie nationale et internationale, une double contrainte :

- une contrainte externe liée au respect de ses engagements européens : contrainte monétaire attachée à la monnaie unique, l'euro ; une discipline budgétaire qui se manifeste par le PSC de 1997 rénové en 2005 (prévention et sanction des déficits publics excessifs), les « *six pack* » et « semestre européen » applicables depuis 2011 (coordination des politiques économiques et budgétaires), les « *two pack* » (examen préalable par la Commission et l'Eurogroupe des projets de budgets annuels des États), et aussi le TSCG en vigueur depuis 2013 et fixant un objectif d'équilibre structurel des budgets publics notamment du budget de l'État ; le respect de la trajectoire annuelle et pluriannuelle d'équilibre structurel est placé sous la surveillance du Haut conseil des finances publiques (HCFP) ; ce dernier permet de s'écarter de cette trajectoire en période exceptionnelle (Avis n° HCFP-2020-2 du 14 avril 2020 relatif aux prévisions macroéconomiques associées au programme de stabilité pour l'année 2020 et au deuxième projet de loi de finances rectificative pour 2020) ;
- une contrainte interne liée à la situation du déficit et de la dette publique invitant l'État à maîtriser davantage ses dépenses et/ou ses prélèvements obligatoires afin de garantir la soutenabilité de ses finances et celles des autres administrations publiques (ODAC, APUL et ASSO). Supportant l'essentiel du déficit et de la dette publics, le budget de l'État constitue dans ce contexte général de contraintes budgétaire et financière un instrument de réforme de l'action publique inscrite dans un cadre pluriannuel (« budget triennal » de l'État présenté dans les lois de programmation des finances publiques), poursuivant une logique de performance inspirée de la LOLF et évaluée selon une méthode dictée par le processus de réforme Cap22 depuis 2017.

La préparation du PLF, davantage centrée sur les dépenses de par leur caractère limitatif dans leur prévision et aussi leur caractère dynamique dans leur évolution, va subir cette double contrainte interne et externe et quelques autres (notamment celle liée aux dépenses dites « rigides » ou « incompressibles » que sont les charges de personnel et charges de la dette qui représentent à elles seules près de 45 % des dépenses budgétaires totales de l'État) réduisant d'autant la marge de manœuvre de tout gouvernement. Ce dernier semble retrouver sa capacité d'action budgétaire en période de crise majeure comme en 2020 avec l'épidémie de Covid-19.

Le PLF est à l'initiative du gouvernement (art. 39 C.1958). La LOLF en son article 38 précise les autorités politiques en charge de cette préparation. D'importants services administratifs placés sous leur autorité participent à l'élaboration du PLF.

A. Les autorités politiques en charge du PLF

Sous l'autorité du Premier ministre, le ministre des Finances assisté du ministre délégué au Budget, est chargé de l'élaboration du PLF. Les autres ministres (dits ministres dépensiers ou ministres gestionnaires depuis la LOLF) participent en défendant le budget de leur ministère. Le PLF, après avis du HCFP et du Conseil d'État, est délibéré en Conseil des ministres présidé par le Chef de l'État : ce dernier, « clef de voûte » du système politique de la Ve République, joue un rôle majeur. Le PLF est la traduction financière du programme politique présidentiel. Le Chef de l'État imprime sa marque dans des domaines dits « réservés » (diplomatie et défense) et à travers certains choix budgétaires jugés prioritaires (éducation, sécurité, justice et armées depuis 2017).

Cette préparation du budget de l'année N débute par une « lettre de cadrage » adressée à l'ensemble des membres du gouvernement et détaillée dans une circulaire rédigée par le Premier ministre au cours du premier trimestre de l'année N-1. Elle fixe la stratégie et les grandes orientations permettant d'élaborer le PLF. Le Premier ministre invite chaque ministre à proposer des réformes structurelles au sein de son administration. À portée générale, la « lettre de cadrage » sera suivie, après négociations budgétaires entre le ministre des finances et/ou délégué au Budget (en fait la Direction du budget) et les autres ministres, d'une « lettre plafond ».

À portée individuelle, la « lettre plafond » définit le montant des crédits attribué à chaque ministre pour le fonctionnement de ses services et le financement de ses programmes qui seront par la suite préparés et rédigés par les responsables de la fonction financière ministérielle assistés des responsables de chaque programme ministériel (art. 69 et suivants du décret GBCP de 2012). Ces derniers sont chargés de rédiger les projets annuels de performance (PAP) attachés à chaque programme dont ils ont la responsabilité : ils définissent ainsi au sein de leur PAP, leur stratégie, leurs objectifs et leurs indicateurs de performance.

Les grandes lignes du PLF de l'année N accompagnées d'autres documents (notamment le rapport sur l'évolution de l'économie nationale et sur les orientations des finances publiques qui contient en particulier les missions, les programmes et les indicateurs de performance associés à chacun de ces programmes), sont soumises pour discussion au parlement courant juin-juillet de l'année N-1 dans le cadre du

DOFP (art. 48 LOLF). Les commissions parlementaires du Sénat et de l'Assemblée nationale peuvent par ailleurs adresser des questionnaires au gouvernement avant le 10 juillet de chaque année auxquels le gouvernement doit répondre au plus tard le 10 octobre de la même année.

À l'issue de ce DOFP, le gouvernement achève durant les mois d'août la rédaction du PLF en intégrant début septembre la prévision de recettes.

On relève que cette préparation gouvernementale porte pour l'essentiel sur les crédits (autorisation de dépenses) qui en principe ont un caractère limitatif; les recettes ne sont établies qu'une fois connu leur montant prévisionnel c'est-à-dire souvent au cours du mois de septembre. Le troisième mercredi de septembre, le PLF est délibéré au Conseil des ministres, après avis du HCFP et du Conseil d'État; à l'issue du Conseil des ministres, il est présenté le jour même à la presse et aux commissions parlementaires chargées des finances (une originalité du PLF qu'il faut relever car une telle présentation ne paraît pas s'imposer pour les autres textes de lois).

En pratique, ce sont les services administratifs qui effectuent l'essentiel de ce travail de préparation et de rédaction des documents budgétaires.

B. Les services administratifs ministériels compétents

Il s'agit pour l'essentiel des services rattachés au ministère des finances et/ou du budget:

- la **Direction du budget (ou DB)**, à la fois « maître d'ouvrage » (centralisation et coordination des demandes de crédits) et « maître d'œuvre » (processus d'élaboration établi par voie de circulaires budgétaires précisant le calendrier et les informations demandées aux ministres);
- la **Direction interministérielle de la transformation publique (DITP)** en lien avec la **Direction interministérielle du numérique (DINUM)** inscrivent le PLF dans le cadre du Comité action publique 2022 (Cap22) rappelant ainsi que la LOLF constitue avant tout un instrument de réforme de l'État où désormais le numérique tient une place centrale « au bénéfice du citoyen comme de l'agent public »;
- la **Direction Générale du Trésor (DGT)**, en liaison avec l'INSEE, inscrit le PLF dans son cadre macroéconomique (données qui déterminent les recettes et dépenses de l'État comme le taux de croissance, parité dollar/euro, prix du baril de pétrole...); au sein de la DGT, se trouve le SCN qu'est l'AFT dont le rôle est d'évaluer la charge de la dette de l'État au regard du taux l'inflation et des taux d'intérêt d'emprunt;

- la **Direction générale des finances publiques (DGFiP)** établit les prévisions de dépenses et évalue les recettes notamment fiscales et ce en liaison étroite avec la DGDDI ;
- la **Direction générale des douanes et droits indirects (DGDDI)** est chargée de certains prélèvements fiscaux (TICPE, impôt partagé entre l'État, les régions et les départements depuis 2004 ; droits de douane au profit de l'Union européenne, droits sur l'alcool et le tabac affectés à la Sécurité sociale...) ;
- au sein de la DGFiP, **la Direction de la législation fiscale (DLF)**, intègre les dispositions fiscales au sein du PLF. Elle est aussi en charge de la négociation et de la conclusion des conventions fiscales internationales ayant un impact sur le PLF notamment en matière de lutte contre la fraude et l'évasion fiscales.

Des services rattachés à d'autres ministères participent en liaison étroite avec la DB et la DLF : le ministère de l'Intérieur et sa **Direction générale des collectivités locales (DGCL)** qui participe à l'élaboration des dispositions relatives aux concours financiers de l'État ; ou encore le ministère des Affaires sociales et sa **Direction de la Sécurité sociale (DSS)** quant aux dispositions du PLF affectant le financement de la protection sociale.

Ainsi rédigé par les services administratifs compétents, le PLF auquel est joint l'avis du HCFP, est déposé au plus tard le premier mardi d'octobre à l'Assemblée nationale (priorité de discussion comme le prévoit l'art. 39 al. 2 C. 1958), débute alors la phase politique d'adoption du PLF par le Parlement : l'autorisation parlementaire.

II. Une autorisation parlementaire

La session parlementaire s'ouvre en octobre avec la « session budgétaire ». C'est une session très chargée en textes financiers : PLF (déposé au plus tard le premier mardi d'octobre), PLFSS (dépôt au plus tard le 15 octobre), PLFR (« collectif d'automne ») voire également les années paires (comme l'année 2020) dépôt d'un PLPFP ! Par son vote du PLF, le parlement autorise le gouvernement à lever l'impôt et à effectuer les dépenses. Cette phase parlementaire résulte du principe historique du consentement à l'impôt lié lui-même au principe d'annualité : bien que les impôts soient permanents, chaque année le parlement doit autoriser leur perception ; ainsi à défaut de respect de ce principe et donc d'adoption de la LFI, interdiction serait faite à l'exécutif de lever l'impôt et par conséquent d'effectuer toute nature de dépense. Précisons que le projet de loi de règlement (PLR) doit être adopté en première lecture par la chambre saisie avant l'examen et la discussion du PLF (ainsi le PLR de l'année 2019 doit être adopté au plus tard le premier octobre 2020 c'est-à-dire avant l'examen du PLF pour l'année 2021). Ce lien entre le texte financier précédent (PLR) et le texte financier à venir (PLF) est appelé « chaînage vertueux » car il permet au Parlement d'autant mieux critiquer le budget à venir (PLF) qu'il a sous ses yeux les résultats de l'exécution du budget précédent (PLR). Cela marque la valeur accordée par la LOLF à la loi de règlement sur la loi de finances initiale. La pratique n'a toutefois à ce jour pas consacré cette valeur rehaussée de la LR voulue par la LOLF dans sa logique de performance et de résultats de la gestion budgétaire de l'État : les parlementaires semblent accorder peu d'intérêt à l'examen et au vote du PLR (faible temps consacré, faible présence d'élus lors du vote...).

La procédure budgétaire, qui transforme le PLF en une LFI, est alignée sur la procédure législative ordinaire mais certaines spécificités demeurent comme par exemple le délai constitutionnel d'adoption parlementaire fixé à 70 jours pour le PLF aux termes de l'art. 47 C. 1958. La nature et la portée de l'autorisation parlementaire sont distinctes selon qu'il s'agit des dépenses ou recettes. L'autorisation de l'emprunt et de la trésorerie de l'État est quant à elle particulière.

A. La procédure budgétaire : du dépôt du PLF à l'entrée en vigueur de la LFI

Le PLF au sens large qui contient pas moins de 250 pages comprend :

- **d'une part le corps du texte proprement dit** avec un exposé des motifs, l'article liminaire, une première partie (ressources et conditions de l'équilibre), seconde partie (moyens des politiques publiques c'est-à-dire les autorisations de dépenses ou crédits) ;
- **d'autre part les états législatifs annexés (**désignés par les lettres A à E) qui ont même valeur juridique que le corps du texte :
  - l'état A qui détaille les recettes du budget général (I), des deux budgets annexes (II), des comptes d'affectation spéciale ou CAS (III) et comptes de concours financiers ou CCF (IV) ;
  - les états B à E qui détaillent par missions et programmes les crédits respectivement du budget général (état B), des deux budgets annexes (état C), des deux comptes spéciaux dotés de crédits (état D), à savoir les CAS (I) et CCF (II) ; les deux comptes spéciaux non dotés de crédits (état E) sont détaillés par intitulé de compte et répartition d'autorisation de découvert, ce sont les comptes de commerce ou CC (I) et les comptes d'opérations monétaires ou COM (II) ;
- le PLF s'achève avec des **informations annexes** présentant notamment comme le prévoit l'art. 51-3° LOLF, les dépenses et recettes de l'État en deux sections, Section de fonctionnement (PLF 2020, charges et produits de 376,7 Md€) et Section d'investissement (charges et produits de 244,9 Md€) avec un solde général de -93,1 Md€ pour 2020, à l'instar de la règle qui s'impose, au contraire de l'État, aux budgets des collectivités territoriales ; s'ajoutent des tableaux

d'évolution des dépenses et observations générales présentés par missions, programmes détaillés par nature de dépenses (crédits des titres 1 à 7) et par plafonds d'emplois exprimés en équivalent temps plein annuel travaillé (ETPT).

Ce PLF est accompagné de documents dont l'appellation, « bleus », « jaunes » et « oranges », renvoie au langage parlementaire se référant à la couleur de la couverture de présentation de ces documents destinés à accroître l'information des députés et sénateurs et documents prévus aux articles 50 à 51 de la LOLF[1] ; ce sont :

- les **annexes explicatives bleues** ou « bleus budgétaires » (rapport économiques social et financier ou RESF, détail par missions, programmes et actions des ouvertures de crédits, détail du contenu et de l'évolution des recettes de l'État) ; ces annexes contiennent aussi les projets annuels de performance (PAP) accompagnant chaque programme ministériel et précisant les actions, leur coût complet associé, les objectifs poursuivis, les résultats obtenus et attendus pour les années à venir mesurés au moyen d'indicateurs précis dont le choix est justifié, l'évaluation des dépenses fiscales de chaque politique publique ;
- les **annexes générales jaunes** ou « jaunes budgétaires » informent sur les relations financières entre l'État et les autres administrations publiques (ODAC, APUL, ASSO et UE) et privées (associations) ; elles contiennent également des informations financières relatives aux pouvoirs publics (Présidence de la République, Conseil constitutionnel...) et aux assemblées parlementaires ;
- les **documents de politique transversale** ou DPT dits « oranges » prévus à l'art. 128 de la LFR pour 2005 qui informent le Parlement sur les moyens financiers des politiques interministérielles (sécurité routière, recherche et enseignement supérieur, politique de la ville). Ces DPT permettent une vision globale de ces politiques souvent partagées entre plusieurs autorités ministérielles.

Les « bleus budgétaires », qui sont soumis au contraire à un délai impératif de dépôt au Parlement, trouvent leur fondement dans les dispositions de la LOLF, alors que les « jaunes » et « oranges » sont à l'origine établis par une simple loi de finances et consacrés par la suite par la LOLF, par ailleurs leur délai de dépôt au parlement est plus souple. Chaque député et sénateur, qui reçoit ainsi plus de 10 000 pages de documents budgétaires (PLF et annexes), est assisté de fonctionnaires parlementaires pour mener à bien l'analyse et l'examen de cet ensemble de documents volumineux.

Une fois déposé sur le bureau de l'Assemblée nationale (AN), le PLF, auquel est joint l'avis du HCFP (art. 14 LOPGFP), est renvoyé à la commission des finances. Présidé depuis 2007 par un membre de l'opposition parlementaire et désignant son rapporteur au sein de la majorité soutenant le gouvernement, la commission des finances

1. La liste des documents accompagnant le PLFR est précisée à l'art. 53 LOLF et celle du PLR à l'article 54 LOLF.

nomme des rapporteurs spéciaux qui sont au nombre d'une cinquantaine : chaque mission du budget de l'État (missions du budget général, de chaque budget annexe et de chaque compte spécial) est en effet analysé par un rapporteur spécial.

Les autres commissions parlementaires dites commissions pour avis examinent les dispositions du PLF notamment les missions et programmes qui relèvent de leur domaine de compétence (ainsi la mission Culture du budget général sera examiné par la commission des Affaires culturelles qui émettra un avis). Aux termes de l'art. 47 C.1958, le Parlement dispose de 70 jours pour adopter le PLF à défaut il est mis en œuvre par le gouvernement par ordonnance à valeur réglementaire (50 jours pour le PLFSS comme le prévoit l'art. 47-1 C.1958). Cette ordonnance, qui suit un régime distinct de celui prévu à l'art. 38 C., a valeur de simple règlement d'exécution (ordonnance réglementaire).

La commission parlementaire des finances saisie établit un rapport en trois tomes (tome 1 qui porte sur le cadrage macro-économique, tome 2 sur la première partie les recettes et l'article d'équilibre ; tome 3 sur la seconde partie les autorisations de dépenses ou crédits) ; une fois la rédaction de ce rapport achevée, le PLF vient en discussion en séance publique. La discussion porte, contrairement à la règle établie par la loi constitutionnelle du 23 juillet 2008, sur le texte du gouvernement et non celui de la commission saisie au fond (art. 42 al. 2 C.1958). L'Assemblée nationale (AN) a 40 jours pour adopter le texte en première lecture, le Sénat dispose de 20 jours, les 10 jours restant sont consacrés au passage du texte d'une chambre à l'autre (navette parlementaire). Notons que si l'AN ne respecte pas son délai de 40 jours, le PLF est transmis au Sénat qui ne dispose alors plus que de 15 jours pour l'examiner et l'adopter.

La discussion en séance publique voit l'intervention du ministre chargé du Budget, celle du rapporteur et/ou du président voire des rapporteurs spéciaux de la commission des finances et enfin celle des orateurs inscrits de chaque groupe parlementaire. Après la discussion générale où des motions de procédure peuvent être déposées par les parlementaires (question préalable, exception d'irrecevabilité ou motion de renvoi en commission) a lieu le vote article par article, amendement par amendement, puis l'adoption de la première partie qui ouvre de droit la discussion et l'adoption de la seconde partie du PLF : cet ordre de discussion, d'examen et d'adoption du PLF est imposé par l'art. 42 LOLF. Les règles de vote sont depuis la LOPGFP de 2012 les suivantes :

- **discussion et adoption d'abord et en premier lieu de l'article liminaire** (art. 7 LOPGFP pour s'assurer de la cohérence du PLF avec l'objectif de moyen terme ou OMT du solde structurel annuel et pluriannuel fixé par la LPFP). Il y a ensuite, et ce dans l'ordre défini par l'article 43 de la LOLF ;

- **un vote global de la première partie qui comprend :**
  - un vote d'ensemble sur les évaluations de recettes du budget général, des budgets annexes et des comptes spéciaux, recettes qui sont ensuite détaillées dans l'état A annexé (art. 43 al. 1 LOLF) ;
  - un vote sur l'article d'équilibre (qui comprend d'une part, l'équilibre budgétaire établi en rapportant les ressources budgétaires aux dépenses budgétaires présentées dans un tableau d'équilibre pour dégager le déficit prévisionnel annuel, et d'autre part, l'équilibre financier qui, présenté dans un tableau de financement, informe le parlement sur le besoin de financement de l'État et les ressources nécessaires au financement de son déficit c'est-à-dire le montant de l'emprunt à émettre pour financer notamment le déficit de l'État)[1] ;
  - un vote unique pour l'évaluation des ressources et charges de trésorerie (art. 43 al. 2) ; par ce vote le parlement autorise le ministre des Finances et/ou délégué au Budget à émettre l'emprunt nécessaire au financement du déficit et aux remboursements des titres venant à échéance pour l'année considérée.

Une fois adoptée la première partie du PLF, la chambre saisie examine et vote la seconde partie qui porte sur les moyens des politiques publiques c'est-à-dire pour l'essentiel sur les autorisations de dépenses ou « crédits ».

Ce vote des crédits de la seconde partie s'effectue dans l'ordre suivant :

- vote par missions du budget général (art. 43 al. 3 LOLF), de chaque budget annexe et de chaque compte spécial (art. 43 al. 5 LOLF), à la fois sur les autorisations d'engagement (AE) et les crédits de paiement (CP) ; ainsi 47 votes sur les crédits prévus en loi de finances initiale pour 2020 qui correspond à la somme des missions du budget général (32 missions), de chaque budget annexe (2 missions) et de chaque compte spécial doté de crédits (9 missions à savoir 11 missions appartenant à la catégorie des Comptes d'affectation spéciale ou CAS et 6 missions appartenant à la catégorie des Comptes de concours financiers ou CCF) ; on rappelle que chaque compte spécial, et non pas catégorie de comptes, constitue une mission ;

---

1. Ainsi le budget de l'État 2020 prévoit un solde budgétaire total (solde du budget général, des budgets annexes et des comptes spéciaux) d'environ -93,134 Md€, montant revu à la hausse, suite à la crise sanitaire, à -109,044 Md€ par la loi n° 2020-289 du 23 mars 2020 de finances rectificative pour 2020 (LFR1) et un besoin de financement de 246,1 Md€ couvert par un emprunt émis sur les marchés financiers d'un même montant dont une partie finance le déficit (109 Md€) et une majeure partie (soit près de 138,6 Md€) est destinée à rembourser des emprunts à moyen et long terme déjà émis et venant à échéance durant l'année 2020. La deuxième loi de finances rectificative du 25 avril 2020 porte le déficit budgétaire à 185,50 M€ financer par un emprunt total émis de 324,6 Md€ dont 245 Md€ composé d'emprunts à moyen et long terme (OAT) et 64,1 Md€ d'emprunts à court terme (BTF).

- pour les comptes spéciaux non dotés de crédits et où le Parlement vote une simple autorisation de découvert (écart autorisé entre recettes et dépenses), ils appartiennent aux deux catégories de comptes spéciaux que sont les Comptes de commerce ou CC (au nombre de 10) et Comptes d'opérations monétaires ou COM (au nombre de 3), soit ici 13 votes sur les autorisations de découvert dans le cadre de la LFI pour 2017 ;
- vote enfin d'un plafond global d'autorisation d'emplois rémunérés par l'État exprimés, d'une part, en ETPT (équivalent temps plein travaillé, notion se substituant à celle d'emploi budgétaire et qui intègre tout emploi rémunéré par le budget de l'État quel que soit le statut de l'agent, titulaire ou non titulaire) et, d'autre part, en masse salariale (rémunérations, cotisations, prestations) et présenté par ministère du budget général et des deux budgets annexes[1] (art. 43 al. 4 LOLF). On rappelle que les comptes spéciaux ne peuvent être dotés de crédits relatifs aux dépenses de personnel.

La procédure de discussion et de vote est dominée par une logique gouvernementale et non parlementaire : le gouvernement dispose en effet des armes du « parlementarisme rationalisé » que sont notamment les art. 40 C. (« irrecevabilité financière ») ; art. 41 C., (« irrecevabilité législative ») ; art. 44 al. 2 C. (discussion parlementaire en première lecture du PLF sur le texte du gouvernement, et non comme il est de règle depuis 2008, sur le texte des commissions parlementaires[2]) ; art. 44 al. 3 C. (procédure dite du « vote bloqué ») ; enfin l'art. 49 al. 3 C. (le fameux « 49-3 ») qui demeure applicable au PLF (et au PLFSS[3]).

Les députés peuvent exercer leur droit d'amendement prévu à l'art. 40 C. et précisé à l'art. 47 LOLF : en pratique ils peuvent modifier les crédits des programmes au sein d'une même mission. La mission est l'unité de vote parlementaire et aussi l'unité d'application du droit d'amendement des députés et sénateurs. Ainsi le pouvoir parlementaire est quelque peu accru en matière d'amendement (notion de charge des articles 34 C. et 40 C. s'appliquant, s'agissant des crédits, à la mission selon l'art. 47 LOLF).

1. Le budget général contient un plafond d'autorisation d'emplois répartis par ministères et exprimés en ETPT fixé à 1 931 959 et les deux budgets annexes avec un plafond fixé à 11 149 dans la loi de finances pour 2020.
2. Ce régime de discussion sur le texte du gouvernement est étendu au PLFSS et PLC (projet de loi constitutionnelle).
3. Pour les autres projets de loi, le recours au « 49-3 » n'est possible qu'une fois par session parlementaire (durée de 9 mois d'octobre à juin) ; Ainsi des « loi Macron » et « loi El Komri » sous le gouvernement Valls (2014-2016) ou encore le projet de loi sur les retraites adopté en première lecture devant l'assemblée nationale sur la base de l'art. 49 al. 3 C. le 29 février 2020 sous le gouvernement Philippe (2017-2022).

Une fois adopté par l'Assemblée nationale, le PLF passe en discussion devant le Sénat où la même procédure est suivie. Le Sénat dispose de 20 jours pour se prononcer en première lecture (les 10 jours restant étant consacrés à la « navette » du texte entre les deux assemblées). Trois cas de figure peuvent se présenter:

- **premier cas**: si à l'issue de cette seule lecture (procédure accélérée ou procédure d'urgence prévue à l'art. 40 LOLF; art. LO111-7 al. 5 CSS pour le PLFSS), le texte est adopté en termes identiques, le PLF devient LFI une fois promulgué par le Chef de l'État dans un délai de 15 jours. La promulgation (art. 10 C.1958) met fin à la procédure parlementaire; c'est au cours de cette phase de promulgation que le Conseil constitutionnel peut être saisi (contrôle facultatif sur la base de l'art. 61 al. 2 C. 1958) notamment par l'opposition parlementaire (ainsi les dispositions du PLF 2020 relatives à la suppression de la TH sur la résidence principale, à la baisse de 5 Md€ de l'IR, à la collecte et à l'exploitation des données publiées sur les réseaux sociaux pour mieux cibler les contrôles fiscaux et douaniers ont été validées par le Conseil dans sa décision n° 2019-796 DC du 27 décembre 2019). Les dispositions déclarées alors contraires à la Constitution (ainsi dans le PLF 2020 cas où l'administration a déjà connaissance d'une violation de la loi fiscale cela lui interdit de recourir à la collecte et exploitation des données sur les réseaux sociaux) ou celles déclarées comme étant un « cavalier législatif » (ainsi DMTO au profit de la Société du Grand Paris dans le PLF 2020) ne peuvent entrer en vigueur. Une fois la décision du Conseil constitutionnel rendue, la LFI pour l'année N est promulguée et publiée au plus tard le 31 décembre de l'année N-1;
- **deuxième cas**: si au contraire le Sénat n'adopte pas en termes identiques le PLF, le Premier ministre réunit la Commission mixte paritaire (CMP) prévue à l'art. 45 C.1958. Le texte de compromis établi par la CMP est soumis à une nouvelle lecture au sein de chacune des chambres, à l'Assemblée nationale puis ensuite au Sénat: si ces dernières adoptent en termes identiques le texte de la CMP, s'ouvre alors la phase de promulgation avec la saisine éventuelle du Conseil constitutionnel (art. 62 al. 2 C.); une fois la décision rendue, la LFI est promulguée et publiée;
- **troisième cas**: si l'une des deux chambres rejette le texte de compromis établi par la CMP ou bien si la CMP n'a pas abouti à un texte de compromis, le texte revient au sein de chacune des chambres et le « dernier mot » est alors donné à l'Assemblée nationale, organe à la légitimité démocratique plus affirmée car les députés au contraire des sénateurs sont élus au suffrage universel direct. La phase de promulgation est ouverte avec éventuellement une saisine du Conseil; puis publication de la LFI.

En pratique, le PLF pour l'année N est définitivement adopté par le Parlement vers le 20-21 décembre de l'année N-1 et publié au Journal officiel de la République française (*JORF*) au plus tard le 31 décembre de l'année N-1 afin que la LFI soit mise en œuvre dès le premier janvier de l'année N.

La nouveauté depuis la LOLF, outre la rationalisation et la simplification des règles de votes désormais fixées en ses articles 40 à 43, est un examen du PLF et une discussion parlementaire des crédits centrés sur la finalité, les objectifs et non pas tant les moyens des politiques publiques ; on le voit à l'analyse de la nature et la portée de l'autorisation parlementaire.

B. L'autorisation des dépenses : des crédits budgétaires sous format MPA

À la « culture de moyens » doit se substituer la « culture de résultats » : les crédits (autorisations de dépenses) se présentent par finalité de politiques publiques selon la nomenclature missions, programmes et actions (format MPA), notions définies à l'art. 7 LOLF.

La mission est une grande politique publique dotée de crédits présentés en AE et CP[1] ; le budget de l'État pour 2020 comprend ainsi 47 missions (budget général, budgets annexes et comptes spéciaux dotés de crédits). La création/suppression d'une mission relève de la compétence du seul gouvernement (disposition d'une loi de finances d'initiative gouvernementale)[2] et/ou du parlement (disposition d'une loi organique pour la mission « Conseil et contrôle de l'État », qui contient les crédits des juridictions (Conseil d'État et autres juridictions administratives, Cour des comptes et autres juridictions financières) ou d'organes (Haut Conseil des finances publiques, Conseil économique, social et environnemental) dont le statut garantit une certaine indépendance à l'égard de l'autorité politique) ; une mission peut être ministérielle (mission Sécurités) ou interministérielle (Recherche et enseignement

1. Les autorisations d'engagement (AE) sont les crédits engagés sur l'année mais pouvant être exécutés sur plusieurs exercices budgétaires ; en votant les crédits des missions en AE, le Parlement n'autorise que la seule phase initiale de la chaîne de dépense, l'engagement ; les crédits de paiement (CP) étant les crédits engagés et exécutés durant l'année civile ; en votant les crédits des missions en CP, le Parlement autorise toute la chaîne de dépense, de la phase initiale, l'engagement, jusqu'à la phase finale, le paiement.
2. La loi n° 2020-289 du 23 mars 2020 de finances rectificative pour 2020 a créé une nouvelle mission « Plan d'urgence face à la crise sanitaire » dotée de 6,250 Md€ comprenant les deux programmes « Prise en charge du dispositif exceptionnel de chômage partiel à la suite de la crise sanitaire » (5,5 Md€) et « Fonds de solidarité pour les entreprises à la suite de la crise sanitaire » (750 M€) portant le nombre de missions du budget général à 33 soit un total de 48 missions du budget de l'État incluant budgets annexes et comptes spéciaux et 117 programmes.

supérieur) ; elle constitue l'unité de vote des crédits et la limite du cadre d'exercice du droit d'amendement parlementaire. La mission comprend au minimum deux programmes (articles 7 et 47 de la LOLF combinés avec l'art. 40 C. 1958).

Les programmes sont la déclinaison des missions (ainsi la mission Sécurités est déclinée dans la LFI pour 2020 en 4 programmes, « Police nationale », « Gendarmerie nationale », « Sécurité et éducation routières » et « Sécurité civile »). Aux termes de l'art. 7 LOLF, un programme est l'unité de regroupement de crédits destinés à mettre en œuvre une action ou un ensemble cohérent d'actions relevant d'un même ministère et auquel sont associés des objectifs précis, définis en fonction de finalités d'intérêt général ainsi que des résultats attendus et faisant l'objet d'une évaluation.

Ainsi défini, le programme est l'unité de spécialité et de gestion des crédits par la performance (stratégie, objectifs, évaluation) ; un programme est rattaché à un seul ministère (un programme est piloté par un responsable de programme placé sous l'autorité d'un ministre), le programme est décomposé à son tour en une ou plusieurs actions. On relève toutefois le cas particulier de la mission « Conseil et contrôle de l'État » dont les 4 programmes sont rattachés soit à des juridictions (Conseil d'État et autres juridictions administratives, Cour des comptes et autres juridictions financières) soit à des organes au statut particulier (Conseil économique, social et environnemental et Haut conseil des finances publiques) et non à des ministères.

Par ailleurs deux missions « Pouvoirs publics » et « Crédits non répartis » prévues en LFI pour 2020 sont décomposées en « dotations » et non en « programmes » car elles ne sont pas liées à la mise en œuvre de politiques publiques soumises à la logique de performance. Le principe constitutionnel de séparation des pouvoirs qui implique une autonomie financière explique le statut de la mission « Pouvoirs publics » (Présidence de la République, Assemblée nationale, Sénat, la Chaîne parlementaire, Indemnités des représentants français au Parlement européen, Conseil constitutionnel, Haute Cour, Cour de Justice de la République) ; le caractère imprévisible ou l'impossibilité de déterminer la destination des crédits au moment de leur vote explique le régime particulier de la mission « Crédits non répartis » (Provision relative aux rémunérations publiques et Dépenses accidentelles et imprévisibles).

La notion de programme demeure au cœur de la modernisation de la gestion publique orientée vers les objectifs et par résultats. Pour ce faire, chaque responsable de programme situé au niveau ministériel définit sa stratégie, ses objectifs et ses indicateurs de performance dans un projet annuel de performance ou PAP soumis au Parlement et détaillé dans les bleus budgétaires. Le **budget général** 2020 compte ainsi 32 missions déclinées en 115 programmes donc 115 PAP (les missions de chaque budget annexe et de chaque compte spécial doté de crédits sont décomposées elles aussi en programmes et présentés chacun dans un PAP). La LFR du 23 mars 2020 prévoit suite à la crise sanitaire un budget général doté de 33 missions et 117 programmes.

Ces programmes, unités opérationnelles d'exécution, sont à leur tour décomposés en **actions voire en sous-actions** afin de mieux identifier les buts, modalités et fonctions exercées.

À cette présentation des crédits par finalité des politiques publiques (format MPA) s'ajoute, mais seulement à titre d'information à destination du Parlement, une présentation des crédits **par nature de dépenses** (art. 5 LOLF qui prévoit 7 titres et 18 catégories de dépenses) et **par destination** (les actions composantes des programmes au sens de l'art. 7 LOLF).

Cette présentation par nature (titres et catégories de dépenses) et par destination (actions voire sous-actions) ne s'impose pas aux gestionnaires des crédits qui peuvent redéployer librement les crédits entre titres et actions (fongibilité), la seule limite étant de ne pas augmenter le montant du plafond des crédits inscrits au titre 2 dépenses de personnel : ce dernier titre peut venir abonder les autres titres de dépenses (titre 3 dépenses de fonctionnement ou titre 5 dépenses d'investissement) mais jamais être abondé par des crédits en provenance des autres titres, on parle alors de fongibilité asymétrique. Le plafond de dépenses du titre 2 par son caractère impératif s'impose au gestionnaire public. L'attribution des crédits en loi de finances distingue d'ailleurs les crédits titre 2 des crédits Hors titre 2. Le dynamisme des dépenses de personnel les soumet ainsi à un régime spécifique.

Pour encadrer la marge de manœuvre du gouvernement lors de l'exécution des crédits autorisés en lois de finances par le parlement, on classe les crédits selon leur degré de contrainte en distinguant les crédits limitatifs (art. 9 LOLF), où la latitude d'action laissée au gestionnaire des crédits est assez réduite, des crédits évaluatifs (art. 10 LOLF), beaucoup moins contraignants où la latitude d'action laissée au gestionnaire est plus large.

Les autorisations de dépenses ou crédits ont en principe un **caractère limitatif** (art. 9 LOLF) : ce qui contraint le gouvernement à ne pas dépenser au-delà du plafond autorisé. Mais des tempéraments à ce caractère limitatif existent : les deux dotations des art. 7-I-1° et 7-I-2° LOLF dont l'utilisation est détaillée à l'art. 11 LOLF ; et les deux comptes spéciaux (CC et COM où c'est l'autorisation de découvert qui a un caractère limitatif : si les recettes de ces comptes stagnent, leurs dépenses peuvent être augmentées jusqu'à la limite du découvert autorisé) ; un autre tempérament au caractère limitatif est l'engagement par anticipation pour permettre la continuité du service public (art. 9 LOLF).

Si les crédits budgétaires ne répondent pas à ce caractère limitatif, il s'agit de **crédits évaluatifs** (art. 10 LOLF), le gouvernement a davantage de latitude dans la gestion de ces crédits, il doit cependant informer les commissions parlementaires des finances des motifs du dépassement et ratifier de telles mesures dans la plus prochaine loi de finances (LFR ou LR). Ces crédits concernent les dépenses relatives à la charge de la dette, aux remboursements, restitutions et dégrèvements et à la mise en jeu des garanties accordées par l'État.

Il existe par ailleurs une pratique de gestion des crédits au sein de l'administration conduisant à s'écarter assez fortement de l'autorisation parlementaire, pratique ancienne alors appelée « régulation budgétaire », désormais consacrée par la LOLF en son article 51-4° bis sous le terme « réserve de précaution »: il s'agit pour le ministre des Finances et/ou du Budget devant un risque d'aggravation du déficit de recourir au gel voire si ce risque se réalise à l'annulation de crédits (art. 14 LOLF). Le PLF prévoit désormais le montant de crédits soumis à régulation budgétaire réparti entre ministère et mis à disposition d'un agent du ministère des Finances et/du Budget placé auprès de chaque ministre, le contrôleur budgétaire et comptable ministériel (CBCM).

Également une autre pratique tout aussi fréquente et tout aussi encadrée par la LOLF consiste pour le gouvernement à s'arroger en quelque sorte un pouvoir d'autorisation des dépenses, pouvoir en principe réservé au seul Parlement. Ainsi, pour faire face à une situation d'urgence définie à l'art. 13 LOLF, le gouvernement peut recourir aux décrets d'avance qui consistent à ouvrir des crédits supplémentaires. S'écartant là aussi fortement de l'autorisation parlementaire, des conditions assez sévères doivent être réunies selon qu'il s'agit d'une urgence au sens de l'alinéa 1 de l'art. 13 (décret pris sur simple avis du Conseil d'État et après avis des commissions des finances, respect de l'équilibre budgétaire exigé à défaut le gouvernement devra annuler un même montant de crédits pour respecter l'équilibre) ou d'une urgence et de nécessité impérieuse d'intérêt national au sens de l'alinéa 4 de l'art. 13 (décret en Conseil des ministres après avis du Conseil d'État et simple information du Parlement, le respect de l'équilibre budgétaire n'est pas exigé).

La nature et la portée de l'autorisation parlementaire des dépenses méritent d'être précisées. L'autorisation des dépenses ou « crédits » vaut simple faculté de dépenser: le gouvernement dispose ici, **sauf obligation juridique (type contrat)**, d'un pouvoir discrétionnaire. Les agents administratifs d'exécution ayant la qualité d'ordonnateurs peuvent ne pas engager la dépense ou l'engager mais pour un montant inférieur à celui autorisé. Leur pouvoir discrétionnaire leur donne compétence de donner naissance ou pas à la dépense. Ainsi un crédit ne vaut en principe pas obligation de dépenser voire de tout dépenser. Il s'agit d'une simple autorisation et non d'une obligation d'effectuer ou non une opération de dépense.

L'autorisation parlementaire précise par ailleurs l'objet et le montant des crédits. Ce montant est double au sens de l'art. 8 LOLF: crédits en AE (contrôle parlementaire sur la phase initiale, l'engagement de la dépense) et crédits en CP (contrôle parlementaire sur toutes les phases allant de l'engagement au paiement de la dépense). Les crédits des missions, programmes et actions se présentent en AE et CP, montant qui peuvent parfois différer sauf pour les dépenses de personnel (titre 2) où le montant des crédits AE est égal au montant des crédits CP (volonté d'un encadrement plus strict des dépenses de personnel car il s'agit du premier poste de dépenses de toute activité de service public et dépenses par nature dynamique car liée au statut et à l'évolution de carrière au sein de la fonction publique). L'autorisation des dépenses est par ailleurs distincte de l'autorisation des recettes qu'elles aient un caractère fiscal ou non fiscal.

C. L'autorisation des recettes fiscales et non fiscales

L'article 3 de la LOLF énonce les différentes catégories de ressources budgétaires de l'État autorisées en lois de finances annuelles que l'on peut regrouper en distinguant, d'une part, les ressources fiscales (impositions de toutes natures que sont notamment les impôts sur les revenus des personnes physiques ou IRPP et des personnes morales ou IS, impôt sur la consommation qu'est la TVA, impôt sur la fortune immobilière ou IFI depuis 2018 remplacé à partir de 2021 en un impôt sur la fortune improductive ou IFI) et d'autre part, les ressources non fiscales (revenus courants de ses activités industrielles et commerciales, de son domaine, de ses participations financières, les redevances pour service rendu, produits des amendes notamment). Les ressources fiscales de l'État représentent près de 95 % de ses ressources totales ce qui explique leur forte sensibilité à la situation de l'économie (crise sanitaire de 2020 a réduit fortement le montant des recettes fiscales notamment la TVA et l'IS du fait de la baisse voire de l'arrêt de la production de certaines entreprises et de la consommation des ménages).

L'autorisation des recettes fiscales de l'État est distincte de l'autorisation de ses recettes non fiscales en raison des acteurs chargés de leur collecte et des enjeux financiers en présence.

Les recettes fiscales quels que soient leurs bénéficiaires (État, collectivités territoriales, Sécurité sociale, Union européenne) sont chaque année autorisées en LFI (l'article premier de toute LFI rappelle le principe historique du consentement à l'impôt) alors que les recettes non fiscales trouvent souvent leur fondement juridique dans d'autres textes législatifs (amendes, droits d'occupation du domaine public) ou réglementaires (redevance pour service rendu au sens de l'art. 4 LOLF).

L'autorisation de percevoir l'impôt vaut obligation de percevoir : le gouvernement et donc les agents de l'administration fiscale ou « fisc » chargés du recouvrement des recettes fiscales ont compétence liée : ainsi le comptable public engage sa responsabilité personnelle et pécuniaire (RPP) en cas de non-recouvrement d'une recette. C'est pourquoi il est tenu de faire diligence pour recouvrer la recette en recourant si nécessaire au pouvoir administratif de contrainte (majoration pour retard de paiement) et aux voies civiles d'exécution (saisie des biens appartenant au patrimoine du contribuable). Il est toutefois déchargé de toute responsabilité en cas de force majeure ou d'insolvabilité et/ou de disparition du contribuable. Pour les créances fiscales non recouvrées, le comptable peut alors demander à l'autorité compétente (ordonnateur et/ou assemblée délibérante) leur admission en non-valeur. Si la demande est acceptée, il est alors déchargé de toute responsabilité pour non-recouvrement de la recette; si au contraire sa demande en admission en non-valeur est rejetée, le comptable doit poursuivre ses diligences afin de recouvrer la recette.

Seul le montant perçu peut différer du montant prévu en LFI; il s'agit d'une simple prévision de recette car la fiscalité, établie sur des bases économiques (revenu, consommation, investissement) est très sensible à la conjoncture économique: le gouvernement n'est contraint ni à un montant minimum ni à un montant maximum de recette à recouvrer; selon la situation de l'économie, il peut constater un montant inférieur ou supérieur à celui prévu en LFI. S'il constate un surplus fiscal par rapport aux prévisions, les modalités d'affectation de ce supplément sont déterminées en LFI (art. 34-I-10 LOLF); ce supplément d'impôts doit ainsi en priorité être affecté à la réduction du déficit budgétaire.

D. L'autorisation relative à l'emprunt et à la trésorerie de l'État

L'article 2 de la LOLF rappelle que les ressources et les charges de l'État comprennent d'une part les ressources et charges budgétaires et, d'autre part, les ressources et charges de trésorerie. Ces dernières résultent de l'insuffisance des premières (ressources fiscales et non fiscales) révélée par un déficit budgétaire prévisionnel constaté chaque année en loi de finances initiale (-93,134 Md€ en LFI 2020) et souvent revu à la hausse en loi de finances rectificative en cas de changement économique important (-109,044 Md€ en LFR1 2020 suite à la crise sanitaire liée à l'épidémie de Covid-19). La LFR2 prévoit fin 2020 un déficit public de -9,1 % du PIB (-2 % de déficit structurel, -5,3 % de déficit conjoncturel, -1,7 % de déficit arrondi au dixième près lié à des mesures exceptionnelles et temporaires) et une dette publique de 115,2 % du PIB avec un déficit de l'État de -185,5 Md€ et un besoin de financement de l'État de 324,7 Md€ composés des titres d'emprunt à moyen et long terme de 245 Md€ (OAT) et des titres à court terme de 64,1 Md€ (BTF).

Le déficit permanent du budget de l'État depuis les années 1980, conduit à ce que la LFI informe le parlement sur la source de financement du budget de l'État devenue normale et non exceptionnelle, l'emprunt, depuis que les fonds disponibles au Trésor public (fonds déposés par les correspondants du Trésor) sont insuffisants à couvrir le déficit budgétaire annuel. Ces ressources d'emprunt et de trésorerie sont prévues à l'art. 25 LOLF et le principe juridique qui leur est applicable (principe d'unité de trésorerie) est défini à l'art. 26 3° LOLF (obligation de dépôt des correspondants du trésor notamment les collectivités territoriales et les établissements publics administratifs). Seule une disposition d'une loi de finances peut déroger à ce principe d'obligation de dépôt.

L'art. 26 al. 4 de la LOLF dispose que « l'émission, la conversion et la gestion des emprunts sont effectuées conformément aux autorisations annuelles générales ou particulières données par la loi de finances de l'année » accordant ainsi un large pouvoir d'appréciation au gouvernement via l'AFT pour mettre en œuvre l'autorisation parlementaire de l'emprunt.

L'art. 34-I-8 (tableau de financement) et 34-I-9 LOLF (fixation d'un plafond de la variation nette de la dette négociable de l'État d'une durée supérieure à un an) prévoient les modalités d'information du Parlement afin d'obtenir son autorisation de recourir à ces ressources de trésorerie.

Une fois la LFI exécutée, le parlement constate et approuve les comptes de l'État, notamment ceux relatifs à l'emprunt et à la trésorerie lors du vote de la loi de règlement des comptes et rapport de gestion (art. 37-III LOLF). Il peut ainsi comparer l'autorisation d'emprunt accordée en LFI et la réalisation de ses opérations de trésorerie alors retracées dans la loi de règlement ou LR.

Pour approfondir

- « La procédure budgétaire en mode LOLF et ses évolutions récentes », *IGPDE*, n° 5, tome 2, 2011, p. 285.
- « Loi de finances et Parlement », *IGPDE*, n° 5, tome 2, 2012, p. 71.
- Mélanges Robert Hertzog, *Réformes des finances publiques et modernisation de l'administration*, Economica, 2010, 656 p.
- G. Orsoni, « Maîtriser l'endettement », vie-publique.fr, 29 juillet 2019, 8 p.

QCM

une ou deux bonne(s) réponse(s) possible(s)

1 Le projet de loi de finances rectificative ou PLFR

- ❑ a. est déposé et discuté en priorité devant le Sénat
- ❑ b. est déposé et discuté en priorité devant le Congrès
- ❑ c. est déposé et discuté en priorité l'Assemblée nationale

2 À défaut d'adoption du PLF par le Parlement dans un délai de 70 jours

- ❑ a. le PLF est mis en œuvre par ordonnance à valeur réglementaire
- ❑ b. le PLF est mis en œuvre par ordonnance à valeur législative
- ❑ c. aucune de ces réponses

3 L'autorisation des recettes budgétaires de l'État

- ❑ a. fait l'objet d'un vote global
- ❑ b. fait l'objet d'un vote mission par mission
- ❑ c. a un caractère limitatif

4 Les rapporteurs spéciaux des commissions des finances

- ❑ a. sont chargés de l'examen de chaque mission du budget de l'État
- ❑ b. des seules missions relevant de leur compétence
- ❑ c. des seules actions relevant de leur compétence

5 Dans le cadre de la procédure budgétaire parlementaire la première partie du PLF

- ❑ a. doit être adoptée après la seconde partie
- ❑ b. doit être adoptée avant la seconde partie
- ❑ c. doit être adoptée avant le premier mardi d'octobre

RÉPONSES 1.c. • 2.a. • 3.a. • 4.a. • 5.b.

QRC

Rappelez les grandes lignes de la procédure budgétaire du dépôt du PLF à l'entrée en vigueur de la LFI

Méthodologie

Avant tout travail, définition des termes du sujet !

- « les grandes lignes » ; s'attacher à l'essentiel en retenant les points qui distinguent cette procédure de la procédure législative ordinaire.
- « procédure budgétaire du dépôt du PLF à l'entrée en vigueur de la LFI » : se limiter à la phase politique d'octobre à décembre ; inutile de remonter à la phase administrative (janvier à septembre).

Il s'agissait de retracer les étapes de l'autorisation parlementaire avec ces moments : discussion, vote et adoption selon les règles prévues par la Constitution de 1958 et précisées par la LOLF de 2001.

Rédaction possible

L'un des objectifs poursuivi par la LOLF de 2001 est le renforcement du pouvoir d'autorisation et de contrôle du parlement en matière de lois de finances. Une fois déposé à l'Assemblée nationale qui ici a priorité de discussion sur le Sénat, le projet de loi de finances (PLF) est examiné par la Commission des finances (où en son sein un rapporteur spécial est désigné pour chaque mission du budget de l'État) mais aussi par toutes les autres commissions parlementaires dites commissions pour avis. Une fois son rapport final rédigé avec les amendements et avis des membres des Commissions, le texte du gouvernement vient en discussion en séance publique.

La LOLF a simplifié et rationalisé en ses articles 40 et suivants les règles de vote : la première partie intéressant pour l'essentiel les ressources de l'État doit être adoptée (vote global sur l'autorisation des recettes, l'article d'article d'équilibre qui rapporte l'ensemble des recettes aux dépenses totales pour dégager le déficit prévisionnel, et enfin vote sur l'autorisation de l'emprunt et de la trésorerie de l'État présenté en un tableau de financement) avant la deuxième partie qui présente les autorisations de dépenses c'est-à-dire les crédits (vote des crédits par missions du budget général, de chaque budget annexe et de chaque compte spécial) et vote d'un plafond d'autorisations d'emplois par ministère. Le texte est transmis au Sénat où la procédure suivie est identique.

En général, après cette seule lecture (la procédure accélérée est ici de droit), la commission mixte paritaire (CMP) est réunie par le Premier ministre pour permettre l'adoption définitive du PLF dans le délai constitutionnel de 70 jours. Le pratique de la Ve République (parlementarisme rationalisé et fait majoritaire) imprime une logique à dominante gouvernementale : discussion en séance publique du texte du gouvernement et non celui des commissions (art. 42 al. 2 C.), recours au « vote bloqué » (art. 44 al. 3 C.) ou encore l'art. 49 al. 3 C. sur l'engagement de sa responsabilité sur le vote du PLF.

Durant la phase de promulgation, le Chef de l'État peut demander une seconde délibération (art. 10 C.). Cette phase met fin à cette procédure parlementaire ; le Conseil constitutionnel peut être alors saisi souvent d'ailleurs par l'opposition parlementaire, ainsi en a-t-il été de la loi de finances pour 2014. Seules les dispositions déclarées conformes à la Constitution peuvent entrer en vigueur. Le premier janvier 2014 débute alors l'exécution des recettes et dépenses autorisées par le Parlement.

Nature et portée de l'autorisation parlementaire en matière de recettes

Méthodologie

Avant tout travail, définition des termes du sujet !

- « *Nature* » au sens de sens à donner à cette autorisation : nature politique (acte de vote du Parlement, organe politique) et aussi juridique (loi de finances, acte juridique traduisant cette volonté parlementaire) que contient et résume le principe historique du consentement à l'impôt, puisqu'il s'agit de recettes notamment fiscales (principe réaffirmé à l'art. 14 Déclaration de 1789).
- « *portée* » au sens des effets de cette autorisation parlementaire notamment sur la marge de manœuvre du gouvernement et donc de son administration chargée de mettre en œuvre cette autorisation ; simple évaluation du montant à percevoir mais obligation de perception des recettes ainsi autorisées.
- « *autorisation parlementaire* » : préalable à toute exécution ; pas d'exécution des recettes sans autorisation préalable donnée par le Parlement ; on suppose donc que cette autorisation a été donnée donc inutile de remonter au PLF, à sa préparation par le gouvernement, son dépôt au Parlement, à sa discussion et à son vote, ce n'est pas le sujet ici ! Beaucoup ont commis cette erreur.
- « *en matière de recettes* » : se limiter aux seules recettes de l'État et distinguer selon qu'il s'agit de recettes fiscales à savoir impôts et taxes (autorisation de perception donnée par la seule loi de finances initiale ou LFI) et recettes non fiscales (recettes domaniales, tarifaires, amendes, dividendes, prélèvements sur les jeux...), pour ces dernières leur perception peut être prévue et autorisée par d'autres textes que la LFI. Attention, certains confondent prélèvements obligatoires et recettes fiscales !

Rédaction possible

La nature et la portée de l'autorisation parlementaire en matière de recettes diffèrent selon qu'il s'agit de recettes fiscales ou de recettes non fiscales.

La perception des recettes fiscales notamment celles de l'État est autorisée chaque année en loi de finances initiale (LFI) dans sa première partie rappelant ainsi le principe historique de consentement à l'impôt réaffirmé par l'article 14 de la Déclaration de 1789. Représentant près de 95 % de ses recettes totales, ces impositions de toutes natures sont notamment la TVA, l'impôt sur le revenu, l'impôt sur les sociétés. Cette autorisation parlementaire, qui vaut obligation de recouvrer ces impôts (le gouvernement a ici compétence liée), se limite cependant à simplement en évaluer le montant prévisionnel à percevoir: l'assiette de ces recettes (revenu, consommation, capital) est en effet très sensible à la situation de l'économie nationale et internationale. Il est rare qu'un surplus de recettes soit constaté, si tel est le cas, la LOLF prévoit de consacrer ce supplément de recettes fiscales à la réduction du déficit de l'État. La crise financière de 2008 a au contraire montré une baisse de ces recettes face à des dépenses dynamiques accroissant ainsi leur écart et aggravant par conséquent le déficit et la dette de l'État, contexte qui contraint l'État à recourir à des recettes non fiscales en particulier à l'emprunt.

L'autorisation parlementaire est quelque peu limitée en matière d'établissement des recettes non fiscales car celles-ci trouvent leur fondement dans d'autres textes à valeur législative et/ou réglementaire voire dans des actes contractuels (contrat d'emprunt). Le parlement se contente d'évaluer simplement le montant prévisionnel de ces ressources non fiscales (recettes domaniales, tarifaires, amendes, dividendes...) qui représentent seulement près de 5 % des recettes totales de l'État.

Cette distinction des régimes des recettes encadre le pouvoir des comptables publics chargés d'exécuter cette autorisation parlementaire (obligation de recouvrer les recettes autorisées en LFI sous peine de voir leur responsabilité personnelle et pécuniaire engagée).

Fiche 9

L'exécution de la loi de finances initiale

Une fois adoptée par le parlement, il s'agit à présent pour le gouvernement d'exécuter la LFI: il prend alors des décrets de répartition (art. 44 LOLF) qui ont pour objet de mettre à disposition des ministres les crédits budgétaires. Cette exécution est juridiquement encadrée afin de se conformer à l'autorisation parlementaire. Ce cadre juridique est pour l'essentiel fixé par le décret du 7 novembre 2012 relatif à la gestion budgétaire et comptable publique (GBCP). Ce dernier vient préciser qu'au sein de chaque programme (détaillé en actions et sous-actions présentées en crédits AE/CP) une sous-répartition des crédits est opérée au sein de chaque ministère sous forme de documents de répartition initiale des crédits et des emplois (DRICE) au sens de l'art. 67 du décret GBCP. Au sens budgétaire, un ministère est « l'ensemble des programmes dont les crédits sont mis à disposition du même ministre » (art. 63 GBCP).

Cette exécution a deux aspects: un aspect passif (mettre en œuvre l'autorisation parlementaire de dépenses et recettes, il s'agit de l'exécution comptable) et un aspect actif (devant l'insuffisance des ressources budgétaires il faut rechercher et trouver des ressources hors budget ou non budgétaires dites aussi ressources de trésorerie pour financer dans la durée le budget de l'État, il s'agit de l'exécution financière). Un acteur principal apparaît dans l'exécution de la loi de finances initiale, le Trésor public, notion complexe qu'il s'agit au préalable de préciser.

I. Le Trésor public

Le Trésor public n'a pas d'existence juridique propre distincte de l'État, il représente et engage la responsabilité de l'État dans son activité financière. Le Trésor public est l'État « sous son visage financier », il assure et assume au nom de l'État deux fonctions qui chacune a une traduction institutionnelle à travers deux directions centrales (DGFiP et DGT).

A. Une fonction de caissier (DGFiP)

Le Trésor tient la caisse publique et procède au paiement des dépenses et au recouvrement des recettes de l'État mais plus largement, en application du principe d'unité de trésorerie, il joue ce rôle de caissier et payeur au profit des autres personnes publiques (collectivités territoriales, établissements publics); cette fonction est depuis 2008 exercée par les agents de la Direction générale des finances publiques ou DGFiP et au niveau déconcentré des Directions régionales des finances publiques (DRFiP) et des Directions départementales des finances publiques (DDFiP) chargés de l'exécution comptable des lois financières et budgets publics. Ces agents, autrefois qualifiés de comptables directs du Trésor, sont en charge de l'exécution comptable de la loi de finances initiale et plus largement des lois de finances.

B. Une fonction de banquier (DGT)

Le Trésor public est ici chargé d'assurer le financement des budgets publics et en particulier du budget de l'État du fait de la permanence de son déficit. Cette fonction, qui consiste à financer le budget de l'État dans le cadre annuel (gestion de la trésorerie) et pluriannuel (gestion de la dette) est exercée par les agents dépendant de la Direction générale du Trésor ou DGT et en son sein par les agents de l'Agence France Trésor (AFT).

L'AFT doit non seulement s'assurer que le compte du Trésor public, tenu dans les écritures de la Banque de France, ait en permanence un solde créditeur (financement de la trésorerie par l'émission de titres d'emprunt à court terme) mais aussi que le besoin de financement est couvert (financement du déficit par l'émission de titres à moyen et long terme). Ces agents sont en charge de l'exécution financière de la loi de finances initiale.

Ces deux modalités d'exécution (exécution comptable et exécution financière) sont soumises à des principes et règles distinctes et font intervenir le Trésor public dans sa double fonction de caissier (DGFiP pour l'exécution comptable, aspect passif de l'exécution) et de banquier (DGT pour l'exécution financière, aspect actif de l'exécution).

II. L'exécution comptable

Qualifiée aussi parfois d'exécution juridique, l'exécution comptable concerne les opérations budgétaires c'est-à-dire la réalisation des dépenses et recettes prévues et inscrites au budget. C'est l'aspect passif car elle consiste pour le gouvernement et donc l'administration à mettre en œuvre l'autorisation parlementaire des dépenses et recettes établie par la LFI. Elle s'inscrit dans un cadre juridique et institutionnel, on distingue la mise en œuvre des dépenses de celle des recettes, elle entraîne un régime de responsabilité propre à chacun des agents chargés de cette mise en œuvre de la LFI (ordonnateurs et comptables publics).

A. Le cadre juridique : le principe de séparation des ordonnateurs et des comptables

Aux termes de l'art. 8 du décret GBCP de 2012, « les opérations relatives à l'exécution du budget relèvent exclusivement des ordonnateurs et des comptables publics ». Seule une personne ayant ces qualités (ordonnateur et/ou comptable) est habilitée à réaliser les opérations de dépenses et recettes publiques. Seul un comptable public ou comptable patent peut manier des fonds publics à défaut la personne sera déclarée « comptable de fait » et devra rendre compte de sa gestion des deniers publics auprès du juge des comptes.

Principe classique établi dès l'ordonnance royale de 1822, le principe de séparation des fonctions d'ordonnateur et de comptable public exige la présence de deux acteurs au statut distinct pour réaliser les opérations de dépenses et de recettes (art. 9 GBCP). Ce principe signifie :

- **l'incompatibilité** des fonctions (on va même jusqu'à interdire tout lien matrimonial entre un ordonnateur et un comptable – ainsi le conjoint d'un ordonnateur ne peut exercer la fonction de comptable au sein de la même administration) ;
- **l'indépendance** des fonctions (le comptable bien qu'exécutant les ordres de dépenses et recettes émis par l'ordonnateur n'est pas le subordonné hiérarchique de ce dernier) ; le comptable peut par conséquent ne pas exécuter un ordre de paiement émis par l'ordonnateur sans encourir de sanction disciplinaire ;
- la **spécialisation** des fonctions (celui qui décide de la dépense ou recette appelé l'ordonnateur ne manie pas les fonds ; celui qui manie les fonds appelé le comptable public ne décide pas). Ainsi l'un des acteurs ne peut agir sans l'autre, leur intervention simultanée est nécessaire à la réalisation des opérations de dépenses et recettes. Ce principe permet un contrôle réciproque notamment du comptable sur l'ordonnateur et assure la régularité des opérations évitant ainsi les risques de fraudes et malversations dans la gestion des deniers publics.

Mais à tout principe, il y a des exceptions notamment la procédure prévue à l'art. 22 du décret GBCP des régies d'avances (en matière de dépenses) et régies de recettes (en matière recettes) : une même personne, nommée régisseur par l'ordonnateur sur avis conforme du comptable, peut à la fois décider et manier des fonds publics. Cette procédure est de pratique courante (droits d'entrée aux musées nationaux, service de restauration administrative qui sont des régies de recettes ; ou encore un service de paie des vacataires ou contractuels institué sous forme d'une régie d'avances). Ces dérogations intéressent souvent des montants de faible importance et/ou sont nécessitées par la recherche d'efficacité et de rapidité voire l'urgence des opérations à effectuer.

La violation du principe de séparation des fonctions d'ordonnateur et de comptable public est sanctionnée par l'infraction financière de gestion de fait, infraction de création prétorienne (arrêt Cour des comptes 23 août 1834 *Ville de Roubaix*) qui sera ensuite consacrée par les textes (article 25 du décret du 31 mai 1862 portant règlement général sur la comptabilité publique puis article 60 de la loi n° 63-156 du 23 février 1963 de finances pour 1963 modifié par l'art. 90 de la loi n° 2011-1978 du 28 décembre 2011 de finances rectificative pour 2011 dont les principales dispositions sont codifiées au CJF). L'infraction est constituée à l'égard de toute personne qui manie des fonds publics sans avoir la qualité de comptable, cette personne est alors déclarée par le juge des comptes « comptable de fait » et soumise à la procédure classique de jugement et au régime sévère de responsabilité personnelle pécuniaire (RPP) applicable au comptable patent (reddition des comptes et réparation du dommage ayant causé un préjudice financier à l'organisme sur ses biens personnels). L'autorité compétente (autorité administrative et/ou politique) devra établir l'utilité publique des opérations alors effectuées par le « comptable de fait » et ce dernier obtenir du juge « quitus de sa gestion » pour échapper à tout engagement et mise en œuvre de sa RPP.

Depuis la LOLF, le principe de séparation des fonctions d'ordonnateur et de comptable public est davantage assoupli pour permettre au-delà du respect de la régularité des opérations de dépenses et recettes, la recherche de leur efficacité, évolution nécessaire pour répondre à l'exigence nouvelle de « culture de résultats » et au contexte des systèmes d'information financière suscités par la généralisation de l'outil informatique (dématérialisation des actes de dépenses et recettes). Le décret de 2012 dit GBCP consacre ces pratiques en modifiant les rapports entre ces deux acteurs et notamment le contrôle du comptable sur l'ordonnateur (contrôle allégé en partenariat ou CAP et contrôle hiérarchisé de la dépense ou CHD prévus à l'art. 42 GBCP). Une nouvelle gestion budgétaire et comptable publique est par ailleurs instituée avec la mise en place de centres de services partagés (CSP) placés, aux termes de l'art. 76 du décret GBCP, sous la responsabilité de l'ordonnateur ; le responsable d'un CSP peut agir sur délégation de signature (il est alors soumis au pouvoir hiérarchique de l'ordonnateur) ou sur délégation de gestion au sens du décret 14 octobre 2004 relatif à la délégation de gestion dans les services de l'État (il est situé hors chaîne hiérarchique en bénéficiant d'une délégation de pouvoir établie sur la base d'un contrat de service définissant les responsabilités de chacun). Quant aux services facturiers (SFACT), ils sont placés, aux termes de l'art. 41 du décret GBCP, sous la responsabilité du comptable public.

Les ordonnateurs (art. 10 à 12 décret GBCP) sont en général des administrateurs placés au sommet de la hiérarchie administrative, des chefs d'administration, chefs de service... Ils exercent la fonction financière parmi d'autres fonctions (ce n'est pas leur fonction principale) et disposent d'un pouvoir discrétionnaire (sauf obligation juridique, ils peuvent ne pas engager la dépense ou l'engager pour un montant plus faible que celui autorisé). On distingue quatre grandes catégories d'ordonnateurs :

- *les ordonnateurs principaux*, ceux à qui des crédits sont mis à disposition (ainsi les ministres sont ordonnateurs principaux du budget de l'État ; les exécutifs locaux ordonnateurs principaux des budgets locaux, ainsi le maire pour le budget de la commune, le président du conseil départemental pour le budget du département et le président du conseil régional pour le budget de la région ; le président du conseil d'administration d'un établissement public est ordonnateur principal ainsi les présidents d'universités sont ordonnateurs principaux des budgets des universités...) ;
- ensuite les *ordonnateurs secondaires*, catégorie propre aux services déconcentrés de l'État ; ils reçoivent délégation de signature et de compétence des ordonnateurs principaux (les préfets, les recteurs, ou à l'étranger, les ambassadeurs sont ordonnateurs secondaires du budget de l'État) ;
- les *ordonnateurs délégués* qui reçoivent délégation de signature des ordonnateurs principaux et/ou secondaires ;
- les *ordonnateurs suppléants* qui reçoivent également délégation de signature des ordonnateurs précités en cas d'absence ou d'empêchement dans l'exercice de leur fonction.

Il est utile de rappeler que la nomination de ces ordonnateurs est toujours établie sur la base d'un texte en général à valeur réglementaire publié et transmis au comptable public qui doit s'assurer, avant toute opération de paiement d'une dépense ou de recouvrement d'une recette, de leur qualité et fonction précise. À défaut, il ne peut procéder à ces opérations.

Les ordonnateurs classiques de l'État sont rappelés et définis aux articles 74 à 76 du décret GBCP (ministres, préfets, recteurs, ambassadeurs...). Le décret GBCP de 2012 en son article 73 ajoute de nouveaux acteurs ayant la qualité d'ordonnateurs ou ordonnateurs délégués : les responsables de la fonction financière ministérielle ou RFFM (art. 69 GBCP), les responsables de programmes ou RPROG (art. 70), les responsables de budgets opérationnels de programme ou RBOP (art. 71 avec la notion de BOP définie à l'art. 64 GBCP) et responsables d'unités opérationnelles ou RUO (art. 72 avec la notion d'UO définie à l'art. 65 GBCP). Les RFFM (chargés de la gestion du budget ministériel) et RPROG (chargés du pilotage des programmes), sont placés sous l'autorité de leur ministre ordonnateur principal ; ils établissent d'un commun accord le DRICE en présentant pour chaque programme leur déclinaison sur le terrain en BOP. Une fois les programmes déclinés en BOP, le RPROG notifie le plafond de crédits et d'emplois aux RBOP qui lui-même va les décliner au niveau des UO et les notifier aux RUO. En cours d'exécution, les crédits et emplois du DRICE sont ajustés par le RFFM en liaison avec le RPROG qui par un dialogue de gestion va en informer les RBOP et RUO, tous ces acteurs ayant la qualité d'ordonnateurs sont parfois qualifiés de « nouveaux managers publics ».

Le statut et le rôle des **comptables publics** sont précisés aux art. 13 à 22 du décret GBCP ; ils sont parfois qualifiés aussi de « comptables patents » (ils sont patentés c'est-à-dire qu'ils ont prêté serment devant le juge des comptes avant leur entrée en fonction). Ils exercent cette fonction à titre principal et ont compétence liée au contraire des ordonnateurs (des textes encadrent de manière stricte les pouvoirs du comptable).

Les comptables chargés de l'exécution du budget de l'État sont définis aux articles 77 à 86 du décret GBCP. Il s'agit des contrôleurs budgétaires et comptables ministériels ou CBCM, des comptables des budgets annexes et des comptes spéciaux, des comptables supérieurs des services déconcentrés de l'État (administrateurs départementaux et régionaux des finances publiques). Ces derniers ont sous leur autorité des agents qualifiés de comptables secondaires qui, outre l'exécution des budgets des communes et EPCI, peuvent se voir confier l'exécution de la loi de finances.

Si certains comptables publics appartiennent à la Direction générale des douanes et droits indirects (DGDDI), la plupart sont rattachés à la Direction générale des finances publiques (DGFiP).

B. Le cadre institutionnel : la Direction générale des finances publiques (DGFiP)

Anciennement appelés « comptables directs du Trésor », les comptables publics à compétence générale sont rattachés à la DGFiP qui résulte de la fusion en 2008 de la Direction générale des impôts (DGI) et de la Direction générale de la comptabilité publique (DGCP) : les comptables à compétence spécialisée appartiennent à la DGDDI notamment en matière de recouvrement de certaines recettes fiscales (droits de douanes, droits de consommation sur l'alcool et le tabac, taxe intérieure de consommation sur les produits énergétiques ou TICPE...) mais la LFI pour 2019 envisage de transférer à la DGFiP le recouvrement de toute la fiscalité relevant de l'État et de ne réserver à la DGDDI que la seule fiscalité proprement douanière (régulation des flux et de marchandises) ; ont également une compétence spécialisée, les comptables des budgets annexes et les comptables des comptes spéciaux.

Ces comptables de la DGFiP, les plus nombreux par l'effectif, exercent leur fonction auprès des services de l'État, des collectivités territoriales ou établissements publics locaux et nationaux. Ils ont dans tous les cas le statut d'agent de l'État nommé par le ministre chargé du Budget ou avec son agrément. Ce statut leur garantit une certaine indépendance à l'égard des responsables des organismes dont ils tiennent les comptes. On distingue parmi ces comptables publics :

- les *comptables principaux* qui rendent leur compte directement au juge des comptes (ce sont notamment le Contrôleur budgétaire et comptable ministériel ou CBCM placé auprès de chaque ministre, les comptables des budgets annexes et comptes spéciaux, les administrateurs départementaux et/ou régionaux des finances publiques (ADFP et ARFP à la tête respectivement des DDFiP et des DRFiP, ce nouveau corps d'administrateurs des finances publiques se substitue à l'ancien corps des Trésoriers payeurs généraux ou TPG)) ;
- les *comptables secondaires* (art. 15 GBCP) sont ceux dont les opérations sont centralisées par un comptable principal. Ainsi les compatibles publics auprès des communes sont comptables principaux du budget communal (jugement de leurs comptes par la CRTC territorialement compétente) et comptables secondaires du budget de l'État (leurs comptes sont centralisés par un comptable principal d'État situé au sein d'un service déconcentré rattaché à une DDFiP et/ou DRFiP).

On distingue le régime des dépenses de celui des recettes, distinction rappelée à l'article 11 du décret GBCP ; le régime semble plus sévère en matière de dépenses car les risques d'irrégularités paraissent plus fréquents du fait notamment du caractère en principe limitatif des crédits et aussi de l'intervention d'une multitude d'acteurs ; en matière de recettes, leur caractère prévisionnel et leur nature souvent fiscale (dans ce cas l'administration fiscale, la DGFiP et/ou la DGDDI, est seule compétente), explique en partie le régime d'exécution assez souple des recettes fiscales où la distinction des fonctions d'ordonnateurs et de comptables est moins nette : les agents en charge des recettes fiscales appartiennent en effet à la même administration, les risques paraissent limités car encadrés par un ensemble de règles au caractère assez contraignant appelé droit fiscal.

C. La réalisation des opérations de dépenses (art. 29 à 42 du décret GBCP)

La procédure de dépense est prévue aux articles 29 à 42 du décret GBCP ; on peut distinguer une phase administrative relevant en principe du seul ordonnateur et une phase comptable relevant en principe du seul comptable public. À côté de ce régime normal, existe un régime souple.

La phase administrative s'effectue en trois temps :

- *l'engagement* (art. 30 GBCP) : il s'agit de tout acte ou fait juridique qui fait naître une obligation de laquelle résultera une charge, une dépense ; ainsi l'acte unilatéral qu'est la nomination d'un agent public oblige l'État à le rémunérer ; l'acte contractuel qu'est la conclusion d'un contrat de marché public contraint l'État à payer le prestataire de biens et services ; un fait juridique tel un dommage causé à un administré oblige l'État à indemniser la victime ; l'engagement devant respecter l'objet et les limites de l'autorisation budgétaire ;
- *la liquidation* (art. 31) : consiste à effectuer deux tâches, vérifier la réalité de la dette et ensuite calculer son montant ; pour se faire, la liquidation comporte d'une part la « certification du service fait, par laquelle l'ordonnateur atteste la conformité à l'engagement de la livraison ou de la prestation » ; et d'autre part « la détermination du montant de la dépense au vu des titres ou décisions établissant les droits acquis par les créanciers » ;
- *l'ordonnancement* (art. 32) ou mandatement est « l'ordre, quelle qu'en soit la forme, donnée par l'ordonnateur au comptable de payer la dépense » ; par dérogation, certaines opérations de dépenses dont la liste est établie par arrêté du ministre du Budget, peuvent être payées sans ordonnancement (rémunération des fonctionnaires) ou payées avant ordonnancement (avances sur marchés publics).

La phase comptable comprend *le paiement* (art. 33 GBCP) qui est l'« acte par lequel l'organisme public se libère de sa dette ». Le paiement ne peut intervenir « avant l'échéance de la dette, l'exécution du service, la décision individuelle d'attribution d'allocations ou la décision individuelle de subvention » ; des avances ou acomptes peuvent toutefois être consentis aux « personnels, entrepreneurs et fournisseurs ainsi qu'aux bénéficiaires de subventions ».

Avant de payer la dépense, le comptable exerce un certain nombre de contrôles prévus à l'art. 19 du décret GBCP (qualité de l'ordonnateur, disponibilité des crédits, vérification du « service fait », caractère libératoire de la dépense au sens où le paiement est fait au profit du créancier ou de son représentant qualifié) ; il s'assure ainsi de la régularité des actes de l'ordonnateur (respect des règles budgétaires et comptables), il ne doit pas exercer un contrôle d'opportunité c'est-à-dire sur les choix politiques des dépenses engagées par l'ordonnateur.

Le paiement s'effectue par tout moyen ou instrument prévu par le code monétaire et financier (art. 34 du décret GBCP). En pratique, le paiement se formalise par la remise de chèques à partir d'un certain montant (300 euros depuis la loi de finances rectificative du 29 décembre 2013) ou le plus souvent par virement bancaire.

Lorsque le comptable relève à l'issue de son contrôle des irrégularités ou des inexactitudes dans les actes de l'ordonnateur, il suspend le paiement et en informe celui-ci. L'ordonnateur est appelé à régulariser ses actes ; il a aussi la faculté, s'il maintient sa décision, d'exercer son droit de réquisition prévu à l'art. 38 du décret GBCP pour contraindre le comptable à payer. Dans ce cas, il y a transfert de responsabilité du comptable vers l'ordonnateur et le comptable doit en informer sa hiérarchie.

Le comptable est tenu toutefois de s'opposer à ce droit de réquisition dans les cas suivants : absence ou indisponibilité des crédits ; la personne engageant la dépense n'a pas la qualité d'ordonnateur ; absence de service fait...

À ce régime normal prévu aux art. 29 à 32 al. 1 GBCP, existe un régime plus souple pour certaines dépenses répétitives ou urgentes : ainsi la rémunération des fonctionnaires (paiement sans ordonnancement, art. 32 al. 2), les avances sur marchés publics (paiement avant ordonnancement, art. 33) ou encore les procédures de régies d'avances énoncées à l'art. 23 du décret GBCP (pas de distinction entre les fonctions d'ordonnateur et de comptable public, le régisseur réalisant seul ces deux phases administrative et comptable intéressant les opérations de dépenses).

La loi n° 68-1250 du 31 décembre 1968 relative à la prescription des créances sur l'État, les départements, les communes et les établissements publics fixe la prescription extinctive des dettes publiques à quatre années à partir du premier jour de l'année suivant celle au cours de laquelle les droits ont été acquis (ainsi une créance sur l'administration qui naît le 30 octobre 2017 fait courir le délai de prescription du premier janvier 2018 jusqu'au 31 décembre 2022 ; le premier janvier 2023 elle est prescrite et ne peut plus être réclamée par le créancier de l'administration). Ce délai peut toutefois être interrompu et fait alors courir un nouveau délai de quatre ans dans certains cas prévus à l'art. 2 de la loi (demande de paiement ou réclamation écrite du créancier, recours formé devant une juridiction, règlement par l'administration d'une partie de sa dette). Une fois acquise, la prescription quadriennale doit être opposée par l'administration (l'ordonnateur oppose la déchéance une fois la dette devenue non exigible).

Ce régime particulier dit de la « prescription quadriennale » s'explique par le caractère insaisissable des biens et deniers publics, le créancier d'une personne publique ne peut en effet exercer à l'encontre de l'administration les voies d'exécution classiques de droit civil ni demander une compensation pour obtenir le règlement de la somme due.

D. La réalisation des opérations de recettes (art. 23 à 28 du décret GBCP)

Les recettes résultent de créances nées de l'application de lois (recettes fiscales), règlements (redevances pour service rendu), décision de justice (condamnation en dommages et intérêts, amende prononcée), de conventions (contrats publics), ou encore de faits juridiques (passage de frontière d'un État pour les visas...). Ainsi les ordonnateurs ne font que constater ces situations de fait ou de droit, ils ne les créent pas. On peut distinguer la procédure de mise en œuvre des recettes fiscales de celle des recettes non fiscales (art. 23 GBCP).

Dans la mise en œuvre *des recettes fiscales* la distinction des fonctions entre ordonnateurs et comptables est moins nette en particulier en matière de fiscalité indirecte car ces opérations s'effectuent au sein de la même administration à laquelle appartiennent ces deux agents (chef de service en tant qu'ordonnateur et agent comptable du même service) ; ces opérations relèvent en effet des services fiscaux c'est-à-dire soit de la DGFiP pour le recouvrement de certaines recettes fiscales (TVA, IR, IS, IFI) soit de la DGDDI pour les autres recettes (TICPE, droits de consommation sur l'alcool et le tabac). Ces recettes fiscales sont liquidées et recouvrées dans les conditions prévues par le code général des impôts (CGI), le livre des procédures fiscales (LPF), le code des douanes (CD) et le cas échéant par les autres lois et règlements.

On peut distinguer **une phase administrative** relevant des ordonnateurs qui aux termes de l'art. 11 du décret GBCP, « constatent les droits et obligations, liquident les recettes et émettent les ordres de recouvrer »; sont ainsi énoncées les trois étapes nécessaires à la réalisation des recettes fiscales :

- la *constatation d'un fait générateur*: l'ordonnateur ne crée pas cette situation, il ne fait que la constater; ce fait générateur fait naître la créance de l'État (tel un acte économique d'achat ou vente de bien ou service qui rend l'entreprise redevable de la TVA ou encore la perception annuelle d'un revenu pour l'IRPP ou le bénéfice réalisé par l'entreprise pour l'IS ou encore la détention d'un patrimoine d'une valeur d'au moins 1,30 M€ pour l'IFI depuis 2018) ;
- la *liquidation* (art. 24 GBCP) a pour objet « de déterminer le montant de la dette des redevables. Les recettes sont liquidées pour leur montant intégral sans contraction avec les dépenses »; il s'agit de calculer le montant de la recette fiscale, tel un impôt ou taxe, il est fait alors application d'un taux à une assiette ou base d'imposition ; on distingue souvent le taux proportionnel (le taux ne varie pas avec la matière imposable, ainsi le taux normal de TVA fixé à 20 % que la base d'imposition soit de 100, 1 000, 10 000 ou tout autre montant) du taux progressif (le taux varie avec la matière imposable), il s'agit dans ce cas de fixer au préalable un barème ainsi le taux de l'impôt sur le revenu ou IR varie avec la tranche de revenu imposable comprenant

cinq tranches allant de 10064 € (taux de 0 % jusqu'à cette tranche) à plus 157806 € (taux de 45 % au-delà de cette tranche) depuis la LFI pour 2020 ; le régime de liquidation des impôts proportionnels (plus simple car indifférent à la capacité contributive de chacun) se distingue ainsi de celui des impôts progressifs (plus complexe car tenant compte de la capacité contributive de chacun) ; la complexité de l'impôt progressif est le prix de la justice fiscale ; rappelons que seulement 46 % des contribuables français sont imposables à l'IR, proportion appelée à se réduire avec la baisse du taux de la première tranche d'imposition de 14 % à 11 % depuis janvier 2020 ;

- mise en recouvrement par *l'émission d'un titre de recette* : par ce titre, l'ordonnateur donne l'ordre au comptable public de recouvrer la recette, titre qui doit préciser les bases de la liquidation.

Suit **la phase comptable,** qui relève en principe du seul comptable public, *le recouvrement* : le règlement des sommes dues aux organismes publics « est fait par tout moyen ou instrument de paiement prévu par le code monétaire et financier » (art. 25 du décret GBCP). Ce règlement ou paiement de la dette fiscale s'effectue par chèque, espèce jusqu'à un certain montant ou toute autre modalité spécifique (remise de timbre pour les amendes ou documents administratifs tels passeports ou encore dation en paiement sous certaines conditions telles que les remises à l'État d'œuvres d'art ou d'objets de collection pour le paiement de l'IFI, droits de succession et/ou de donation, de remises de formules ou fournitures ou encore d'exécution de prestations en nature...).

L'ordre de recouvrer émis par l'ordonnateur fonde l'action de recouvrement diligentée par le comptable (art. 28 GBCP). Avant de procéder au recouvrement, le comptable est tenu de contrôler la régularité des actes de l'ordonnateur, car il engage à ce stade sa responsabilité personnelle pécuniaire (RPP).

L'ordre de recouvrement a force exécutoire au sens de l'art. L252 A du LPF. Le recouvrement amiable est la règle (en général le contribuable verse son impôt à la date indiquée sur le titre exécutoire ou l'avis d'imposition) ; le recouvrement forcé étant l'exception ; à défaut de recouvrement amiable, le comptable doit procéder à toute diligence nécessaire pour recouvrer la créance : ainsi en matière de créance fiscale du type « impôt sur les ménages » (IR), une première lettre de rappel avec souvent majoration de 10 % est adressée au contribuable ; éventuellement une seconde lettre de rappel avec majoration supplémentaire ; si le contribuable demeure récalcitrant, le comptable recourt aux prérogatives de puissance publique de droit administratif (sanctions fiscales) et aux voies classiques d'exécution inspirées du code de procédure civile (saisie des biens et mise en vente aux enchères voire saisie sur salaire).

Le comptable a l'obligation de recouvrer la recette et engage à ce titre sa responsabilité en cas de non-recouvrement (art. 17 GBCP). Sa responsabilité est toutefois écartée d'une part, en cas de remise gracieuse demandée par le débiteur en état de « gêne ou d'indigence » et acceptée par l'ordonnateur et, d'autre part, en cas d'admission en non-valeur demandée par le comptable et autorisée par l'ordonnateur (insolvabilité du contribuable de bonne foi, absence ou disparition de ce dernier ou toute autre raison rendant impossible le recouvrement de la recette). Les admissions en non-valeur doivent recevoir l'assentiment de l'autorité budgétaire (assemblée délibérante) à défaut, le comptable doit reprendre ses diligences et poursuivre le recouvrement des créances.

Un régime de prescription des créances fiscales de droit commun est prévu à l'art. L186 du LPF qui dispose que « lorsqu'il n'est pas expressément prévu de délai de prescription plus court ou plus long, le droit de reprise de l'administration s'exerce jusqu'à l'expiration de la sixième année suivant celle du fait générateur de l'impôt ». Et l'art. L189 LPF de préciser que « la prescription est interrompue par la notification d'une proposition de rectification, par la déclaration ou la notification d'un procès-verbal, de même que par tout acte comportant reconnaissance de la part des contribuables et par tous les autres actes interruptifs de droit commun ». Ce pouvoir du fisc d'exercer un contrôle fiscal dans un certain délai est appelé délai de reprise. En pratique, certains impôts d'État sont soumis à un délai de reprise de trois ans (TVA, IR, IS, IFI) voire un an pour certains impôts locaux (TFPB, TFPNB, TH). Il y a alors prescription au-delà de ce délai. Mais délai pouvant être porté à 10 ans en cas d'absence ou d'omission de déclaration de ces impôts.

Pour *les recettes non fiscales* (redevance pour service rendu, amendes, droits d'occupation du domaine public...), on a le même schéma détaillé précédemment et repris ici (phase administrative et phase comptable) avec cependant une distinction plus nette entre les fonctions d'ordonnateurs et de comptables car ces acteurs (ordonnateur et comptable) appartiennent souvent à des services administratifs distincts : l'administration fiscale n'est pas seule à intervenir.

Les ministres peuvent émettre un ordre de recette appelé « arrêté de débet » (art. 112 GBCP) à l'égard de toute personne « tenue de rendre compte soit de l'emploi d'une avance reçue soit de recettes destinées à l'État ».

Les comptables sont tenus d'enregistrer leurs opérations de dépenses et de recettes dans leur comptabilité désormais dans ces trois dimensions, comptabilité budgétaire, comptabilité générale et comptabilité d'analyse des coûts. Leurs comptes et les pièces justificatives qui les accompagnent (art. 50 à 52 GBCP) sont chaque année soumis au juge des comptes pour examen. Ce dernier peut après instruction et jugement de comptes du comptable engager sa responsabilité financière.

La procédure de mise en œuvre des recettes et dépenses de l'État est détaillée par le décret GBCP de 2012 dans ses articles 107 à 124 pour les opérations de recettes de l'État et aux articles 125 à 136 pour les opérations de dépenses de l'État; on retrouve l'application du principe classique de séparation des fonctions d'ordonnateur et de comptables et les dérogations qui l'accompagnent rappelant ainsi le régime de responsabilité propre à chacun de ces acteurs.

E. La responsabilité financière des ordonnateurs et des comptables

Le principe de séparation des fonctions d'ordonnateurs et de comptables entraîne un régime distinct de responsabilité (respectivement art. 12 et art. 17 du GBCP). À côté des responsabilités classiques à caractère général auxquels ils demeurent soumis (responsabilité civile pour réparer un dommage causé à une victime ; responsabilité pénale en cas d'infraction pénale ; responsabilité disciplinaire en cas de violation d'une règle professionnelle voire responsabilité politique pour les élus et ministres en tant qu'ordonnateurs), ces agents chargés de la mise en œuvre des dépenses et recettes publiques connaissent un régime de responsabilité à caractère spécifique et propre au droit public financier, appelé responsabilité financière.

Au sein des ordonnateurs, il faut distinguer au regard de leur régime de responsabilité, *les ordonnateurs politiques* (ministres et élus locaux) des *ordonnateurs non politiques* (membres de cabinets ministériels, agents publics de l'État, des collectivités territoriales et d'établissements publics).

Les ordonnateurs politiques échappent totalement (les ministres) ou partiellement à cette responsabilité financière (les élus locaux dans les cas notamment d'octroi d'un avantage indu et de non-exécution d'une décision de justice ayant condamné la collectivité au paiement d'une somme). En 2009, un projet de loi sur les juridictions financières a été déposé au Parlement qui visait à soumettre ces ordonnateurs politiques à une telle responsabilité mais ce projet n'a pas abouti. Si bien que les ministres et élus locaux continuent à échapper à la compétence de la juridiction créée en 1948 pour juger les ordonnateurs, la Cour de discipline budgétaire et financière ou CDBF dont la composition et le rôle sont précisés aux articles L311-2 et suivants du CJF.

Sont en pratique justiciables devant la CDBF les ordonnateurs non politiques (membres de cabinets ministériels, agents publics civils et militaires…) ayant commis des actes contraires aux règles budgétaires et comptables (engagement d'une dépense irrégulière, non-déclaration à l'administration d'informations obligatoires liées aux charges ou ressources publiques : on peut illustrer ce dernier cas à travers le contrôle de la gestion des ordonnateurs de l'établissement à statut particulier Sciences po. Paris mené en 2013 par la Cour des comptes et à l'issue duquel un rapport a établi des irrégularités qui ont conduit à la saisine de la CDBF).

Les comptables publics sont soumis à une responsabilité financière appelée responsabilité personnelle pécuniaire ou RPP pour réparer les dommages causés à l'organisme dont ils tiennent les comptes (art. 60-I loi de finances du 23 février 1963 modifiée). Un comptable engage sa responsabilité sur ses biens et deniers propres « dès lors qu'un déficit ou un manquant en monnaie ou en valeurs a été constaté, qu'une recette n'a pas été recouvrée, qu'une dépense a été irrégulièrement payée ». Il doit alors reverser à l'organisme dont il tient les comptes ces manquants relevés par le juge : on dit qu'il est « constitué en débet » des sommes manquantes. Cependant, l'article 90 de la LFR du 28 décembre 2011 (disposition introduite à l'art. 60-VI de la LFI de 1963 précitée) exige, pour pouvoir engager la RPP du comptable, que ce manquement ait causé un préjudice financier à l'organisme public concerné ; à défaut de préjudice, le juge condamne le comptable à s'acquitter d'une simple somme d'argent dont il arrête et fixe le montant.

Cet assouplissement du régime de la responsabilité personnelle pécuniaire s'inscrit dans le cadre plus général de rénovation de la fonction comptable : allégement du contrôle *a priori* fondé sur la notion de « régularité » et renforcement du contrôle *a posteriori* fondé sur la notion de « risque ». La consécration du contrôle allégé en partenariat (CAP) centré sur la régularité et du contrôle hiérarchisé de la dépense (CHD) centré sur les risques par l'article 42 du décret GBCP appelle une refondation de la RPP et plus largement de la responsabilité des gestionnaires publics avec la mise en place de CSP sous l'autorité de l'ordonnateur (avec ses modalités de délégation de signature et délégation de gestion) et des SFACT sous l'autorité du comptable, pratiques et services consacrés par le décret GBCP.

Si l'exécution comptable constitue l'aspect passif de la mise en œuvre de la loi de finances annuelle, l'exécution financière en constitue l'aspect actif appelant l'application d'autres principes et l'intervention d'autres acteurs.

III. L'exécution financière

Elle résulte d'un double constat : un décalage annuel entre date d'encaissement (recettes) et date de décaissement (dépenses) et un décalage pluriannuel entre dépense et recettes de l'État dû à la permanence du déficit budgétaire depuis les années 1980, déficit aggravé en période de crise économique comme celle de 2008 et récemment celle de 2020 provoquée par l'épidémie de Covid-19. Il s'agit par une attitude active de rechercher des ressources hors budget (emprunt à court terme pour un besoin annuel de trésorerie et emprunt à moyen et long terme pour un besoin pluriannuel pour couvrir le déficit mais également pour rembourser des dettes venant à échéance) : la finalité est de permettre un financement régulier du budget de l'État afin d'honorer ses engagements (rémunération de ses fonctionnaires en activité et à la retraite, paiement de ses fournisseurs et prestataires, remboursement de ses créanciers...) quitte à souscrire un nouvel emprunt qui va accroître le déficit et donc la dette de l'État. Les opérations non budgétaires ou de trésorerie sont soumises à un cadre juridique (principe d'unité de trésorerie), elles s'inscrivent dans un cadre institutionnel (Direction générale du trésor ou DGT) et sont mises en œuvre selon des règles particulières.

A. Le cadre juridique : le principe d'unité de trésorerie (unité de caisse)

Les opérations de trésorerie sont définies aux art. 43 à 48 du décret GBCP (et aussi art. 25 LOLF) : elles visent les mouvements de numéraire, de valeurs mobilisables, de comptes de dépôts et comptes courants. Elles concernent en pratique les opérations d'emprunt et celles effectuées en rapport avec les correspondants du trésor (que sont notamment les collectivités territoriales et établissements publics administratifs) et aussi celles en rapport avec la Banque de France (BdF) : cette dernière, depuis 2014 et les mesures non conventionnelles prises en période de crises par la BCE, détient une part de la dette de l'État, environ 20 %. Ainsi la BdF, en rachetant les titres détenus par les créanciers de l'État sur le marché secondaire, tire une part de ses ressources de la dette publique.

Le principe d'unité de trésorerie impose à certains organismes l'obligation de dépôt de leurs fonds disponibles au Trésor public, obligation rappelée par l'art. 26 3° LOLF. Seule une disposition de loi de finances peut prévoir des dérogations à ce principe. Certaines personnes publiques sont tenues à cette obligation notamment les collectivités territoriales et établissements publics administratifs ou EPA (ils sont alors qualifiés de correspondants du Trésor), d'autres organismes déposent une partie seulement de leurs fonds (Caisse des dépôts et consignation ou CDC, La banque postale ou LBP), d'autres encore sont soumis à une simple faculté de dépôts (établissements publics à caractère industriel et commercial ou EPIC). Ce principe conduit à une centralisation de tous ces fonds en une caisse unique (on parle d'unité de caisse). Ce principe est la traduction financière du principe constitutionnel d'unité de l'État.

Les fonds publics d'où qu'ils proviennent sont ainsi déposés sur un compte unique du Trésor tenu dans les écritures de la Banque de France (articles 138, 141 et 142 du décret GBCP et art. L141-8 al. 2 CMF). La relation ici entre la Banque de France et le Trésor est la relation qui existe entre un banquier et son client, relation profondément modifiée par le traité de Maastricht de 1992. Ainsi la Banque de France n'autorise aucun découvert sur ce compte (art. L141-3 CMF).

La gestion active de cette abondante trésorerie (environ 60 Md€ chaque année), relève de l'Agence France Trésor (AFT), service à compétence nationale (SCN) dépendant de la Direction générale du trésor (DGT). Le suivi comptable du compte du Trésor public est, aux termes de l'Arrêté du 24 janvier 2013 portant application des articles 43 à 47, 134, 138, 141, 142, 143, 195 et 197 du décret n° 2012-1246 du 7 novembre 2012 relatif à la gestion budgétaire et comptable publique et encadrant les comptes de disponibilité et les dépôts de fonds au Trésor, assuré par la DGFiP. Chaque comptable a un compte propre (près de 6800 comptes au total) rattaché à ce compte unique du Trésor public sur lequel il effectue ses opérations budgétaires et/ou non budgétaires. Seul un comptable public de sa propre initiative ou sur ordre d'un ordonnateur peut mouvementer les fonds déposés sur ce compte. Ce principe d'unité de caisse, qui garantit au comptable le monopole de maniement des fonds, découle ainsi du fameux principe de séparation des fonctions d'ordonnateur et de comptable public.

B. Le cadre institutionnel: la DGT (l'Agence France Trésor ou AFT)

L'AFT, service à compétence nationale (SCN) crée le 8 février 2001, est rattachée à la DGT; l'AFT est chargée de la gestion de la trésorerie et de la dette de l'État.

La gestion de la trésorerie de l'État consiste pour l'AFT à ce que l'État honore ses engagements à court terme: l'État doit pouvoir à tout moment exécuter ses dépenses depuis son compte unique tenu par la Banque de France sachant que ce compte doit toujours présenter un solde créditeur c'est-à-dire être positif (interdiction de tout découvert rappelée par l'article 123 TFUE aux termes duquel la Banque de France n'octroie aucun crédit et n'autorise aucun découvert); cette contrainte européenne liée à l'euro soumet l'État à une gestion active de sa trésorerie (éviter tout déficit de trésorerie et placer au mieux moyennant rémunération tout excédent de trésorerie).

Mais devant l'insuffisance souvent de fonds disponibles (trésorerie), l'AFT doit recourir à l'emprunt à moyen et long terme nourrissant une dette dont la gestion relève de l'AFT.

La gestion de la dette consiste pour l'AFT, à couvrir le besoin de financement de l'État à moyen et long terme; à cet effet elle émet des titres sur le marché primaire et gère le portefeuille de produits dérivés de l'État (contrats d'échange de taux d'intérêt ou *swaps*). L'AFT selon les besoins de financement de l'État et l'évolution des taux d'intérêt négocie ces titres ou conclut des contrats d'échange de taux (contrats *swaps*). L'AFT vise ainsi à gérer la dette de l'État au moindre coût pour le contribuable. On parle de gestion active de la dette de l'État.

Cette activité de l'AFT est retracée dans le compte de commerce « Gestion de la dette et de la trésorerie de l'État », compte spécial où le parlement vote sur une autorisation de découvert (art. 22-II LOLF). Ce compte est présenté en 2 sections, section 1 relative à la gestion de titres; section 2 portant sur la gestion de portefeuilles, notamment les *swaps*. Ce compte est alimenté par des crédits inscrits au programme ministériel « Charge de la dette et trésorerie de l'État » rattaché à la mission « Engagements financiers de l'État ». Ce rattachement aux crédits budgétaires de l'État rappelle que la charge de la dette (remboursement des intérêts de l'emprunt) est une charge budgétaire couverte par une ressource budgétaire notamment par l'impôt c'est-à-dire financée par le contribuable.

C. La réalisation des opérations d'emprunt à court, moyen et long terme

Les besoins de financement de l'État sont satisfaits soit par un recours aux fonds déposés par les correspondants du trésor (dette non négociable) soit par un recours à l'emprunt sur les marchés financiers (dette négociable). Les charges et ressources trésorerie sont définies à l'article 25 de la LOLF ; la mise en œuvre des opérations de trésorerie relève de la compétence des seuls comptables publics comme le rappellent les articles 137 à 146 du décret GBCP de 2012.

La dette non négociable (fonds puisés dans la trésorerie ou caisse publique) ne suffit pas à couvrir les besoins de financement de l'État ce qui le contraint à se tourner vers les marchés internationaux de capitaux. La dette de l'État est à plus de 80 % une dette négociable gérée par la DGT et en son sein l'AFT.

La dette négociable née de l'emprunt couvre le décalage annuel de la trésorerie de l'État (bons du Trésor) et son déficit budgétaire qui nourrit un emprunt pluriannuel (obligations du Trésor). Ces produits d'emprunt, appelés valeurs du Trésor, sont ainsi les bons du Trésor et les obligations du Trésor.

Les bons du Trésor étaient jusqu'au 1er janvier 2013 de deux types :

- d'une part, les emprunts à court terme (moins d'un an, les bons du trésor à taux fixe et à intérêt précompté ou BTF) ; les BTF financent le décalage annuel constaté entre les dépenses et recettes de l'État et permettent de garantir le solde positif du compte unique du Trésor ;
- d'autre part les emprunts à moyen terme (entre 2 et 5 ans, les bons du trésor à intérêt annuel ou BTAN) ; les BTAN couvrent dans un cadre pluriannuel le déficit budgétaire ; ils servent éventuellement à rembourser les emprunts venant à échéance.

Les obligations assimilables du Trésor ou OAT sont des emprunts à long terme (de 5 à 30 ans voire 50 ans) et couvrent également le déficit de l'État. Ils permettent aussi de rembourser les emprunts venant à échéance.

Depuis le 1er janvier 2013, les OAT deviennent également le support de l'endettement à moyen terme (émis à maturité de 2 à 5 ans) et sont donc appelées progressivement à remplacer et à se substituer aux BTAN (le dernier BTAN arrivera à échéance le 25 juillet 2017). Cette simplification conduit à évoquer désormais les deux valeurs du Trésor que sont :

- les BTF, emprunts à court terme de moins d'un an pour répondre aux besoins de trésorerie de l'État dans un cadre infra-annuel (un BTF de 3 mois est émis chaque semaine ou BTF hebdomadaire ; il existe aussi un BTF semestriel et BTF annuel) ; les BTF émis en 2020 s'élèvent à un montant de 10 Md€ montant porté à 64,1 Md€ par la LFR2 du 25 avril 2020 ;
- les OAT, emprunts à moyen et long terme pour répondre au besoin de financement de l'État dans un cadre pluriannuel ; ces titres émis à maturité de 2 à 50 ans sont souvent à taux fixe et remboursables *in fine* ; d'autres sont à taux variable ; depuis septembre 1998 sont émis des OAT indexées sur l'indice des prix à la consommation en France (OATi) et depuis octobre 2001 sur l'indice des prix de la zone euro (OAT€i) afin de protéger le pouvoir d'achat des investisseurs institutionnels et/ou des particuliers (ainsi en 2019, émission d'OAT pour un montant de 245,6 Md€ dont 228,3 Md€ d'OAT à taux fixe et 17,30 M€ d'OAT indexées sur l'inflation). Les OAT émises dans le cadre de la LFI pour 2020 s'élèvent à un montant de 205 Md€ sur un montant total d'emprunt et de trésorerie de 230,5 Md€.

Avec la première loi de finances rectificative (LFR1) de mars 2020, l'État connaît suite à la crise sanitaire un besoin de financement de près de 246,1 Md€ dont 109 Md€ pour couvrir le déficit budgétaire. L'emprunt à moyen et long terme (OAT) et à court terme (BTF) à émettre pour couvrir ce besoin de financement s'élève à un même montant pour l'année 2020 soit 246,1 Md€ dont 210 Md€ en OAT et 10 Md€ en BTF, les autres ressources s'élèvent à 15,50 M€. Mais avec la deuxième loi de finances rectificative (LFR2) adoptée en avril 2020, l'AFT voit son programme de financement revu à la hausse (62,1 Md€ de BTF soit + 34,6 Md€ par rapport à la LFR1 et 245 Md€ d'OAT soit +35 Md€ par rapport à la LFR1). Ces chiffres sont sûrement à revoir dans l'attente de nouvelles lois de finances rectificatives (quasiment une LFR par mois depuis mars 2020) !

Pour approfondir

- Cour des comptes, *La Mise en œuvre de la LOLF : un bilan pour de nouvelles perspectives*, La documentation française, Paris, 2011, 210 p.
- S. Damarey, « Le devenir du principe de séparation », *G&FP*, n° 5, sept.-oct. 2019, p. 76.
- C. Delon-Desmoulin, « La mise en œuvre de la LOLF », *G&FP*, n° 5, mai 2012, p. 10.
- F. Martucci, « La restructuration de la dette souveraine dans la zone euro : entre souveraineté et marché », *RFDA*, n° 2 mars-avril, 2019, p. 272.
- F. Mordacq, « Six ans de pratique de la LOLF : une maturité progressive », *G&FP*, n° 4, avril 2012, p. 32.
- R. Stauffert, « La gestion de la dette de l'État : une mission de service public ? », *RFDA*, n° 2 mars-avril, 2019, p. 260.
- S. Strosa, « La LOLF, une perspective internationale », *RFFP,* n° 116, novembre 2011, p. 111.

QCM

une ou deux bonne(s) réponse(s) possible(s)

1 L'exécution financière de la loi de finances initiale ou LFI

❏ a. fait intervenir les services de la DGT notamment l'AFT

❏ b. est encadrée par le principe d'unité de trésorerie

❏ c. aucune de ces réponses

2 La DGFiP est en charge

❏ a. de l'exécution comptable de la LFI

❏ b. du suivi comptable du compte unique du Trésor public

❏ c. aucune de ces réponses

3 Le principe d'unité de caisse

❏ a. s'applique aux fonds et disponibilités de l'État

❏ b. s'applique aux fonds et disponibilités des collectivités territoriales

❏ c. aucune de ces réponses

4 Les produits d'emprunt à court terme de l'État sont constitués

❏ a. de bons du trésor à taux fixe ou BTF

❏ b. des obligations assimilables du trésor ou OAT

❏ c. des actions de l'État

5 La dette négociable résulte

❏ a. des emprunts souscrits sur les marchés internationaux de capitaux

❏ b. de l'appel aux fonds déposés au Trésor public par ses correspondants

❏ c. du non-remboursement du capital emprunté

RÉPONSES 1.a.b. • 2.a.b. • 3.a.b. • 4.a. • 5.a.

QRC

Le cadre institutionnel et normatif des opérations de trésorerie

Méthodologie

Avant tout travail définir chaque terme !

- *« opérations de trésorerie »* : ce sont celles énoncées à l'art. 25 LOLF, pour l'essentiel les dépôts des correspondants et surtout l'emprunt (tableau de financement de la LFI) ; à distinguer des opérations budgétaires (qui concernent les charges et ressources budgétaires à savoir pour ces dernières recettes fiscales et non fiscales) ; Conséquence : on se situe dans le cadre de l'exécution financière et non pas comptable !
- *« cadre institutionnel »* : au sens d'organes intéressés par ces opérations : le Trésor public en retenant ici son rôle de banquier de l'État c'est-à-dire de financeur dans la durée du budget de l'État à savoir la Direction générale du Trésor avec son SCN l'Agence France trésor (AFT) ; aussi la Banque de France qui tient le compte du Trésor public c'est-à-dire le compte de l'État.
- *« Cadre normatif »* : ce sont les règles applicables à ces opérations notamment la fameuse règle d'unité de trésorerie en précisant sa signification et sa portée, le compte particulier de l'État tenu dans les écritures de la Banque de France et bien sûr le régime juridique de l'emprunt (contrat et produit d'emprunt).

Pièges à éviter

Confondre exécution comptable (principe de séparation O et C et rôle de chacun, ce n'est pas vraiment le sujet…) et exécution financière (qu'il fallait ici bien sûr traiter !).

Rédaction possible

Devant l'insuffisance de ses ressources budgétaires notamment fiscales aggravée par la difficulté d'assurer un financement régulier de son budget dans le temps, l'État doit recourir à d'autres ressources notamment l'emprunt devant l'insuffisance des dépôts des correspondants : il s'agit de l'autre aspect de l'exécution de la loi de finances, l'exécution financière. Celle-ci vise à effectuer des opérations de trésorerie, activité dynamique visant à disposer à tout moment d'un fonds de roulement et menée par la Direction générale du trésor et son service spécialisé l'Agence France trésor (AFT). Ces fonds sont déposés sur un compte du Trésor public.

Le compte unique du Trésor public tenu par la Banque de France doit en permanence disposer d'un solde créditeur : l'unité de trésorerie qui fait obligation notamment aux collectivités territoriales et établissements publics nationaux de déposer leurs fonds disponibles au Trésor public, permet d'alimenter le circuit du trésor et de nourrir une solidarité financière entre personnes publiques. L'unité de caisse qui en est la conséquence permet surtout un contrôle de l'activité financière par le Trésor public. Tout comptable effectue ses opérations sur ce compte.

Le déficit pluriannuel de l'État le contraint à recourir à l'emprunt sur les marchés financiers et donc à mener une gestion active de sa dette c'est-à-dire à s'endetter au moindre coût pour le contribuable (le déficit appelle en effet l'emprunt qui à son tour fait naître la dette de l'État). À cet effet, la loi de finances autorise chaque année le ministre des Finances à souscrire des produits à maturité d'un an, les BTF pour financer son budget à court terme ; à maturité de plus d'un an (OAT) pour financer son déficit mais aussi rembourser des emprunts venant à échéance. Ce besoin de financement par recours au marché est présenté dans le tableau de financement soumis au vote du Parlement et situé en fin de première partie de la loi de finances.

La gestion de la dette de l'État

Méthodologie

- « Dette » résulte du cycle déficit-emprunt-dette ; elle vise à répondre à un besoin pluriannuel de financement.
- « Gestion » : modalités de l'emprunt (produits tels les OAT, obligations assimilables du Trésor) et aussi acteurs de cette gestion (AFT et acteurs associés tels SVT, la CDP notamment) ; sens de la gestion, réduire le coût pour le contribuable car ce dernier couvre en définitive par ses impôts cette dette.
- « État », se limiter à la dette de l'État ; juste rappeler si l'on veut que la dette de l'État représente près de 80 % de la dette publique au sens du traité de Maastricht.

Rédaction possible

L'État finance par l'emprunt (OAT) son déficit annuel et rembourse les titres antérieurs venant à échéance. Le déficit public révèle ainsi l'insuffisance des ressources de l'État notamment celles à caractère fiscale à couvrir ses dépenses. La dette permet ainsi de financer les missions de l'État. Son importance en volume depuis les années 1980 pose la question de sa gestion.

La gestion de la dette négociable de l'État relève de l'Agence France Trésor ou AFT, service à compétence nationale (SCN) crée en 2001 et rattaché à la Direction générale du Trésor (DGT). L'AFT agit par l'intermédiaire de Spécialistes en valeur du trésor (SVT), groupes bancaires d'investissement français et étrangers, qui placent et valorisent les bons et obligations du Trésor sur les marchés internationaux de capitaux. La Caisse de la dette publique (CDP), établissement public administratif crée par l'art. 32 de la loi de finances rectificative de 1986 modifié par l'art. 125 de la loi de finances pour 2003 intervient sur le marché primaire, et depuis 2006, elle intervient également sur le marché secondaire, pour effectuer des opérations de rachat ou cession de titres.

La gestion active de la dette menée par l'AFT et la CDP vise à réduire le coût pour le contribuable. La durée de vie moyenne de la dette négociable de l'État est d'environ 7 ans, ce sont donc les générations actuelles et non les générations futures qui assument le service de la dette (intérêts et capital). Ce qui tend à nuancer la distinction souvent établie entre impôt (prélevé sur les générations actuelles) et emprunt (couvert par les générations futures). L'équité générationnelle se pose toutefois car seuls les contribuables à hauts revenus et à capacité d'épargne élevée peuvent bénéficier des placements de titres d'État. Les autres, à faibles revenus et à forte propension de consommation, se limitent à couvrir par leurs impôts le service de la dette.

Fiche 10

Le contrôle de l'exécution de la loi de finances initiale

La France a une longue tradition de contrôle (chambres des comptes instituées dès le XIIe siècle pour exercer un contrôle sur les comptables). L'histoire constitutionnelle mouvementée de la France de l'Ancien Régime à la Révolution va imprimer un caractère démocratique à ce contrôle : le pouvoir parlementaire d'autoriser la recette manifeste le succès du combat politique mené contre l'exécutif (le Roi) ; cette autorisation de l'impôt va ensuite s'étendre au pouvoir d'en contrôler l'emploi c'est-à-dire d'un contrôle sur les dépenses. Le contrôle budgétaire est ainsi au fondement de la démocratie parlementaire.

Le contrôle des finances publiques en général et le contrôle des lois de finances en particulier s'affirment de nos jours comme un principe à valeur constitutionnelle (art. 14 et 15 de la Déclaration de 1789). Ce contrôle classique fondé sur la régularité trouve ses limites dans le contexte actuel de fort endettement public, il est alors renforcé par une recherche de l'efficacité de la dépense publique (« bonne gestion financière » ou « bon emploi des deniers publics » au sens de régularité et qualité de la gestion publique).

Une fois autorisée et exécutée, la LFI est soumise à un contrôle afin de garantir le respect de l'autorisation parlementaire (souci de régularité) et aussi établir les résultats de la gestion et le bilan de la situation financière de l'État (recherche d'efficacité). Pour répondre à cette double finalité, la LOLF a instauré un nouveau code comptable. La nouvelle comptabilité de l'État centrée sur la comptabilité générale permet l'exercice correct des contrôles internes et externes de l'exécution de la LFI.

I. Un nouveau code comptable

Outil essentiel d'information et d'aide à la décision, la comptabilité constitue un instrument de modernisation de la gestion publique orientée par les résultats. Le succès de la LOLF est aussi lié à la qualité comptable. La comptabilité ne doit pas se limiter à un simple enregistrement des opérations. Pour « piloter la dépense publique » en vue de la performance de la gestion publique, a été mis en place un système d'information complet (système d'information financière de l'État ou SIFE avec notamment l'application Chorus) et une comptabilité modernisée conformément aux règles fixées par la LOLF (chapitre V « Des comptes de l'État », art. 27 à 31). Le décret GBCP de 2012 vient préciser l'objet de la comptabilité publique (définie comme un « système d'organisation de l'information financière » au sens de l'art. 53) et ses trois composantes pour l'État (comptabilité budgétaire, comptabilité générale et comptabilité d'analyse des coûts au sens de l'art. 55 GBCP). Avec le Décret n° 2018-803 du 24 septembre 2018 modifiant le décret n° 2012-1246 du 7 novembre 2012 relatif à la gestion budgétaire et comptable publique et autorisant diverses expérimentations la comptabilité d'analyse des coûts de l'État (CAC) disparaît et est remplacée par une comptabilité analytique (CA) qui est mise en œuvre pour permettre à l'État, l'analyse des coûts prévue par l'art. 27 de la LOLF.

Les nouveaux principes comptables de l'État (régularité, sincérité et fidélité des comptes) inspirés de la comptabilité privée (art. 30 al. 2 LOLF) permettent aux comptables publics d'inscrire la gestion financière et patrimoniale de l'État dans un cadre pluriannuel et de mesurer ainsi les conséquences de leur décision. La LOLF appréhende les « trois visages comptables » de l'État et les définit de manière précise afin d'accroître l'information du Parlement chargé depuis 2008 d'évaluer les politiques publiques en liaison avec la Cour des comptes et de garantir ainsi leur soutenabilité financière.

À la comptabilité budgétaire classique définie à l'art. 58 GBCP (qui permet un suivi de l'exécution de la LFI et une constatation du déficit à la clôture de l'exercice) a été ajoutée une comptabilité générale définie aux articles 56 et 57 GBCP inspirée du plan comptable général (PCG) en vigueur dans le secteur privé (qui permet de connaître ce que possède l'État en termes de créances, placements et ce qu'il doit notamment ses dettes, c'est-à-dire son actif et son passif, sa situation patrimoniale) ; la comptabilité générale va fonder et permettre d'établir la comptabilité d'analyse des coûts devenue depuis 2018 comptabilité analytique (CA) définie à l'art. 59 GBCP (calcul de coûts pour divers usages comme la facturation des prestations, aide à la décision, contrôle et mesure de l'écart entre prévisions et réalisations des actions au sein des programmes). Il demeure que la Cour des comptes souligne le manque de pertinence de la CA appliquée à l'État et plus généralement aux personnes morales de droit public (comment faire de la mesure un simple moyen et non une fin ou finalité en soi du service public ?).

La nouvelle comptabilité de l'État est centrée sur la comptabilité générale ou comptabilité en droits constatés (art. 30 al. 1 LOLF). Cette dernière est fondée sur le système de l'exercice (les opérations de dépenses et recettes sont comptabilisées dès la naissance des droits et obligations, l'engagement pour la dépense, la constatation d'un fait générateur pour la recette). La comptabilité générale a l'avantage d'informer sur la valeur des biens de l'État, le coût futur de ses engagements (pensions des fonctionnaires) et les risques financiers (octroi de garanties) auxquels l'État est exposé. Les comptes de l'État établis selon un recueil des normes comptables de l'État (RNCE précisant les états financiers comprenant un bilan, un compte de résultat et un tableau de flux de trésorerie et une annexe) sont soumis depuis 2006 à la certification de la Cour des comptes (art. 58 LOLF).

On reproche toutefois à la comptabilité en droits constatés (rattachement à un exercice budgétaire c'est-à-dire à l'année de prévision et non de réalisation effective des opérations) de retarder la clôture de l'exercice budgétaire (l'exercice n'est clos qu'une fois toutes les opérations budgétaires exécutées ce qui peut nécessiter un certain délai).

La comptabilité budgétaire ou comptabilité de caisse (art. 28 LOLF) se fonde sur le système de la gestion (les opérations de dépenses et recettes sont comptabilisées lors de leur réalisation effective, lors du paiement pour la dépense, lors du recouvrement pour la recette). Son avantage est de connaître à tout instant ce que l'État a dans sa caisse et de retracer le flux de dépenses et recettes afin d'établir en fin d'année le solde (rattachement à l'année de réalisation effective et non à l'année d'autorisation de ces opérations). L'inconvénient est l'absence de connaissance des engagements futurs de l'État et de sa situation financière et patrimoniale réelle.

La modernisation de la gestion publique appelle une adaptation permanente afin de répondre aux défis de la soutenabilité et risques financiers. Elle nécessite l'adoption de référentiels budgétaires et comptables afin d'harmoniser les normes et processus budgétaire et comptables. En ce sens, a été édicté en 2009 à l'usage des acteurs de la sphère financière de l'État, un référentiel de comptabilité budgétaire décliné dans un manuel de comptabilité budgétaire. Ce référentiel regroupe les différentes normes de comptabilité budgétaire issues de la LOLF, lois de finances, décrets, circulaires, intéressant le « champ de la comptabilité budgétaire », « le fait générateur du rattachement de l'exercice », « les modalités de comptabilisation des autorisations de dépenser et de recouvrer », « les états financiers issus de la comptabilité budgétaire », « la cohérence entre les comptabilités budgétaire et générale », et « le passage des comptabilités budgétaire et générale à la comptabilité nationale ».

Ces comptabilités se complètent et permettent de constituer la comptabilité nationale (les « comptes de la nation ») établie par l'INSEE à destination notamment de l'UE afin de lui notifier la dette publique française au sens de dette brute des administrations publiques (dette au sens de Maastricht).

L'articulation entre ces différentes comptabilités est la suivante : après l'exécution de la loi de finances initiale, la comptabilité budgétaire permet un suivi et une meilleure lisibilité et compréhension de l'exécution et d'établir en fin d'année le solde budgétaire (déficit d'exécution rapporté au déficit de prévision) ; le résultat d'exécution est établi en comptabilité générale (à travers les états financiers que sont le bilan de l'État, le compte de résultat de l'État et le tableau des flux de trésorerie) ; la performance de l'activité des services de l'État est mesurée en comptabilité analytique et enfin son besoin et/ou capacité de financement apparaît dans une présentation d'ensemble qu'est la comptabilité nationale (système comptable macro-économique qui permet de mesurer le respect des engagements européens de la France). La mise en place de ces comptabilités est un préalable indispensable à la clarté des comptes et à la transparence et donc à la possibilité d'un contrôle démocratique des finances publiques en général et des finances de l'État en particulier.

Le contexte de fort endettement public incite à fonder ce contrôle sur l'analyse du risque et la question de la soutenabilité. Dans cette perspective et en s'appuyant sur le système d'information fourni par la nouvelle comptabilité de l'État, on peut distinguer les contrôles internes des contrôles externes.

II. Les contrôles internes

Il s'agit des contrôles exercés par l'administration et au sein de l'administration (contrôles administratifs). Il s'agit de contrôles exercés par les services et/ou agents rattachés au ministère des Finances et/ou au ministère délégué au Budget. Ce sont des contrôles qui portent pour l'essentiel sur les dépenses car les risques paraissent ici plus importants (nombreux acteurs et/ou services placés sous l'autorité des ordonnateurs et/ou comptables). Soit les contrôles s'exercent avant paiement de la dépense (contrôles internes *a priori*) soit ils s'exercent après paiement de la dépense (contrôles internes *a posteriori*).

A. Les contrôles internes *a priori*

Les contrôles internes *a priori* visent pour l'essentiel les ordonnateurs lorsque ces derniers effectuent leurs opérations de dépenses et recettes. Ces contrôles sont en premier lieu exercés par les comptables publics qui doivent de par leur statut s'assurer de la régularité des actes des ordonnateurs (principe de séparation des fonctions d'ordonnateur et de comptable). En pratique, ces contrôles portent sur les dépenses et sont généralement exercés par des agents du ministère de l'Action et des Comptes publics placés auprès d'autorités administratives centrales et déconcentrées.

Au niveau central: auprès de chaque ministre ordonnateur principal du budget de l'État est placé un agent du ministère du budget appelé le Contrôleur budgétaire et comptable ministériel ou CBCM dont le statut et le rôle sont définis par un décret du 18 novembre 2005. Outre sa fonction de comptable principal du ministère de rattachement (il enregistre les opérations du ministère dans la comptabilité budgétaire, générale et d'analyse des coûts), il exerce également la fonction de contrôleur budgétaire (anciennement appelé contrôleur financier ou contrôleur des dépenses engagées) c'est-à-dire qu'il contrôle les actes de dépenses du ministre lors de leur engagement et ordonnancement. Il s'assure par l'apposition d'un visa de la régularité de ses opérations mais aussi de la qualité de la gestion et du coût des politiques ministérielles (art. 87 décret GBCP de 2012).

Le CBCM reçoit du responsable de la fonction financière ministérielle (RFFM) le « document de répartition initiale des crédits et des emplois » ou DRICE (art. 105 décret GBCP). Il appose son visa quant à l'exactitude de la répartition des crédits et d'autorisation d'emplois par programmes (art. 91 décret GBCP). En matière d'emplois, il s'assure du respect du plafond autorisé en LFI (exprimé en ETPT) et aussi du plan de recrutement (art. 92 décret GBCP). Il s'assure de la soutenabilité de la programmation de chaque programme établi par les RPROG (art. 93 GBCP) ; il rend un avis sur les BOP qui sont la déclinaison des programmes sur le terrain et le cadre de mise en œuvre de la « fongibilité asymétrique » (art. 97 GBCP), compétence que la RPROG (ordonnateur répartiteur de crédits et emplois) délègue ou non aux RBOP (ordonnateur répartiteur de crédits et emplois) et RUO (ordonnateur consommateur de crédits et emplois au sein des services).

Le CBCM exerce aussi la « régulation budgétaire » et s'assure ainsi de l'existence d'une « réserve de précaution » prévue à l'art. 51 4° bis LOLF et précisé à l'art. 96 du décret GBCP (crédits soumis à régulation en cas de détérioration du déficit de l'État en cours d'année). On relève ainsi qu'il contrôle aussi les actes des nouveaux ordonnateurs consacrés par le décret GBCP (responsable de la fonction financière ministérielle, le Responsable de programme ou RPROG et les agents placés sous son autorité que sont les responsables de budgets opérationnels de programme ou RBOP et les responsables d'unités opérationnelles ou RUO).

Au niveau déconcentré : ces différentes tâches et missions de contrôles sont accomplies par le directeur régional des finances publiques à la tête d'une Direction régionale des finances publiques (DRFiP), agents du ministère du budget appartenant au corps des administrateurs des finances publiques ou AFiP (art. 88 décret GBCP). Il exerce un contrôle direct sur les actes des ordonnateurs secondaires de l'État (préfets, recteurs) et un contrôle indirect sur les responsables de BOP et d'UO (ordonnateurs délégués) ; ces derniers, directeurs régionaux et départementaux des services déconcentrés de l'État, sont pour la plupart placés sous l'autorité du représentant de l'État (préfets de département et/ou de région).

Relevons que ces contrôles internes *a priori* tant au niveau central que déconcentré se limitent en pratique aux dépenses à risques c'est-à-dire celles qui engagent de manière importante les finances de l'État tant par leur montant et/ou leur durée : dépenses relatives à l'emprunt, aux marchés publics, au concours et recrutement d'agents publics. Une telle évolution conduit à cibler ces contrôles sur des actes de dépenses au nombre limité mais aux conséquences financières très importantes.

Afin d'uniformiser les pratiques de contrôle de ses agents, le ministre de l'Action et des Comptes publics fixe par arrêtés un cadre national qui vient définir et déterminer les dépenses à risques soumises à surveillance particulière.

Cette mutation importante du système de contrôle *a priori* invite les ministères et les services déconcentrés de l'État à développer leur propre dispositif de contrôle appelé contrôle interne afin de s'assurer de la régularité et de l'efficacité du processus de toute la chaîne de dépense. Il s'agit pour ces services de porter l'attention sur les dépenses qui ne font plus l'objet d'un contrôle systématique de la part du CBCM au niveau central ou du DRFiP au niveau déconcentré car n'entrant pas dans la catégorie de « dépenses à risques ».

L'article 170 du décret GBCP de 2012 dispose que « dans chaque ministère est mis en place un dispositif de contrôle interne budgétaire et de contrôle interne comptable. Le contrôle interne budgétaire a pour objet de maîtriser les risques afférents à la poursuite des objectifs de qualité de la comptabilité budgétaire tenue et de soutenabilité de la programmation et de son exécution. Le contrôle interne comptable a pour objet de maîtriser les risques afférents à la poursuite des objectifs de la qualité des comptes depuis le fait générateur d'une opération jusqu'à son dénouement comptable ». On relève ainsi que la notion de « risque » semble au fondement de ce dispositif et on souligne aussi l'importance de la comptabilité comme outil de modernisation d'une gestion publique orientée par les résultats.

Ce contrôle interne budgétaire et comptable intéresse tout acteur de la fonction financière de l'État et est beaucoup plus large que le contrôle de gestion limité souvent aux seuls acteurs que sont les responsables de programmes dans leur action de pilotage de la dépense de l'État (mesure et compte rendu de la performance inscrits dans les PAP et RAP qui accompagnent respectivement les projets de loi de finances initiale et les projets de loi de règlement).

Le contrôle interne budgétaire et comptable constitue un sous-ensemble du contrôle interne au sens du décret du 28 juin 2011 relatif à l'audit interne dans l'administration. On distingue ainsi le contrôle et audit interne budgétaire qui vise à s'assurer de la qualité de la comptabilité budgétaire du contrôle et audit interne comptable qui vise à s'assurer de la qualité et sincérité des comptes établis selon les normes de la comptabilité générale. Le contrôle interne est permanent et est exercé par des agents subordonnés au ministre ; l'audit interne est non permanent et mené par des agents non subordonnés au ministre (corps interministériel d'inspection ou experts de cabinets privés).

Ce contrôle interne *a priori* est aussi de manière classique exercé par tout comptable public sur l'ordonnateur ; le comptable doit, avant de procéder au paiement d'une dépense exercer un contrôle préalable sur les actes de l'ordonnateur ; ce contrôle découle du principe de séparation des fonctions d'ordonnateur et de comptable public. Il s'agit d'un contrôle de régularité des opérations de dépenses (qualité de l'ordonnateur, réalité de la dette et du service fait, existence des crédits, visa du contrôleur budgétaire, caractère libératoire du paiement...).

Mais deux nouvelles modalités de contrôles sélectifs, effectués jusque-là en marge des textes sont désormais consacrées par l'art. 42 du décret GBCP de 2012 qui dispose que « le comptable public peut opérer les contrôles définis au 2° de l'article 19 (qualité de l'ordonnateur, exacte imputation des dépenses au regard des règles relatives à la spécialité des crédits, disponibilité des crédits, validité de la dette, caractère libératoire du paiement) et à l'article 20 (justification du service fait, exactitude de la liquidation, visa ou avis préalable du contrôleur budgétaire sur les engagements)[1] de manière hiérarchisée, en fonction des caractéristiques des opérations relevant de la compétence des ordonnateurs et de son appréciation des risques afférents à celles-ci. À cet effet, il adapte l'intensité, la périodicité, le périmètre de ses contrôles en se conformant à un plan de contrôle établi suivant les règles fixées par arrêté du ministre chargé du Budget. L'ordonnateur peut être associé à l'appréciation de ces risques. Le ministre chargé du Budget précise par arrêté les conditions de ce contrôle allégé en partenariat ».

Ces modalités (contrôle hiérarchisé de la dépense ou CHD et contrôle allégé en partenariat ou CAP) visent, au-delà de la simple régularité, l'efficacité de la dépense et la prévention des risques et ce pour se conformer à la logique de performance initiée par la LOLF[2] :

- **première modalité**, le contrôle hiérarchisé de la dépense ou CHD est centré sur les dépenses à enjeux financiers et/ou risques importants ; un référentiel national détermine ces dépenses soumises à ce type de contrôle ; ce n'est plus un contrôle systématique mais ciblé ou par sondage ;
- **deuxième modalité**, le contrôle allégé en partenariat (CAP) vise avec l'accord de l'ordonnateur à simplifier le circuit classique de contrôle jugé parfois lourd et tatillon : le contrôle *a priori* est allégé si, après un audit, on relève la régularité de toute la chaîne de dépense ; à défaut (si des irrégularités sont constatées) on rétablit le contrôle normal et entier classique.

1. Précisions en italique ajoutées par l'auteur.
2. Il est remarquable de noter que le règlement financier de 2002 modifié en 2012 qui encadre l'exécution du budget de l'Union européenne s'inspire d'une gestion orientée vers la performance et où s'affirment le diptyque « liberté-responsabilité » du gestionnaire, les notions de contrôle et d'audit internes budgétaire et comptable ; cette approche sur le modèle anglo-saxon trouve sa traduction dans le décret GBCP de 2012 à travers un nouveau cadre de gestion : le « programme », le « budget opérationnel de programmes » (BOP) et les « unités opérationnelles » (UO) identifiés chacun par un responsable (« manager public ») ou encore les dispositifs dénommés « contrôle hiérarchisé de la dépense » (CHD) et « contrôle allégé en partenariat » (CAP) établis et fondés sur la notion de risque.

Ces nouvelles modalités de contrôle se situent à l'articulation entre contrôle *a priori* (qui peut être rétabli en cas de dysfonctionnement constaté suite à un audit) et contrôle *a posteriori* (qui peut être établi en l'absence de dysfonctionnement). Le nouveau code comptable défini par la LOLF (l'ordonnateur qui initie les écritures en comptabilité générale et le comptable qui les enregistre et tient les comptes de l'État en droits constatés) et diffusé au moyen de l'outil informatique (Chorus) induit un rapprochement entre ces deux gestionnaires publics, rapprochement qui annonce ainsi l'importance désormais accordée à la logique de résultat et par conséquent aux contrôles internes *a posteriori*.

B. Les contrôles internes *a posteriori*

Les contrôles internes *a posteriori* interviennent après exécution et s'exercent principalement à l'égard des comptables publics. Il s'agit des contrôles effectués par des corps d'inspection la plupart à vocation ministérielle et certains à vocation interministérielle que sont l'Inspection générale de l'administration ou IGA rattachée au ministère de l'Intérieur, l'Inspection générale des affaires sociales ou IGAS rattachée au ministère des affaires sociales et l'Inspection générale des finances ou IGF rattachée au ministère de l'Économie et des Finances. Cette dernière est plus particulièrement en charge des questions économiques et financières.

Institution ancienne, l'IGF, créée par un arrêté du 25 mars 1816, est placée sous l'autorité directe du ministre des Finances. Son organisation actuelle remonte à l'ordonnance du 20 janvier 1830 et à un arrêté du 6 mars 1830. L'ordonnance du 9 mai 1831 fait de L'IGF le corps unique de contrôle de l'administration des finances et est désignée par le baron Louis alors ministre des Finances comme « le bras et l'œil du ministre ». Avec l'accroissement de l'interventionnisme économique de l'État, son pouvoir de contrôle s'étend à d'autres acteurs (ordonnateurs secondaires de l'État notamment).

L'article premier du décret n° 73-276 du 14 mars 1973 portant statut particulier du corps de l'inspection générale des finances vient préciser que « le corps de l'inspection générale des finances est placé sous l'autorité directe du ministre chargé de l'Économie et du Budget. Outre les missions et les attributions qui lui sont dévolues par la loi et par les textes réglementaires, l'inspection générale des finances peut également recevoir des missions du Premier ministre. Elle peut être autorisée par le ministre chargé de l'Économie et des Finances à effectuer des missions à la demande d'autres autorités nationales, d'organismes publics, de collectivités territoriales ou de leurs groupements, de fondations ou d'associations, d'États étrangers, d'organisations internationales ou de l'Union européenne ». Depuis le décret n° 2006-1213 du 4 octobre 2006 portant statut de l'Inspection générale des finances, l'IGF « exerce une mission générale de contrôle, d'audit, d'étude, de conseil et d'évaluation en matière administrative, économique et financière, pour le compte des ministres chargés de l'économie et du budget ».

L'IGF mène ainsi une mission de vérification, contrôle et d'audit (7 % de son activité en 2018), une mission d'évaluation et de conseil (65 %) ; une mission d'assistance (26 %) et mission interne (6 %). Ces chiffres révèlent que l'essentiel de ses missions s'étend au conseil d'aide à la décision publique et à l'évaluation des politiques publiques, missions qui s'inscrivent dans le cadre actuel du processus Cap22. On se limite à évoquer ici sa mission de contrôle.

Portant principalement sur les services déconcentrés des ministères financiers, sa mission d'inspection vise à contrôler l'activité de ces services, la régularité de leurs procédures et l'efficacité de leur action. Ainsi à l'égard des comptables publics, l'IGF mène un contrôle inopiné sur place et sur pièces. À l'issue de cette inspection conduite par un chef de brigade qui dispose du pouvoir de communication de tout document, un rapport contradictoire contenant les observations de l'IGF et les explications de l'agent en charge du poste comptable est transmis au ministre des Finances et/ou ministre délégué au Budget. Ce dernier est seul compétent pour prononcer d'éventuelles sanctions à l'encontre du comptable public jugé fautif.

Les rapports de l'IGF peuvent être adressés, aux termes des art. 57 et 58 de la LOLF, à la Cour des comptes et aux commissions parlementaires chargées des finances qui sont ainsi informées des résultats et de l'évaluation de l'exécution des lois de finances. Ces rapports leur permettent à la Cour des comptes et au Parlement d'exercer leur mission constitutionnelle de contrôles externes.

III. Les contrôles externes

Les contrôles internes ou « auto-contrôles » ou « endo-contrôles » ont leurs mérites (respect des règles et des procédures) mais connaissent des limites : on leur reproche souvent leur manque d'objectivité et d'impartialité car l'administration des finances contrôle ses propres agents avec le risque d'être à la fois « juge et partie » ; ces contrôles internes doivent alors être complétés par des contrôles externes c'est-à-dire exercés par des organes extérieurs à l'administration, il s'agit pour l'essentiel du contrôle externe juridictionnel (Cour des comptes autres juridictions financières) et du contrôle externe politique (Parlement et en particulier les commissions des finances). Il s'agit de contrôles externes *a posteriori* au sens où ils interviennent après exécution des opérations de dépenses et recettes.

À l'origine, le contrôle externe a été exercé par un seul organe, la Cour des comptes héritière des chambres des comptes de l'Ancien régime. Ayant précédé l'existence du parlement, la Cour des comptes constitue en France un organe extérieur et indépendant du parlement réduit à un rôle d'assistance aux pouvoirs publics ; au contraire là où existe un organe de contrôle externe des finances publiques aux missions proches de celles de la Cour des comptes (les États-Unis et leur *Government Accountability Office ou GAO* et le Royaume-Uni avec son *National audit office ou NAO* en particulier), cet organe est alors souvent créé au sein même du Parlement (comme le GAO américain et le NAO britannique) constituant ainsi un contre-pouvoir budgétaire efficace au gouvernement. On comprend les limites du pouvoir d'injonction de la Cour des comptes française à l'égard du gouvernement et du Parlement pour les contraindre à une « bonne gestion de l'argent public ».

Une fois précisé le contrôle externe juridictionnel notamment celui exercé par la Cour des comptes, on soulignera le rôle de cette dernière dans le renforcement et l'efficacité du contrôle exercé par la Parlement sur le gouvernement, organe majeur de contrôle politique.

A. Le contrôle externe juridictionnel

Il recouvre le contrôle exercé par les juridictions financières que sont la Cour des comptes (CC), la Cour de discipline budgétaire et financière (CDBF) et les chambres régionales et territoriales des comptes (CRTC).

La CC et les CRTC ont à la fois une mission juridictionnelle (jugement des comptes des comptables publics) et des missions non juridictionnelles (contrôle de la gestion publique ou examen de la gestion, évaluation des politiques publiques, certification des comptes pour ce qui est de la CC ; examen de la gestion, évaluation des politiques locales et contrôle budgétaire pour les CRTC). La CDBF n'exerce quant à elle qu'une mission juridictionnelle (jugement des actes des ordonnateurs notamment). On développera les missions de contrôle de la CC, de la CDBF et des CRTC.

1. Les contrôles de la Cour des comptes (CC)

Le livre premier du Code des juridictions financières ou CJF vient préciser aux articles L111-1 et suivants le statut et le rôle de la Cour des comptes. À la lecture de l'art. 47-2 C. 1958, la Cour des comptes a pour mission de juger, contrôler, évaluer, et certifier, on peut regrouper ses différents rôles dévolus à la Cour des comptes en distinguant sa mission juridictionnelle de ses missions non juridictionnelles.

a) **La mission juridictionnelle de la Cour des comptes est le jugement des comptes** (art. L131-1 et L131-2 CJF), mission originelle de la Cour mais occupant une part désormais assez faible dans son activité réelle ; elle juge les comptes des comptables de droit et de ceux qu'elle a déclarés, après une procédure dite de « gestion de fait », comptables de fait (ceux qui ont manié des deniers publics sans avoir la qualité de comptable). En pratique, la Cour vérifie la régularité des comptes des comptables principaux de l'État (le contrôleur budgétaire et comptable ministériel ou CBCM, les comptables des budgets annexes et des comptes spéciaux, les directeurs des DDFiP et DRFiP, et les agents comptables d'établissements publics nationaux comme les agents comptables des universités). Elle juge chaque année environ un millier de comptes; jugement résultant de l'obligation faite aux comptables de remettre au juge leurs comptes de gestion (la reddition des comptes) dans un délai fixé par décret à défaut le juge prononce une amende pour retard dans la production des comptes. Ainsi, il s'agit d'une procédure particulière car le jugement est initié sans véritable saisine du juge mais déclenché du seul fait du statut du comptable (obligation de reddition des comptes). C'est une procédure sans procès ou litige né entre un comptable et un juge des comptes !

La loi du 28 octobre 2008 relative à la Cour des comptes et aux chambres régionales des comptes a modifié la procédure de jugement des comptes pour la conformer au principe du droit à un procès équitable prévu à l'art. 6 § 1 de la Convention européenne de sauvegardes des droits de l'homme et des libertés fondamentales ou CESDH de 1950.

On distingue désormais plus clairement les phases d'instruction, de poursuite et de jugement (art. L142-1 CJF) : une fois le compte de gestion d'un comptable soumis au juge, la Cour désigne un rapporteur qui à l'examen des « liasses » peut conclure soit à une décharge (dans ce cas le rapporteur désigné saisit alors le procureur général près la Cour des comptes qui rendra ses conclusions permettant à un juge unique de se prononcer par une ordonnance de décharge) soit le rapporteur estime au contraire qu'il y a une présomption de charge (le procureur saisi ouvre par un réquisitoire la phase d'instruction en engageant des poursuites à l'égard du comptable).

Une fois l'instruction ouverte, un second rapport est établi sur la base duquel aura lieu l'audience publique, la délibération puis le jugement. Le parquet et le rapporteur ne peuvent assister à l'audience ni au délibéré. La Cour peut rendre un *arrêt de décharge* si elle estime que les comptes sont réguliers; un *arrêt de quitus* si le comptable, dont les comptes ont été déclarés réguliers par le juge, envisage de quitter son poste comptable actuel pour un autre poste dans le cadre d'une mutation professionnelle par exemple ou définitivement en cas de départ légal à la retraite; un *arrêt de débet avec préjudice* si le juge constate un écart entre le compte produit et ce qui aurait dû être et/ou relève des irrégularités ayant causé un préjudice financier à l'organisme concerné et susceptibles par conséquent d'engager la responsabilité personnelle pécuniaire (RPP) du comptable public; *un « arrêt de débet sans préjudice »* en cas d'irrégularités constatées par le juge mais n'ayant pas causé un préjudice financier, le comptable est sanctionné au paiement obligatoire d'une somme dont le montant est fixé par le juge. Depuis 2010, une question prioritaire de constitutionnalité ou QPC au sens de l'art. 61-1 C. peut être également soulevée au cours de la procédure (art. LO 142-2 CJF). L'arrêt rendu par la Cour des comptes peut faire l'objet d'un pourvoi en révision devant la Cour en cas d'éléments nouveaux ou bien d'un pourvoi en cassation devant le Conseil d'État, ce dernier est ainsi juge financier suprême.

La loi de 2008 précitée a visé également non à supprimer mais à davantage encadrer le régime de la remise gracieuse qui permet au comptable de faire obstacle à la sanction prononcée par le juge des comptes. Elle consiste de la part du comptable à saisir le ministre des Finances et/ou ministre de l'Action et des Comptes publics d'une remise gracieuse, qui en pratique est assez souvent accordée. Désormais, l'accord préalable de la Cour des comptes est nécessaire pour toute remise dont le montant est supérieur à dix mille euros ; de plus le ministre des Finances ne peut accorder de remise gracieuse sur les amendes prononcées par le juge des comptes (ainsi en est-il des amendes pour retard dans la reddition des comptes ou encore en cas de manquements n'ayant pas causé un préjudice financier, on parle alors de somme non rémissible). Il demeure toutefois deux cas où une remise gracieuse totale du ministre est permise, en cas de décès du comptable et en cas de respect des règles du contrôle sélectif des dépenses prévu à l'art. 42 du décret GBCP (CHD et CAP).

Cette survivance du « ministre juge » en matière financière (justice-retenue au sens du droit administratif) semble trouver son fondement dans la distinction souvent établie et qu'exprime un fameux adage (« la Cour juge les comptes et non les comptables ») entre d'une part, le contrôle objectif sur pièces comptables exercé par la Cour des comptes et, d'autre part, le contrôle subjectif d'appréciation du comportement du comptable qui relève de l'autorité ministérielle. Ainsi, si la Cour engage la responsabilité éventuelle du comptable, le ministre des Finances met en œuvre cette responsabilité pécuniaire personnelle (art. 60 de la loi de finances du 23 février 1963).

La jurisprudence financière récente tend toutefois à nuancer cette distinction : ainsi le juge des comptes peut être appelé à apprécier les diligences du comptable tant en matière de recouvrement des recettes (CE *Desvignes* 2000) qu'en matière de paiement des dépenses (CE *Morel* 2001). L'art. 90 de la quatrième loi de finances rectificative pour 2011 renforce cette tendance vers une responsabilité subjective (ainsi condamnation du comptable au versement d'une somme dont le montant est déterminé par le juge des comptes en cas d'irrégularités n'ayant pas causé de préjudice financier à l'organisme concerné contraignant ainsi le juge à apprécier le comportement du comptable).

b) **Les missions non juridictionnelles de la Cour des comptes** recouvrent les relations de la Cour avec le parlement et avec le gouvernement (art. LO 132-1 à L132-6 CJF) ; le contrôle des entreprises publiques et d'organismes bénéficiant de concours financiers publics (art. L133-1 à L133-5 CJF) ; le contrôle de la Sécurité sociale (art. L134-1 CJF) ; les procédures applicables à ses missions non juridictionnelles sont précisées aux articles L143-1 à L143-14 CJF. Ces missions non juridictionnelles constituent désormais l'essentiel de l'activité de la Cour ; sa volonté d'amélioration de la gestion publique et d'efficacité de la dépense publique s'affirme à travers un suivi régulier des recommandations émises dans son rapport public annuel et/ou rapports thématiques.

On peut distinguer en nous appuyant sur l'art. 47-2 de la Constitution de 1958 et certaines dispositions organiques de la LOLF (art. 27 à 32 et art. 50 et suivants) les missions non juridictionnelles suivantes.

Le contrôle de la gestion publique ou examen de la gestion: il s'agit pour la Cour de « vérifier le bon emploi des deniers publics » au sens de l'art. L111-3 CJF; elle doit s'assurer de la régularité de la gestion (conformité des actes aux lois et règlements nationaux et européens), l'efficacité (les résultats obtenus par les services sont conformes aux objectifs fixés) et l'efficience (les objectifs ont été atteints au moindre coût) des actions menées et des services.

Ainsi défini, l'examen de la gestion couvre un certain nombre d'organismes:

- **l'État et ses établissements publics** (la Cour s'assure du bon emploi de leurs fonds publics à travers certes le jugement des comptes de leurs comptables mais aussi l'examen de la gestion de leurs ordonnateurs);
- **les entreprises publiques** (qualité de leur gestion et observations sur leurs comptes); **les organismes de Sécurité sociale** (rapport annuel sur le contrôle de ces organismes à statut particulier financés par les prélèvements obligatoires);
- **les organismes privés recevant des subventions publiques, ceux faisant appel à la générosité publique** (ainsi Médecins sans frontières en 1998, Restaurants du cœur en 2003 et 2009, les dons pour le tsunami en 2007 et 2011) **et aussi les organismes bénéficiant de dons ouvrant droit à un avantage fiscal** (contrôle exercé depuis 2009).

La procédure d'examen de la gestion est soumise au principe du contradictoire et de la collégialité (observations provisoires, puis après explications et réponses des responsables concernés, des observations définitives, adoptées par un vote selon le principe de la collégialité, sont adressées aux organismes publics et privés contrôlés); les plus importantes de ses observations sont communiquées au ministre concerné et transmises aux commissions parlementaires des finances sous forme d'un référé (acte pris par le premier président de la Cour); ces observations peuvent être reprises dans le rapport public annuel de la Cour des comptes remis au chef de l'État et au Parlement.

L'évaluation des politiques publiques: la Cour exerce soit un contrôle de façon transversale couvrant alors le champ d'une politique publique soit un contrôle limité à des organismes spécifiques rapprochant ce dernier type de contrôle de celui d'un examen de la gestion. On retient ici la mission constitutionnelle d'évaluation des politiques publiques au sens de l'art. 47-2 C. qui devient à l'heure actuelle une mission dominante de la Cour. Cette dernière « assiste le Parlement et le Gouvernement dans l'évaluation des politiques publiques ». Il s'agit, au-delà du contrôle classique qui porte davantage sur un organisme (examen de la gestion) de porter son attention sur un domaine d'action publique plus large et transversal incluant tout acteur public et privé participant financièrement à cette politique.

La Constitution de 1958, dans ses articles 24 C. (mission d'évaluation attribuée au Parlement), 39 al. 3 C. (statut des études d'impact joint aux projets de lois), 47-2 C. (mission d'évaluation dévolue à la Cour des comptes) et 48 al. 4 C. (semaine parlementaire « contrôle et évaluation »), intègre cette évolution initiée par la LOLF de 2001 qui en ses articles 1 et 7 évoquent, dans la définition qu'elle donne des programmes ministériels, les termes de politiques publiques, d'évaluation et des indicateurs de performance afin d'orienter la gestion publique par les résultats.

La certification des comptes: mission nouvelle attribuée par la LOLF à la Cour des comptes et consacrée par la Constitution qui l'élargit à toutes les administrations publiques (art. 47-2 C.) ; la certification vise à garantir au citoyen-contribuable une information financière et comptable lisible, claire, et fidèle de la situation patrimoniale de l'État (certification des comptes de l'État) et de la Sécurité sociale (certification des comptes du régime général de la Sécurité sociale).

La certification est une opinion écrite et motivée formulée par un organisme indépendant sur les comptes d'une entité. En ce sens la Cour des comptes doit aux termes de l'art. 58 de la LOLF, se prononcer sur « la certification de la régularité, de la sincérité et de la fidélité des comptes de l'État ». Pour ce faire, la Cour collecte toute information pour s'assurer de la conformité des états financiers de l'État (bilan de l'État, compte de résultat de l'État et tableau des flux de trésorerie) aux normes comptables en vigueur.

La Cour des comptes émet quatre types d'opinion : une certification sans réserve (aucun désaccord entre les comptes de l'État et les normes comptables en vigueur) ; une certification avec réserves (désaccords certes mais ils ne remettent pas en cause la régularité, la sincérité et la fidélité des comptes) ; impossibilité de certifier (désaccords trop importants empêchant la Cour des comptes à émettre une opinion) et enfin refus de certifier (les désaccords sont tels qu'ils entachent la régularité, la sincérité et la fidélité des comptes). Depuis 2007, année de la première certification des comptes de l'État sur son budget 2006, la Cour des comptes a pour l'essentiel émis des certifications avec réserves, réserves qui par la suite ont été levées devant l'amélioration de la tenue des comptes.

Les enjeux actuels de la certification sont multiples : elle constitue un préalable à l'exercice correct des missions constitutionnelles du parlement (voter la loi, contrôler le gouvernement et évaluer les politiques publiques au sens de l'art. 24 C.) et du gouvernement (élaboration des lois financières annuelles et pluriannuelle, établissement de la comptabilité patrimoniale) ; la certification est également un outil essentiel d'information du citoyen-contribuable (certification annexée aux projets de lois de règlements et/ou repris dans les rapports publics de la Cour), des agences de notation (mesure de la « solvabilité » d'un État quant à sa capacité à rembourser l'emprunt contracté et évaluation de la soutenabilité de ses finances pour rassurer ses investisseurs institutionnels) ; la certification contribue enfin à la transparence des comptes à défaut l'État court un risque majeur (cas de la Grèce critiquée pour l'opacité voire l'insincérité de ses comptes) ce d'autant plus que chaque État est placé sous la surveillance d'autres États ou organisations intergouvernementales (FMI, OCDE...) du fait du caractère international prononcé des normes comptables.

L'assistance au parlement et au gouvernement: en pratique la Cour assiste davantage le parlement car il ne dispose pas de services experts en finances publiques au contraire du gouvernement qui dispose de ministères financiers spécialisés. Au sein du parlement existent certes les commissions des finances mais elles tiennent leur pouvoir d'information et de contrôle de l'assistance fournie par la Cour des comptes (art. 58 de la LOLF) : elles peuvent ainsi saisir la Cour de toute enquête relative à la gestion des services de l'État et plus largement de tout organisme soumis au contrôle de la Cour. Ces commissions parlementaires des finances décident ensuite de la publication ou non de ces rapports.

La mission d'assistance de la Cour au parlement se traduit par la remise d'un certain nombre de rapports afin d'éclairer les parlementaires sur les documents budgétaires et financiers qui sont appelés à examiner au cours de la procédure budgétaire annuelle : notamment le rapport sur les résultats et la gestion budgétaire accompagné d'un rapport sur la certification des comptes de l'État en vue de l'examen du projet de loi de règlement des comptes et rapport de gestion ou projet de loi de règlement (PLR) déposé au plus tard le premier juin suivant l'année d'exécution de la loi de finances initiale ; rapport en vue du Débat d'orientation des finances publiques prévue à l'art. 48 LOLF (DOFP) ; rapport annexé au projet de règlement et/ou projet de loi de finances rectificatives sur les mouvements de crédits opérés par le gouvernement en cours d'exécution de la loi de finances annuelle (décrets d'avances, d'annulation des crédits...). La LOLF a considérablement accru le pouvoir d'information et de contrôle du parlement et donc le nombre de documents soumis aux parlementaires et accompagnés de rapports de la Cour des comptes (art. 50 à 60 de la LOLF).

2. Les contrôles de la Cour de discipline budgétaire et financière (CDBF)

Qualifiée d'« institution associée à la Cour des comptes », la CDBF est l'objet du livre II Titre premier du Code des juridictions financières ou CJF qui précise aux articles L311-1 à L316-1 son statut et son rôle. La CDBF est, aux termes de l'article L312-1 CJF, compétente à l'égard des ordonnateurs à l'exclusion toutefois des ordonnateurs politiques (ministres et dans une moindre mesure les élus locaux). La CDBF peut également être appelée à juger les comptables publics aux titres des art. L313-3 CJF (pour incompétence comme l'engagement d'une dépense) et L313-4 CJF (pour irrégularité des actes d'exécution d'une dépense ou recette). On se limitera aux sanctions et au jugement intéressant les ordonnateurs.

Sont sanctionnés par la CDBF : toute atteinte ou violation des règles d'exécution des dépenses et recettes publiques prévues au décret GBCP du 7 novembre 2012 (art. L313-4 CJF) ; l'octroi d'un avantage indu dans l'exercice par l'ordonnateur de son droit de réquisition (L313-6 CJF) et inexécution d'une décision de justice ayant l'autorité de chose jugée au sens de l'art. L313-7 CJF (ces deux derniers cas constituent des infractions susceptibles d'engager la responsabilité financière des ordonnateurs – élus locaux) ; omission volontaire de déclaration fiscale de la part d'un employeur public (art. L313-5 CJF) ou encore faute grave d'un gestionnaire d'une entreprise publique.

On relève ainsi que la CDBF joue à la fois le rôle d'un juge pénal (elle sanctionne les manquements au devoir de probité des agents publics) et le rôle d'un juge administratif (sanction de l'incompétence et de la faute de gestion) ; plus généralement, elle juge les erreurs graves de gestion et les irrégularités portant atteinte à l'ordre public financier.

Le procureur près la CDBF tient une place centrale dans la procédure comme le révèle la lecture des articles L314-1 à L314-20 CJF : il peut être saisi dans un délai de cinq ans à la date de la constatation des faits par des autorités politiques (Premier ministre, ministre et présidents des assemblées parlementaires) et autorités juridictionnelles (CC et CRTC notamment lors de l'exercice de leur mission d'examen de la gestion). L'art. L314-12 CJF dispose : « dans chaque affaire, le rapporteur résume son rapport écrit. L'intéressé, soit par lui-même, soit par son conseil, est appelé à présenter ses observations. Le procureur général, l'avocat général ou le commissaire du Gouvernement présentent leurs conclusions. Des questions peuvent être posées par le président ou, avec son autorisation, par les membres de la Cour à l'intéressé ou à son représentant, qui doit avoir la parole le dernier ». Et l'art. L314-14 CJF de préciser que « les décisions sont prises à la majorité des voix. En cas de partage, la voix du président est prépondérante ». Les poursuites devant la CDBF ne font pas obstacle à l'exercice de l'action pénale et de l'action disciplinaire (L314-18 CJF).

La CDBF sanctionne par des amendes les atteintes aux règles budgétaires et financières, amendes qui peuvent atteindre le double du traitement annuel du gestionnaire fautif. Les sanctions prononcées sont portées à la connaissance du parlement. Les arrêts de la CDBF peuvent faire l'objet d'un pourvoi devant le Conseil d'État. Elle informe de son activité par la publication d'un rapport annuel remis au Président de la République.

3. Les contrôles des chambres régionales et territoriales des comptes (CRTC)

Les CRTC font l'objet du Livre II du Code des juridictions financières ou CJF qui précise aux articles L211-1 à L245-4 le statut et le rôle des chambres régionales des comptes (CRC en territoires métropolitains) et aux articles L250-1 et suivants les attributions des chambres territoriales des comptes (CTC en territoires d'outre mer).

Ces juridictions exercent une mission juridictionnelle (jugement des comptes des comptables principaux des grandes collectivités territoriales et de leurs établissements locaux et/ou comptables secondaires de l'État) et des missions non juridictionnelles (examen de la gestion des ordonnateurs d'organismes publics et privés, évaluation des politiques locales et contrôle budgétaire). Cette mission de contrôle budgétaire visant les assemblées délibérantes locales est originale est spécifique aux CRTC, le préfet saisit dans ce cadre la CRTC territorialement compétente sur la base : des articles L1612-2 à L1612-8 du CGCT si non-respect du délai légal d'adoption et de transmission du budget ; des articles L1612-4 et L1612-5 si absence d'équilibre réel lors du vote et adoption du budget ; des articles L1612-12 à L1612-14 si absence d'équilibre lors du vote, adoption ou rejet éventuel du compte administratif qui constate le déficit d'exécution et enfin des articles L1612-15 et L1612-16 en cas d'absence d'inscription et de mandatement d'office des dépenses obligatoires. Concernant le jugement des comptes qui vise le comptable local, pour les communes (moins de 5 000 habitants ou dont le montant des recettes de fonctionnement est inférieur à 3 M€), les EPCI (moins de 10 000 habitants ou dont le montant des recettes de fonctionnement est inférieur à 5 M€) ainsi que les EPLE (dont le montant des recettes de fonctionnement est inférieur à 3 M€), un apurement administratif de leurs comptes est assuré au sein de deux pôles interrégionaux d'apurement administratifs (PIAAE de Rennes et de Toulouse situés au sein de leur DRFiP respective de Bretagne et d'Occitanie), le service des établissements publics locaux d'enseignement (SEPLE) implanté au sein de la DDFIP du Puy-de-Dôme assure quant à lui sa mission de contrôle pour le compte des deux PIAA. Les directeurs des DRFiP d'outre-mer sont compétents pour l'apurement des comptes des collectivités, de leurs établissements publics et des EPLE de leur ressort territorial. « Les responsables des PIAA ont compétence pour signer les décisions de décharge ou les propositions de charge qui seront transmises au juge des comptes (CRC) sur leur domaine de compétence. Les décisions d'apurement pouvant entraîner l'engagement de la responsabilité du comptable (arrêtés de charge provisoire), sont transmises par le chef de PIAA à la CRC compétente. La mise en débet du comptable ne peut être prononcée que par la CRC. Par ailleurs, les CRC peuvent exercer leur droit d'évocation et, sur réquisition du ministère public, de réformation sur les arrêtés de décharge définitive dans le délai de six mois à dater de leur notification au comptable » (Circulaire du 20 novembre 2017). Il est utile de rappeler que près de 72 % des communes françaises ont moins de 1 000 habitants.

Les CRTC dans l'exercice de leurs missions peuvent être appelées à saisir la CDBF (dans le cadre de leur contrôle de la gestion publique locale visant l'ordonnateur) ou bien la Cour des comptes (dans le cadre de l'appel de leur jugement des comptes des comptables) voire le Conseil d'État s'il y a un pourvoi en cassation.

Ces juridictions financières, CDBF et CRTC, dominées par la Cour des comptes voient leur statut et leur rôle se renforcer afin de répondre à ce nouveau système de contrôle qui tend à privilégier les résultats et la performance de la gestion des deniers publics. Ces contrôles juridictionnels et non juridictionnels *a posteriori* sont complétés par un contrôle de nature politique.

B. Le contrôle externe politique

Si les juridictions financières se limitent au contrôle de régularité voire d'efficacité, le parlement étend son contrôle à l'opportunité des choix budgétaires du gouvernement. La LC du 23 juillet 2008 a indéniablement renforcé le pouvoir de contrôle budgétaire du Parlement. Ce dernier dispose d'un instrument classique de contrôle et dont la LOLF a rehaussé la valeur, la loi de règlement; d'autres instruments de contrôle à caractère permanent et temporaire sont également à sa disposition.

À côté de l'examen annuel des lois de finances, le parlement exerce, à travers le vote de la **loi de règlement des comptes et rapport de gestion ou loi de règlement**, un contrôle sur la gestion budgétaire et financière du gouvernement. La mise en place d'un « chaînage vertueux » par les articles 41 et 46 de la LOLF (projet de loi de règlement ou PLR de l'année N déposé au plus tard le premier juin de l'année N+1 suivant l'exécution et ce en phase avec un autre débat, le DOFP portant sur le projet de loi de finances de l'année N+2 ; l'adoption par l'assemblée saisie en première lecture du PLR de l'année N doit avoir lieu au plus tard en octobre de l'année N+1 avant l'examen et la discussion du projet de loi de finances de l'année N+2) renforce cette volonté de faire de la loi de règlement ou « loi des comptes » un moment de « vérité budgétaire ».

La loi de règlement (ou LR) qui a pour objet de constater les résultats de l'exercice budgétaire voit sa valeur rehaussée, car elle s'inscrit dans la logique de performance initiée par la LOLF, qui vient ainsi enrichir son contenu et profondément modifiée sa procédure d'adoption. Cependant la pratique révèle le peu d'intérêt que les parlementaires semblent accorder au débat relatif au PLR (temps réduit consacré et faible présence des membres du parlement) texte perçu par ailleurs de peu d'intérêt car considéré par trop technique. On ne peut que s'étonner de l'accroissement des pouvoirs de contrôle attribués au Parlement par la LOLF de 2001 et la LC de 2008 et l'exercice de ce pouvoir parlementaire à la portée effective somme toute limitée.

Deux facteurs semblent expliquer ces limites : le contexte politique particulier de la Ve République (fait majoritaire réduisant le pouvoir de contrôle de l'opposition parlementaire phénomène renforcé par un « parlementarisme rationalisé » privilégiant une pratique gouvernementale et/ou « présidentialiste » du régime) ; on relève aussi par ailleurs que le cumul des mandats nourrit un conflit entre intérêt national et intérêts locaux dont il est parfois difficile de se départir et qui se manifeste par le désintérêt porté à certains débats ou textes à caractère budgétaire et financier ; l'autre facteur tout aussi prégnant est le contexte économique général : en situation de fort déficit et endettement publics, les projets de lois de finances constituent souvent pour le gouvernement un compromis difficile à obtenir ou un équilibre fragile à trouver et dont il paraît délicat de modifier au risque de devoir remettre sans cesse « l'ouvrage à l'œuvre ». On comprend la faible marge de manœuvre de contrôle du parlement mais aussi de l'action du gouvernement. Ces facteurs soulignent les limites du contrôle parlementaire malgré la volonté des textes récents d'en renforcer la portée effective.

Le contrôle parlementaire permanent de l'action du gouvernement relève des commissions permanentes notamment les commissions parlementaires des finances. L'art. 59 de la LOLF a renforcé leur pouvoir de contrôle mais aussi de sanction : ainsi les présidents de ces commissions peuvent saisir le juge administratif en référé (procédure d'urgence) pour obtenir communication de documents détenus par l'administration. Ces commissions ont la possibilité de recourir, outre aux séances classiques des questions au gouvernement, à celles de la semaine dite « contrôle et évaluation » prévue à l'art. 48 al. 4 C. ; par ailleurs, les rapporteurs spéciaux des commissions des finances de chaque assemblée peuvent exercer leur pouvoir de contrôle et de suivi de chaque mission du budget de l'État au sens des articles 57 à 60 de la LOLF ; ils disposent à cet effet du pouvoir de contrainte pour obtenir de la part de l'administration contrôlée communication de tout document qu'ils jugent utiles à l'exercice correct de leur mission et activité de contrôle.

Depuis 2009, la Mission d'évaluation et de contrôle (MEC) créée au sein de la commission des finances de l'assemblée nationale a été remplacée par le Comité d'évaluation et de contrôle des politiques publiques, Comité qui conduit sa mission en étroite collaboration avec la Cour des comptes. Il peut ainsi la saisir de toute enquête ou mener en étroit lien avec la Cour certains travaux et missions de contrôle.

Le contrôle parlementaire temporaire est exercé pour l'essentiel par les commissions d'enquête dont le statut est désormais consacré par la Constitution à l'art. 51-2 C. Elles sont créées pour une durée limitée (6 mois) sur toute question relevant de la compétence du parlement et elle dispose d'un pouvoir d'investigation assez étendu renforcé par un pouvoir de contrainte (audition obligatoire de toute personne qu'elle juge utile d'entendre ; la non-présentation à l'audition est sanctionnée par une amende). D'autres structures de contrôle parlementaire existent mais elles ne disposent pas de ce pouvoir de contrainte : les missions d'information et les groupes de travail.

Le contrôle parlementaire a le mérite de couvrir toutes les modalités de contrôle des finances publiques : contrôle *a priori* (lors de l'examen et l'adoption des lois financières annuelles et pluriannuelles), contrôle concomitant ou contemporain (au moment de l'exécution en cours d'année des lois de finances rectificatives et lois de financement rectificatives de la sécurité sociale par les commissions des finances et/ou commissions des affaires sociales en lien avec la Cour des comptes) et contrôle *a posteriori* (avec les lois de règlements et contrôle sur place et sur pièces par les commissions parlementaires en lien avec la Cour des comptes). Le contrôle parlementaire gagnerait à être renforcé et surtout plus effectif afin de répondre aux exigences de la LOLF et sa logique de performance de la gestion publique.

Pour approfondir

- A.-G. Cohen, « Les dispositifs ministériels de contrôle interne et d'audit interne », *G&FP*, n° 12, décembre 2012, p. 16.
- Y.G. Djeya Kamdom, « La théorie du ministre juge dans le champ du contentieux financier public : état des lieux et perspectives d'évolution », *G&FP*, n° 5, sept./oct. 2019, p. 70.
- Dossier, « Réforme du régime de responsabilité financière des comptables publics », *G&FP*, n° 5, sept./oct. 2019, p. 62-82.
- P. Hernu, « La place et le rôle du comptable public dans le contrôle interne des administrations publiques », *G&FP*, n° 10, octobre 2012, p. 51.

QCM

une ou deux bonne(s) réponse(s) possible(s)

1 Les contrôles internes administratifs *a posteriori* sont exercés

❑ a. par les CBCM

❑ b. par l'IGF

❑ c. aucune de ces réponses

2 Le contrôle externe juridictionnel relève

❑ a. de la Cour des comptes

❑ b. de la DGFiP

❑ c. du Parlement

3 La certification des comptes du régime général de la sécurité sociale

❑ a. est une compétence des commissions parlementaires des finances

❑ b. est une compétence de la Cour des comptes

❑ c. aucune de ces réponses

4 Les CRTC ont une compétence juridictionnelle

❑ a. à l'égard des ordonnateurs non politiques

❑ b. à l'égard des comptables de fait

❑ c. à l'égard des comptables de droit

5 La loi de règlement constitue un instrument

❑ a. de contrôle politique

❑ b. de contrôle juridictionnel

❑ c. de contrôle administratif

RÉPONSES 1.b. • 2.a. • 3.b. • 4.b.c. • 5.a.

QRC

Les contrôles internes de l'exécution des dépenses de l'État et leurs limites

Méthodologie : définition des termes du sujet

- « contrôles » au pluriel on suppose qu'il existe plusieurs types de contrôles : ici se limiter à ces deux dimensions (*a priori* et a *posteriori*, niveau central, niveau déconcentré avec les agents et/ou services concernés).
- « contrôles internes » : ou contrôles exercés par l'administration au sein de l'administration ; ne pas évoquer les contrôles externes (juridictions financières et parlement), ce n'est pas le sujet.
- « de l'exécution » : distinguer avant exécution (*a priori*) et après exécution (*a posteriori*).
- « dépenses de l'État » : se limiter à l'État, il ne s'agit pas des dépenses publiques au sens large ; donc évoquer les services et agents de l'État chargés de ces contrôles.
- « leurs limites » : l'idée est de s'interroger sur les pratiques et de soulever l'évolution constatée de ces contrôles notamment depuis la LOLF car ils rencontrent certaines limites au-delà du fait qu'il s'agisse d'un « autocontrôle » ou « endocontrôle » (par nature moins objectif, moins impartial) et appellent la nécessité de contrôles externes (système de contrôle plus objectif et impartial).

Rédaction possible

Le principe du contrôle des finances publiques est une exigence constitutionnelle rappelée par l'article 15 de la Déclaration de 1789. Appliqué aux dépenses de l'État, il signifie la mise en place de services et d'agents au sein de l'administration chargés de mettre en œuvre ce principe. À ce souci classique de régularité, la LOLF de 2001 modifiée insiste, dans un contexte de fort endettement public, sur la nécessaire programmation et soutenabilité de ces opérations tant au niveau central que déconcentré pendant ou après leur réalisation.

Dans le cadre du contrôle *a priori* qui vise en premier lieu les ordonnateurs, le contrôleur budgétaire et comptable ministériel (CBCM), « agent de Bercy », émet un avis sur les actes d'engagement et d'ordonnancement du ministre, ordonnateur principal des dépenses de l'État. Le CBCM est aussi en lien étroit avec les nouveaux ordonnateurs subordonnés au ministre que sont les responsables de la fonction financière ministérielle et responsables de programmes : il s'assure alors de la programmation et de la soutenabilité de leurs opérations budgétaires qu'il enregistre dans ses comptes. Au niveau déconcentré, ce contrôle *a priori* est conduit par les directeurs régionaux des finances publiques (DRFP) à l'égard des ordonnateurs secondaires de l'État (préfets, recteurs).

Dans le cadre du contrôle *a posteriori* dirigé principalement vers les comptables publics, c'est principalement l'Inspection générale des finances (IGF) qui est chargée d'un contrôle sur place et sur pièces des actes de dépenses du comptable. À l'issue de son contrôle, elle adresse au ministre de tutelle un rapport contradictoire qui peut fonder de sa part le prononcé d'une sanction disciplinaire voire la mise en jeu éventuelle de sa responsabilité personnelle pécuniaire (RPP).

La logique actuelle de performance invite d'une part à alléger le contrôle interne *a priori* (CBCM et DRFP) en le limitant aux dépenses à risques (emprunt, marchés publics, recrutement) contraignant l'administration centrale et déconcentrée à développer son propre système (contrôle et audit interne budgétaire et comptable) et d'autre part à renforcer le contrôle interne *a posteriori* (IGF) centré sur les objectifs et résultats de la gestion. Ces contrôles internes paraissent toutefois moins neutres et moins objectifs (c'est l'administration qui s'« autocontrôle ») invitant ainsi à les compléter par des contrôles externes menés par des organes indépendants (juridictions financières et parlement).

Le contrôle de l'exécution des dépenses de l'État

Méthodologie

Définition

- « contrôle »: surveillance, assurance quant au respect des règles.
- « contrôle de l'exécution »: soit *a priori* (avant exécution) soit *a posteriori* (après exécution).
- « des dépenses de l'État »: se limiter au budget de l'État formalisé par la LFI notamment.

Il s'agit d'exposer les différentes modalités de contrôle des dépenses de l'État (Actes, acteurs...)

Évolution de la question

Tradition française du contrôle et contrôle centré sur les comptes des comptables : chambres des comptes de Paris.

Apparition de l'organe parlementaire notamment sous la révolution (principe du consentement de l'impôt).

Principe repris par la DDHC (art. 15) et institutionnalisé par l'Empire (1807 CC; 1816 IGF...).

Le contrôle de la gestion publique et des gestionnaires un impératif démocratique car il contribue à la bonne gestion financière.

Avec la LOLF de 2001 : concilier démocratie financière et management public.

Problématique

Depuis 2006 (entrée en vigueur de la LOF), allégement des contrôles *a priori* et renforcement des contrôles *a posteriori* (Problématique 1).

Multitude et complémentarité des contrôles interne et externe (Problématique 2).

Des contrôles visant des gestionnaires publics soumis à la logique de performance qu'ils soient ordonnateurs ou comptables publics (Problématique 3).

Rédaction possible

Problématique 3 retenue ici

Le contrôle de l'exécution des dépenses de l'État, exigence constitutionnelle (article 15 de la déclaration de 1789) et impératif démocratique (transparence et responsabilité financières), est réaffirmé par la LOLF en insistant sur le principe de performance de la gestion publique. Pour s'en assurer, un contrôle s'exerce tant à l'égard des ordonnateurs que des comptables publics. Ainsi les ordonnateurs sont soumis à un contrôle interne *a priori*, tant au niveau central (les actes d'engagement et d'ordonnancement du ministre nécessitent un visa préalable du contrôleur budgétaire et comptable ministériel) que déconcentré (les actes des ordonnateurs secondaires de l'État placés sous le contrôle du directeur régional des finances publiques) ; quant aux comptables publics, l'Inspection générale des finances (IGF) exerce à leur égard un contrôle interne *a posteriori*. La sanction en cas d'irrégularités constatées par l'IGF relève du seul ministre des finances. Des contrôles externes s'exercent par ailleurs à l'endroit des ordonnateurs notamment un contrôle par des juridictions financières (examen de la gestion par la Cour des comptes ou CC et les chambres régionales et territoriales des comptes ou CRTC voire jugement de leurs actes irréguliers par la Cour de discipline budgétaire et financière ou CDBF). Quant aux comptables publics, ils voient leurs comptes jugés par la CC ou la CRTC territorialement compétente. Le contrôle externe politique est exercé par un Parlement disposant d'une mission constitutionnelle de contrôle et d'évaluation de l'action gouvernementale; l'instrument majeur étant ici la loi de règlement, texte dont la valeur est rehaussée depuis la LOLF mais dont l'efficacité reste à prouver. Le contrôle *a posteriori* paraît se renforcer ce qui accroît le rôle des institutions en charge de ce type de contrôle: l'IGF, la CC, les CRTC et aussi le Parlement encore faut-il que ce dernier exerce pleinement ses pouvoirs de contrôle attribués par la Constitution de 1958 et la LOLF de 2001.

Les missions non juridictionnelles de la Cour des comptes

Définition des termes

- « missions non juridictionnelles »: la Cour saisie comme autorité administrative c'est-à-dire ne disposant pas de pouvoir de sanction mais d'un pouvoir d'informer les autorités compétentes an cas d'irrégularités constatées suite à l'exercice de ses missions: examen de la gestion, certification des comptes, évaluation des politiques publiques; l'assistance au Parlement et au gouvernement constituant une mission classique de conseil et d'aide à la décision.
- « Cour des comptes »: institution ancienne (1807), intervenant dans le cadre de contrôles externes *a posteriori*; sa mission d'origine est le jugement des comptes mais la LOLF a renforcé ces missions non juridictionnelles dans une perspective d'amélioration de la gestion publique.

Rédaction possible

La Cour des comptes, institution ancienne dont l'organisation actuelle remonte à 1807, joue dans le cadre de la LOLF de 2001 un rôle accru en matière de contrôle externe des finances publiques. À côté de sa mission juridictionnelle classique (jugement des comptes des comptables principaux), elle se voit doter de missions non juridictionnelles précisées par l'article 47-2 de la Constitution du 4 octobre 1958: assistance du Parlement et du gouvernement, examen de la gestion, certification des comptes de l'État, évaluation des politiques publiques.

L'assistance au Parlement et au gouvernement porte sur le contrôle de l'exécution des lois financière (lois de finances et de financement de la sécurité sociale) et se traduit par la remise de rapports accompagnant ces textes; l'examen de la gestion a un champ d'application assez large: les services de l'État, les organismes de sécurité sociale, les entreprises publiques et tout organisme bénéficiant des dotations de l'État ou faisant appel à la générosité publique. Elle exerce ce contrôle sur pièces et/ou sur et dispose d'un droit de communication de tout document. À l'issue de ces contrôles, elle en informe le citoyen au moyen de ses rapports publics.

La nouvelle mission de certification des comptes de l'État résulte de l'obligation de régularité, de sincérité et de fidélité des comptes de l'État prévue par la LOLF (article 27) : la Cour émet alors une opinion avec ou sans réserves sur la tenue de la comptabilité de l'État qui a été réformée pour répondre à cette exigence. La certification devient un préalable à la bonne gestion des deniers publics et de transparence à l'égard du contribuable et des créanciers de l'État.

Enfin le contrôle classique de régularité des opérations d'exécution est désormais complété par l'évaluation des politiques publiques, mission introduite par la loi constitutionnelle du 23 juillet 2008 et s'inscrivant dans la logique de performance des programmes au sens de la LOLF de 2001.

À quoi sert la Cour des comptes ? Son rôle vous paraît-il efficace ?

Méthodologie

- « À quoi sert » au sens de servir quel intérêt quelle finalité ici l'intérêt général notamment la protection de l'argent public.
- « la Cour des comptes » institution ancienne au statut et rôle particulier; en insistant sur ses missions (à quoi sert?).
- « Son rôle vous paraît-il efficace »: ne pas se limiter à la seule évocation de ses missions dire un mot sur l'efficacité de son rôle donc savoir s'il y a ou non évolution tant de sa mission juridictionnelle que non juridictionnelle.

Rédaction possible

Héritière de la chambre des comptes de Paris instituée au XIIe siècle, la Cour des comptes a été créée par la loi du 16 septembre 1807 modifiée à de nombreuses reprises (1967, 2001 et 2008). Elle juge les comptes des comptables publics et de ceux qu'elle a déclaré « comptables de fait ». À cette mission historique, elle mène d'autres missions apparues avec l'État interventionniste et qualifiées de missions non juridictionnelles et reprises par l'actuel article 47-2 de la Constitution du 4 octobre 1958 : contrôle de la gestion des ministères et des responsables d'organismes publics ou privés bénéficiant de dotations de l'État, assistance au Parlement et au gouvernement dans l'exécution des lois de finances et l'application des lois de financement de la sécurité sociale, certification des comptes de l'État et du régime général de Sécurité sociale, évaluation des politiques publiques et information du citoyen à travers ses rapports publics annuels et/ou thématiques. Sa composition reflète sa double mission (des formations de jugement où ne siègent que les seuls magistrats et des formations de contrôle et d'audit où siègent également des membres non magistrats). Les magistrats bénéficient d'un statut particulier qui garantit leur indépendance à l'égard des pouvoirs publics (parlement et gouvernement) et qui consacre le caractère inamovible de leur charge (maîtrise par le magistrat du déroulement de sa carrière). Les non magistrats peuvent être des fonctionnaires détachés de leur administration d'origine (État, Collectivités territoriales, Sécurité sociale, Parlement) ou des experts issus de cabinets privés.

Les recommandations émises par la Cour dans ses nombreux rapports sont davantage suivies par les organismes publics ou privés soumis à son contrôle et sont parfois à l'origine de réformes importantes (DGFiP, Service des Retraites de l'État...). Également depuis la loi de finances rectificative du 28 décembre 2011, la distinction des rôles entre l'autorité juridictionnelle (Cour des comptes) et l'autorité administrative (ministre des finances et/ou du budget) paraît moins nette. Ainsi le juge des comptes engage et met en œuvre la responsabilité du comptable dont l'agissement n'a pas causé un préjudice financier à l'organisme concerné ; le juge le condamne alors au versement d'une somme en déterminant et fixant son montant.

Les contrôles de l'exécution des dépenses de l'État vous paraissent-ils pertinents et efficaces au regard de la logique de la LOLF de 2001 ?

Méthodologie (démarche pour une dissertation sous forme de brouillon) :

a) définition des termes du sujet « contrôle » au sens de vérification « contrôle de l'exécution des dépenses de l'État », notamment ici respect des règles et techniques budgétaires et comptable car il s'agit de l'exécution en particulier des dépenses de l'État donc se limiter à l'État, inutile d'évoquer les autres administrations publiques ; « vous paraissent-ils pertinents et efficaces » au sens de cohérence général du dispositif de contrôle tant au niveau de sa nature que de sa portée « au regard de la logique de la LOLF de 2001 » : système de contrôle répond-il aux attentes de la LOLF qui on sait a un objectif de transparence (logique politique) et de performance (logique économique) ;

b) évolution de la question rappel du système de contrôle avant (centré sur la régularité de gestion) et depuis la LOLF (recherche d'efficacité des résultats de la gestion). Rappeler les types de contrôle : interne/externe, a priori/a posteriori, juridictionnel/politique... les autorités de contrôle (centrale/déconcentré), administratif/juridictionnel/politique... Globalement depuis la LOLF allègement des contrôles a priori et renforcement des contrôles a posteriori car ces derniers ont le mérite de mesurer les résultats de la gestion.

c) Problématique : depuis la LOLF l'accent semble mis sur les contrôles *a posteriori*

d) annonce de plan (exemple de plan de la meilleure copie d'examen)

I. Un contrôle interne porté davantage sur la régularité

A) Le contrôle *a priori* de gestion

B) Le contrôle *a posteriori* répondant au NPM (*new public management*)

II. Un contrôle externe qui permet une logique de « chaînage »

A) Un contrôle juridictionnel restreint

B) Un contrôle politique ou l'évaluation de la performance

Sujet 2) Commentaire sous forme de dissertation d'un extrait du rapport annuel de la Cour des comptes

« L'amélioration constatée de la situation économique favorise à court terme la réduction des déficits publics et peut sembler, à tort, alléger la contrainte qui pèse sur nos finances publiques. La nécessité de restaurer dans la durée la soutenabilité des finances publiques de la France n'en est pas pour autant moins pressante. "Notre pays se caractérise par un niveau de dépenses publiques élevé, significativement supérieur à celui de ses principaux partenaires, sans que les résultats des politiques mises en œuvre soient toujours à la hauteur des dépenses consenties. L'identification des marges d'efficience importantes que révèle cette comparaison et la mise en œuvre des réformes permettant de les exploiter doivent donc être menées dès à présent" ». Rapport annuel de la Cour des comptes, février 2018, Observations et Synthèse, page 11.

À la lecture de ce texte se dégagent deux grandes idées : un constat établi sur les contraintes pesant sur la gestion des finances publiques au sens des finances des APU puis le possible remède celui de la recherche d'une amélioration de cette gestion tout en tenant compte de ces contraintes. Ci-dessous un plan possible tiré de la meilleure copie d'examen rendue :

I. Une dualité de contraintes

A) Des contraintes externes

B) Des contraintes internes

II. Une optimisation présente

A) Des efforts depuis 2001

B) La nécessité d'une soutenabilité à long terme

Fiche 11

Les lois de finances et les autres textes financiers et budgétaires

Le budget de l'État constitue une source importante de financement pour les budgets d'autres organismes publics notamment de la Sécurité sociale, des collectivités territoriales et de l'Union européenne. Ces relations financières apparaissent notamment à travers les lois de programmation des finances publiques. La loi organique relative à la programmation et à la gouvernance des finances publiques de 2012 (LOPGFP) renforce ces relations. Par ses lois de finances, l'État maintient ces relations tout en les faisant évoluer au regard de ses contraintes budgétaires et financières.

I. Lois de finances et lois de programmation des finances publiques

Depuis 2009 sont adoptées par le Parlement tous les deux ans des lois de programmation des finances publiques ou LPFP qui constituent chacune un cadre quadriennal de référence pour les finances de l'État, finances sociales et finances locales et ce pour se conformer aux engagements européens de la France (« programme de stabilité » des États de la zone euro adressé à la Commission européenne et au Conseil de l'Union).

Le budget de l'État s'inscrit ainsi dans un cadre triennal voire quadriennal : les crédits des missions de l'État au sens de l'art. 7 de la LOLF doivent en principe se conformer à ceux déterminées en LPFP durant les deux premières années, la troisième année est une année d'ajustement de ces crédits : ainsi la LPFP 2018-2022 sert de cadre assez contraignant pour les lois de finances 2018, 2019 mais de cadre assez peu contraignant pour la loi de finances 2020 ; l'année 2020 est celle où la prochaine LPFP 2020-2022 est préparée et élaborée par le gouvernement et adoptée par le parlement. Mais les enjeux du moment (avenir des régimes de retraite) ou encore les périodes de crise peuvent remettre en cause ce rythme budgétaire pluriannuel (ainsi la crise sanitaire a conduit à reporter le dépôt du PLPFP 2020-2022).

La faiblesse majeure de ce dispositif tient au fait que les LPFP ne s'imposent pas juridiquement aux lois de finances ni d'ailleurs aux lois de financement de la Sécurité sociale, elles demeurent un simple cadre de référence pour inciter l'État à limiter son déficit et sa dette afin de réaliser à moyen terme l'objectif d'équilibre structurel au sens du traité européen dit TSCG de 2012.

Les lois de finances contiennent, depuis 2012 et l'adoption de la LOPGFP précitée, un article liminaire qui vise à informer le parlement de la trajectoire d'équilibre des budgets des administrations publiques. L'article liminaire permet de s'assurer que la loi de finances annuelle et/ou rectificative se conforme à la trajectoire d'équilibre fixée à moyen terme par la LPFP en vigueur. Ainsi la deuxième loi de finances rectificative (LFR2) pour 2020 prévoit, suite à la crise sanitaire provoquée par l'épidémie de Covid-19, en son article liminaire :

- un seuil de **solde effectif** de -9,1 % du PIB en prévision de la deuxième LFR pour l'année 2020, -2,2 % du PIB en prévision de la LFI pour 2020 et -3 % du PIB en exécution pour l'année 2019 ;
- un seuil de **solde structurel** de -2 % du PIB en prévision de la deuxième LFR pour l'année 2020, -2,2 % du PIB en prévision de la LFI pour 2020 et -2 % du PIB en exécution pour l'année en 2019 ;
- un seuil de **solde conjoncturel** -5,3 % du PIB en prévision de la deuxième LFR pour l'année 2020, 0,1 % du PIB en prévision de la LFI pour 2020 et 0 % du PIB en exécution pour l'année 2019 (mesures exceptionnelles et temporaires leur impact est évalué à près de -1,7 % du PIB) ;

La LFR2 pour 2020 estime ainsi que l'objectif d'équilibre structurel établi par le TSCG de 2012 à 0,5 % du PIB est reporté au plus tard à 2022 voire au-delà. Cet objectif fera l'objet d'un nouveau cadrage dans la LPFP pour 2020-2022 en principe élaborée en octobre et adoptée en décembre 2020. La conséquence pour le budget de l'État est un besoin de ressources de financement pour 2020 de 324,7 Md€, ce montant important d'emprunt émis sur les marchés financiers vise notamment à financer un déficit budgétaire de 185,6 Md€.

II. Lois de finances et lois de financement de la Sécurité sociale

Les caractéristiques des lois de financement de la Sécurité sociale, les distinguant ainsi des lois de finances, tiennent à leur portée normative particulière (prévision des recettes et détermination d'un simple objectif de dépenses pour chaque régime obligatoire de base) et à leur présentation en quatre parties (dispositions relatives aux résultats de l'exercice précédent, dispositions portant modifications de la loi de financement en cours d'exécution, dispositions relatives aux prévisions des recettes et à l'équilibre financier, et enfin dispositions relatives aux objectifs de dépenses).

Outre le lien établi entre lois de finances et lois de financement de la Sécurité sociale ou LFSS à travers l'article premier de toute loi de finances annuelle qui autorise la perception des recettes et notamment des recettes affectées à la Sécurité sociale, les engagements sociaux de l'État sont liés aux différents rôles qu'il peut jouer dans le financement de la protection sociale au sens large (d'une part les régimes obligatoires de base qui est le périmètre des LFSS à savoir régime général, régimes autonomes et régimes spéciaux, et d'autre part, les régimes complémentaires de retraite et d'assurance chômage qui ne sont pas couverts par les LFSS) :

- **l'État en tant qu'employeur public** : les cotisations sociales prélevées sur les traitements de ses fonctionnaires sont versées par l'État au régime général de la Sécurité sociale (pour la branche maladie et maternité pour les prestations en nature et aussi, depuis 2016, pour la branche famille) ou à des régimes propres pour financer les prestations sociales de ses agents. Toutefois, le régime de retraite des fonctionnaires de l'État est particulier, il n'y a pas en effet de caisse de retraite des fonctionnaires de l'État : l'État verse directement à ses agents leurs pensions de retraite, les pensions civiles et militaires ne transitent donc pas par les régimes de Sécurité sociale ;
- **l'État en tant que puissance publique fiscale** : l'État prélève une part importante de recettes fiscales affectées à la Sécurité sociale : la Contribution sociale généralisée ou CSG prélevée à la source par les URSSAF et affectée notamment à l'assurance-maladie, au régime d'allocations familiales et au fonds de solidarité vieillesse ou FSV ; les droits de consommations sur le tabac et sur l'alcool prélevés par les services de la DGDDI et affectés à l'assurance-maladie et, jusqu'à 2004, au fonds pour la réduction des cotisations sociales ou FOREC ; le prélèvement de 2 % sur les revenus des capitaux et des valeurs mobilières affecté aux caisses d'assurances maladie, famille, vieillesse ainsi qu'au financement du FSV et du Fonds de Réserve des Retraites ou FRR ; la fraction de la TVA versée au régime des exploitants agricoles ;
- **l'État en tant que garant de la solidarité nationale** : il s'agit des contributions publiques au sens large et notamment des contributions budgétaires de l'État à travers certaines dépenses qu'il effectue au moyen de crédits inscrits dans sa loi de finances et ce dans un but de solidarité nationale : les « minima sociaux » versés sous conditions de ressources (RSA-composante activité) ; l'allocation personnalisée d'autonomie ou APA, allocation pour adulte handicapé ou AAH ; l'État prend aussi en charge l'Allocation supplémentaire d'invalidité ou ASI et l'allocation temporaire d'attente ou ATA (demandeurs d'asile) ; le financement de politiques spécifiques (fonds national de l'aide

au logement et fonds national de l'habitat) ; depuis 2001, l'État contribue au fonds de financement de la protection complémentaire de la Couverture maladie universelle ou CMU ; l'État prend à sa charge le régime de Sécurité sociale des pensionnés de guerre, les cotisations vieillesse des rapatriés ; l'État prend enfin à sa charge les aides à l'accès aux soins des détenus ou encore l'Aide médicale d'État ou AME (soins prodigués aux étrangers en situation irrégulière) ;

- **l'État en tant que responsable de l'équilibre de certains régimes spéciaux** : l'État verse des subventions d'équilibre à certains régimes de Sécurité sociale en « déficit chronique » notamment pour les régimes de retraite des agents SNCF (régime des « cheminots »), de la RATP, régime des ouvriers de l'État, régime social des invalides de la marine, régime des agents des mines, de la SEITA, des agents des territoires d'outre mer ;
- **l'État en tant qu'acteur économique et social** : l'État prend à sa charge toutes les mesures d'exonération de charges sociales salariales et/ou patronales décidées dans le cadre de ses politiques de l'emploi (contrats aidés, contrats de génération, réduction du temps de travail, dispositifs spécifiques dans les zones urbaines en métropole et en outre mer...) : la loi de financement pour 2000 en son article 5 a créé le FOREC, fonds alimenté par l'État et chargé de compenser les pertes de cotisations subies par les régimes de Sécurité sociale. La loi de finances pour 2004 a supprimé le FOREC, ses ressources sont depuis affectées au budget général de l'État et les charges de compensation des mécanismes d'exonération des cotisations sociales sont supportées par le budget du ministère du Travail. La deuxième loi de finances rectificative (LFR2) d'avril 2020 prévoit un soutien renforcé aux entreprises (financement du chômage partiel bénéficiant à 9 millions de salariés dont le montant est porté à 24 Md€ dont 16 Md€ pris en charge par le budget de l'État et 8 Md€ par l'Unedic, un fonds de solidarité pour les très petites entreprises ou TPE, indépendants et professions libérales doté de 7 Md€ octroie des aides exonérées d'IS, d'IR et de cotisations sociales) et aux ménages (primes exceptionnelles défiscalisées aux agents des établissements de santé, collectivités territoriales et État, aides d'urgence de près de 900 M€ aux quatre millions de ménages modestes notamment par le versement de revenu de solidarité active ou RSA et/ou de l'allocation de solidarité spécifique ou ASS). Ces dépenses sociales qui s'ajoutent à d'autres nécessitées par la crise sanitaire vont porter le déficit public à près de -9 % du PIB et la dette publique à 115,2 % du PIB.

Le financement de la protection sociale hors exonérations et recettes affectées supporté par le budget général de l'État s'élève en 2020 à un montant de près de 99,744 milliards d'euros (avec environ 56 Md€ au titre des versements de l'État en tant qu'employeur public) soit 20 % des dépenses totales de son budget général. Les recettes affectées à la protection sociale et prélevées par l'État (CSG, CRDS, taxes sur les salaires, droits sur l'alcool et le tabac, TVA sociale...) se sont élevées en 2020 à un peu plus de 246,6 milliards d'euros. Les compensations d'exonérations ciblées à près de 5,958 Md€. Le montant total des relations financières entre l'État et la Protection sociale s'élève en 2020 à près de 352,31 Md€.

Les crédits budgétaires de l'État prévus en loi de finances initiale pour l'année 2020 s'élèvent à 37,5 Md€ et sont consacrés aux prestations de protection sociale sont contenus dans 16 des 32 missions dont les missions Solidarité, Insertion et Égalité des chances (86 % des crédits de la mission sont destinés à la protection sociale), Travail et Emploi (32 % des crédits couvrant pour l'essentiel des exonérations de cotisations sociales), Cohésion des territoires (82 % en matière d'aides au logement), Outre mer (61 % des crédits couvrant pour l'essentiel des exonérations de cotisations sociales), Santé (4 % en matière d'accès aux soins), Régimes sociaux et de retraite et autres prestations (1 %). Ces missions dotées de crédits couvrent les dépenses des branches du régime général de sécurité sociale (maladie, accident du travail et maladie professionnelle, famille, vieillesse) et aussi les branches des régimes spéciaux, ainsi que Pôle emploi et Régimes conventionnels (régime chômage et régime obligatoire de retraites complémentaires). Les LFSS voient cependant leur périmètre limité aux régimes obligatoires de base (régimes général, agricoles et spéciaux ainsi que les organismes qui contribuent à leur financement comme le FSV, la CADES...). Sont exclus du périmètre des LFSS, les régimes d'assurance chômage et régimes obligatoires complémentaires de retraite, mais l'évolution récente (réforme vers un régime unique de retraite et pilotage croissant du régime chômage par l'État) tend à terme à les y inclure.

III. Lois de finances et budgets locaux

Les caractéristiques des budgets locaux, les distinguant ainsi du budget de l'État, tiennent à leur présentation en deux sections (section de fonctionnement retraçant les opérations de dépenses et recettes ordinaires nécessaires au fonctionnement régulier et annuel des services et une section d'investissement enregistrant les opérations extraordinaires conduites certaines années et visant à valoriser leur patrimoine) et également au respect de la règle d'équilibre lors du vote et l'exécution budgétaire. Le régime de l'emprunt local constitue par ailleurs, outre le fait qu'il finance les seules opérations d'investissement, une ressource et une charge budgétaire (charge de la dette inscrite en dépense de fonctionnement et amortissement du capital en dépense d'investissement). Cette « règle d'or locale » explique la faible part de la dette des collectivités territoriales au sein de la dette publique au sens européen.

L'État contribue au financement des budgets locaux. Les transferts financiers aux collectivités territoriales se sont élevés à près 115,67 Md€ pour l'année 2020 en autorisations d'engagement (ou AE). On peut sur la base du PLF pour 2020 distinguer dans l'ordre financier décroissant les quatre ensembles de transferts suivants :

- les concours financiers de l'État aux collectivités (49,14 Md€ en 2020) : comprenant les PSR-CT (40,9 Md€ soit 35 % de l'ensemble des transferts financiers), TVA affectée aux régions se substituant depuis 2018 à leur DGF (4,4 Md€ soit 4 %) ; ainsi que les crédits de la mission budgétaire de l'État « Relations avec les collectivités territoriales » ou RCT (3,8 Md€ soit 3 % hors crédits de la DGCL) ;
- la fiscalité transférée (37,2 Md€ en 2020 soit 32 %) suite aux lois de décentralisation (depuis la loi de 1983 : cartes grises pour les régions et droit départemental d'enregistrement et taxe de publicité foncière ; depuis la loi 2004 : TICPE départemental et régional, taxes spéciales sur les conventions d'assurance pour les départements ; enfin la réforme de la fiscalité directe locale depuis 2010 : CET, Ifer, Tascom, frais de gestion des TH, TFPB et TFPNB, TVA régionale...) ;
- les transferts divers de l'État hors fiscalité transférée et hors apprentissage et formation professionnelle (28,03 Md€ en 2020) : comprenant les subventions de ministères autres que les ministères de la Cohésion des territoires et des relations avec les collectivités territoriales ou MCTRCT (4,4 Md€ soit 4 %), les dégrèvements législatifs d'impôts locaux (dus notamment à la suppression d'ici 2022 de la TH sur la résidence principale) et le produit des amendes de police de la circulation et des radars (23 Md€ soit 20 %) ;
- autres dépenses de l'État en faveur des collectivités territoriales (610 M€) en y incluant le financement de l'apprentissage et de la formation professionnelle (1,19 Md€) soit un total de 1,8 Md€ en 2020 soit 2 % de l'ensemble des transferts financiers.

Après une stabilité des transferts financiers entre 2014 et 2017 (contribution au redressement des finances publiques ou CRPF diminuant les concours financiers de l'État de -10 Md€ en exécution compensée toutefois par des transferts notamment de fiscalité), on semble assister à une progression depuis 2018 due notamment aux dégrèvements d'impôts versés par l'État suite à la suppression d'ici 2022 de la TH. La crise sanitaire a fragilisé les **budgets locaux** : l'État envisage un soutien financier **aux collectivités territoriales et EPCI inscrit semble-t-il dans la prochaine LPFP déposée au parlement à partir de septembre 2020.** Des prélèvements sur recettes et autres contributions de l'État existent et bénéficient au budget de l'Union européenne.

IV. Lois de finances et budget de l'Union européenne

Les caractéristiques du budget européen tiennent à sa double présentation, un budget annuel (détail des dépenses et recettes en titres, chapitres et articles) et un cadre financier pluriannuel ou CFP (dépenses et recettes regroupées par politiques publiques ou « rubriques », actuellement le CFP 2021-2027 avec un montant global sur 7 ans de 1 279 Md€ de crédits d'engagement dans une Union européenne à 27). On se limitera au budget annuel soumis au respect du CFP qui a le mérite de mieux faire apparaître et de détailler les relations financières entre l'État et l'Union européenne.

Ce budget est financé par des ressources propres au sens de l'art. 311 TFUE constituées pour l'essentiel par la Ressources RNB qui est une contribution annuelle versée par les États membres destinée à garantir l'équilibre du budget européen ; elle est souvent qualifiée de « ressource d'équilibre » car la règle d'équilibre s'impose au budget de l'Union (art. 17 RF 2012 modifié). Par ailleurs, l'Union ne peut emprunter pour ses propres besoins ; l'emprunt n'est autorisé que pour octroyer des prêts à des tiers.

Le budget annuel 2020 de l'Union européenne ou budget général européen (avec seulement 168,3Md€ de CE et 153,621 Md€ de CP) est financé à près 72 % par les contributions des États membres (Ressource RNB créée en 1988), les ressources propres traditionnelles ou RPT constituées notamment de droits de douane (14,4 %), Ressource TVA (12,3 %) et autres ressources à près de 1,3 %. La loi de finances annuelle prévoit les crédits budgétaires de l'État français consacrés au financement des politiques européennes que sont pour l'essentiel la politique régionale (dite cohésion et compétitivité représentant près de 45 % des dépenses européennes totales pour 2017) et la politique agricole (dite Ressources naturelles représentant près de 42 % des dépenses). Ainsi le budget européen est assez rigide (ces deux politiques regroupent plus de 85 % des crédits), les autres politiques conduites par l'UE (sécurité intérieure et extérieure, transport, environnement, éducation, santé publique...) représentent seulement 15 % des dépenses totales.

La contribution de la France au budget européen, qui n'a cessé d'augmenter (elle passe de 4,1 Md€ en 1982 à plus de 21,337 Md€ en 2020), est constituée :

- de prélèvements sur recettes au profit de l'Union européenne ou PSR-UE, leur montant s'élève à un peu plus 21 milliards d'euros (21,337 Md€ en 2020) ; les PSR-UE comprennent notamment la Ressource RNB (16,6 Md€) ; la part de la Ressource RNB dans la contribution nette française à l'UE atteint 70 % de la contribution française ; la Ressource TVA (près de 3,4 Md€) qui atteint 14 % ; la contribution de la France à la « correction britannique » (1,3 Md€) qui atteint 6 % ; l'État perçoit des frais d'assiette et de perception des impôts et taxes collectés au profit du budget de l'UE (456 M€ en 2020) ;

- les ressources propres traditionnelles ou RPT : depuis 2010, les RPT (droits de douanes, cotisations sucre) sont exclues du périmètre des PSR-UE donc placés hors budget de l'État (inscrits dans la comptabilité en comptes de tiers) car elles sont considérées par la Cour des comptes non pas comme des ressources de l'État versées au budget européen mais comme des ressources collectées pour le compte de l'UE par les États membres ; les RPT se sont élevées en 2020 à environ 2,280 Md€ ; la part des RPT dans la contribution nette française à l'UE atteint environ 10 % ;
- seules les RPT peuvent être qualifiées de « ressources propres » européennes, les PSR-UE apparaissent davantage comme des contributions budgétaires des États membres, elles sont parfois qualifiées de « ressources propres virtuelles ». La part de la contribution nette de la France (PSR-UE et RPT) représente en 2020 près de 7,9 % des recettes fiscales de l'État contre 3,7 % en 1982. La France est depuis 2018 le deuxième contributeur net au budget européen (environ 15,6 %) après l'Allemagne (20,6 %) mais avant l'Italie (12 %) et le Royaume-Uni (11,5 %). La question du financement du budget de l'UE se pose depuis le retrait du Royaume-Uni de l'Union européenne (« *Brexit* »), pays qui était en 2018 le quatrième contributeur net.

Plus généralement les transferts financiers de l'État à la Sécurité sociale (près de 100 Md€), aux collectivités territoriales (plus de 115 Md€) et les relations financières entre l'État et à l'Union européenne (plus de 21 Md€) conduit à analyser les ressources et dépenses effectives de l'État c'est-à-dire une fois retranchées toutes ces ressources prélevées par l'État et affectées à la Sécurité sociale, aux collectivités territoriales et à l'Union européenne.

Pour approfondir

- « Transferts financiers de l'État aux collectivités territoriales », Annexe au projet de loi de finances annuelle.
- « Bilan des relations financières entre l'État et la protection sociale », Annexe au projet de loi de finances annuelle.
- « Relations financières avec l'Union européenne », Annexe au projet de loi de finances annuelle.

QCM

une ou deux bonne(s) réponse(s) possible(s)

1 Le CFP 2021-2027 encadre et s'impose

- ❑ a. aux lois de finances
- ❑ b. aux lois de financement de la sécurité sociale
- ❑ c. au budget annuel de l'Union européenne

2 La contribution annuelle de la France au budget européen

- ❑ a. s'élève à un peu plus de 21 Md€ en 2020
- ❑ b. s'élève à moins de 21 Md€ en 2020
- ❑ c. est deuxième par son montant après l'Allemagne

3 La TVA régionale vient depuis 2018 se substituer

- ❑ a. à la DGF des régions
- ❑ b. à la DGF des départements
- ❑ c. à la DGF des communes et EPCI

4 Les transferts financiers de l'État aux collectivités territoriales

- ❑ a. s'élèvent à un peu plus de 115 Md€ en 2020
- ❑ b. s'élèvent à moins de 115 Md€ en 2020
- ❑ c. sont pour l'essentiel constitués de concours financiers

5 Le budget annuel européen s'élève à un montant de dépenses

- ❑ a. supérieur à celui de l'État français
- ❑ b. supérieur à celui de l'État allemand
- ❑ c. inférieur à celui d'un budget d'un État membre de l'UE

RÉPONSES 1.c. • 2.a.c. • 3.a. • 4.a.c. • 5.c.

QRC

Programmation pluriannuelle des finances publiques et lois financières annuelles

Définitions

Avant tout travail, définir les termes du sujet !

- « *programmation pluriannuelle* » renvoie à la question de la pluriannualité sous contrainte européenne (respect du PSC à moyen terme) et contrainte nationale (gestion par la performance dans le cadre de la LOLF et de la RGPP, MAP puis Cap22 depuis 2017).
- « *finances publiques* » : finances des APU (État et ODAC, APUL et ASSO) : gouvernance globale des finances des administrations publiques car contraintes liées à la dette et déficit publics au sens européen ! D'où l'accent mis sur la soutenabilité des finances des APU au moyen d'une approche pluriannuelle.
- « *programmation pluriannuelle des finances publiques* » renvoie aux lois de programmation des finances publiques définies à l'avant dernier alinéa de l'article 34 de la Constitution du 4 octobre 1958 introduit par la loi constitutionnelle du 23 juillet 2008 : ces lois déterminent un « objectif d'équilibre des comptes publics » : il s'agit de se conformer aux engagements européens de la France ; depuis 2009, la loi de programmation 2018-2022 est la cinquième de ce genre avec cette particularité est qu'elle est la première à avoir été soumise au contrôle du Conseil constitutionnel ; l'État présente son budget par missions sur trois ans (budget triennal 2018-2020 puis 2020-2022).
- « *lois financières annuelles* » renvoie aux lois de finances annuelles (budget de l'État) et lois de financement de la Sécurité sociale (« budget » de la Sécurité sociale) ; quant aux finances locales, l'État, dans le respect des principes constitutionnels de libre administration (art. 34 et 72) et d'autonomie financière (art. 72-2) limite ses dotations (gel depuis 2010) pour maîtriser l'évolution des dépenses locales.

Comment concilier la contrainte de gestion moderne impliquant la pluriannualité (PSC européen, gestion publique par la performance) et l'exigence démocratique (contrôle du Parlement) qui appelle le respect de l'annualité ? Cette recherche d'équilibre s'observe tant dans le cadre européen que national.

Rédaction possible

La programmation pluriannuelle des finances publiques s'inscrit d'abord dans le cadre européen de réalisation de la monnaie unique (l'euro) contraignant les États à encadrer leurs politiques économiques (critères liés au taux d'inflation) et budgétaires donc leurs dépenses (seuils de déficit et dette publics limités respectivement à 3 % et 60 % du PIB). Cette approche pluriannuelle se manifeste par l'envoi chaque année à la Commission européenne du programme quadriennal de stabilité dans lequel l'État s'engage à atteindre ces objectifs à moyen terme. Le pacte budgétaire de 2012 rénove le pacte européen de stabilité et de croissance (PSC) en fixant désormais un objectif de solde structurel s'élevant à 0,5 % du PIB pour les États dont la dette publique est supérieure à 60 % du PIB (1 % pour ceux dont la dette publique est inférieure à ce seuil). Une situation de circonstance exceptionnelle permet de s'écarter de ces seuils.

La traduction nationale de cette contrainte européenne se manifeste par la loi constitutionnelle de 2008 qui a introduit à l'article 34 de la Constitution de 1958 les lois de programmation pluriannuelle des finances publiques. Ces nouvelles lois, dont la première a couvert la période 2009-2012 et la seconde 2011-2014, visent à l'équilibre des comptes des administrations publiques. Actuellement, les lois de finances et de financement de la Sécurité sociale s'inscrivent dans le cadre de la loi de programmation 2018-2022. Ainsi le budget annuel de l'État pour 2018 est encadré par le budget triennal 2018-2020 invitant ainsi l'administration à une gestion pluriannuelle des crédits mis à disposition. Les responsables de programmes sont ainsi soumis à l'impératif actuel de gestion pluriannuelle par la performance en vue de réformer l'État (texte de la LOLF associée à la méthode RGPP, MAP puis Action publique 2022). La présentation des crédits en autorisations d'engagement (AE) et crédits de paiement (CP) vise justement à concilier pluriannualité de la prévision et annualité de l'exécution.

Les limites de ces lois de programmation sont vite apparues : la crise financière de 2008 et surtout la crise sanitaire de 2020 a révélé leur portée normative non contraignante à l'égard des lois financières annuelles, faiblesse renforcée par l'absence d'obligation de dépôt au Parlement de ces textes au contraire du régime sévère applicable aux PLF et PLFSS. La pluriannualité demeure un simple cadrage financier en vue de garantir la soutenabilité des finances des États de la « zone euro ».

Fiche 12

Les ressources de l'État

Aux termes de l'art. 3 LOLF, les ressources budgétaires de l'État comprennent les impositions de toutes natures, les revenus courants de ses activités industrielles et commerciales, de son domaine, de ses participations financières et autres actifs et droits, rémunérations pour service rendu, retenues et cotisations sociales établies à son profit, le produit des amendes, les fonds de concours, les remboursements des prêts et avances. Le détail de toutes ces ressources est repris chaque année en loi de finances initiale et présenté dans l'état législatif annexé dit « état A » intitulé Voies et moyens qui distingue les ressources fiscales des ressources non fiscales du budget général ainsi que les recettes des budgets annexes et des comptes spéciaux.

On présentera les ressources du budget général, des budgets annexes et des comptes spéciaux afin de pouvoir déterminer ensuite les ressources totales de l'État.

I. Les ressources fiscales et non fiscales du budget général de l'État

Dans la loi de finances initiale (LFI) pour 2020, le montant des **recettes fiscales brutes** inscrit au budget général 2020 s'élève à près de 433,832 Md€. Mais les **recettes fiscales nettes,** c'est-à-dire après déduction des remboursements et dégrèvements d'impôts (qui s'élèvent à près de 140,830 Md€), du budget général de l'État s'élèvent à 293,001 Md€. Il est classique de distinguer au sein des recettes du budget général les recettes fiscales nettes (293,001 Md€ en 2020) des recettes non fiscales nettes (14,364 Md€ en 2020). La première et la deuxième loi de finances rectificative adoptée respectivement du 23 mars (LFR1) et 15 avril 2020 (LFR2) suite la crise sanitaire ont revu fortement à la baisse le produit des recettes de l'État (250,3 Md€ de recettes fiscales nettes et 15,7 Md€ de recettes non fiscales prévu par la LFR2 du 15 avril 2020). Même mouvement de baisse de recettes prévu par la LFR3 de juillet 2020 et la LFR 4 de novembre 2020.

A. Les ressources fiscales du budget général de l'État

Les recettes fiscales du budget général peuvent être présentées par produit fiscal décroissant.

La taxe sur la valeur ajoutée ou TVA, créée en 1954 en France et étendue à toute l'Europe, est un impôt indirect proportionnel calculé sur le prix hors taxe de tous les biens et services à titre onéreux ; les exportations sont exonérées de TVA française mais subissent la TVA du pays de destination. Certaines activités échappent à la TVA et sont alors assujetties à une taxe sur les salaires (activités bancaires, médicales et hospitalières, et celles à caractère non lucratif comme les associations). Les personnes assujetties à la TVA (à savoir les entreprises effectuant une livraison de biens et/ou une prestation de service à titre onéreux) versent son produit à l'État déduction faite de la TVA frappant les matières premières nécessaires à la production et fourniture de leurs biens et services. Ainsi le mérite de la TVA est d'être neutre sur le plan économique, elle n'entrave pas l'activité économique des entreprises expliquant son succès et sa diffusion généralisée à tous les États. Le produit fiscal attendu de la TVA en LFI pour 2020 s'élève dans le budget général à 125,992 Md€.

On distingue en France plusieurs taux de TVA : le taux normal de TVA à 20 % (la plupart des biens et services), taux intermédiaire à 10 % (transport, prestation hôtelière, location meublée, camping classé, travaux de rénovation et d'entretien de logement, produits de restauration à consommer sur place…) ; un taux réduit à 5,5 % (produits de restauration à emporter, produits alimentaires de première nécessité, prestations et équipements pour personnes âgées et handicapées, cantines scolaires, abonnement d'électricité et de gaz, livres, billetteries des spectacles vivants…) ; un taux super-réduit de 2,1 % (médicaments remboursés par le régime de Sécurité sociale et la presse).

Certains territoires français, pour des raisons économiques, géographiques et démographiques, connaissent un régime de TVA spécifique (Corse, Guadeloupe, Martinique, la Réunion) voire échappent en tout ou partie à son champ d'application (Guyane).

L'impôt sur le revenu des personnes physiques (IRPP) ou impôt sur le revenu (IR) a été créé en France par les lois de 1914 et 1917 ; il est un impôt « familialisé » (le quotient familial permet de réduire l'IR des foyers fiscaux ayant des personnes à charge) ; est redevable de l'IR toute personne ayant son foyer fiscal (notion large de droit fiscal qui peut recouvrir un couple marié ou non marié avec ou sans enfant, une personne célibataire) établi en France ou hors de France dès lors qu'elle perçoit un revenu de source française ; il est un impôt direct progressif (son taux augmente avec le revenu imposable) qui frappe des catégories de revenu : les revenus du travail (salaires et traitements) est la catégorie la plus importante et constitue près de 80 % de l'assiette, les autres catégories sont les revenus du capital, les revenus fonciers (loyers perçus), les bénéfices industriels et commerciaux ou BIC, les bénéfices non commerciaux ou BNC, les bénéfices agricoles réalisés souvent par des entrepreneurs individuels ou sociétés de personnes (l'IR frappant alors les associés)… Le revenu global imposable est obtenu en faisant la somme de ces revenus catégoriels au régime fiscal propre. La loi de finances définit un barème par tranche de revenu allant d'un taux de 0 % à 45 %. En pratique, ce sont les agents des services de la DGFiP qui, après vérification de la déclaration pré-remplie adressée au contribuable, calculent et recouvrent l'IR. Le prélèvement à la source ou PAS, applicable depuis le premier janvier 2019, vise davantage l'intérêt de l'État (rentrée fiscale régulière) que celui du contribuable (remboursement tardif des déductions et/ou réductions d'impôt et avance de trésorerie à l'État). Mais la déclaration annuelle des revenus perçus l'année précédente demeure car elle permet au fisc d'établir le taux de PAS adressé au tiers collecteur (employeur public ou privé, caisse de retraite, caisse de sécurité sociale pour les indemnités maladie et maternité, établissement bancaire ou d'assurance pour le prélèvement forfaiture unique ou PFU sur les revenus du patrimoine et/ou de placement).

Les limites de l'impôt sur le revenu sont connues et rappelées par le Conseil des prélèvements obligatoires (CPO) dans son rapport de 2012 : il est payé par seulement 46 % des contribuables français en 2020 (spécificité bien française car au sein des pays de l'OCDE plus de la majorité des contribuables acquittent cet impôt) ; son faible produit résulte aussi des multiples exonérations, abattements, déductions, réductions et crédits d'impôts prévus par les textes : son produit est évalué en LFI pour 2020 inscrit dans le budget général à 75,699 Md€ soit un montant plus faible que celui du produit de la CSG souvent qualifiée à raison de « premier impôt sur les ménages » (la CSG va en effet rapporter plus de 100 Md€ en 2020). On comprend l'intérêt de fusionner IRPP ou IR et CSG, c'est ce que, en tout cas, le prélèvement à la source de l'IR depuis 2019 semble annoncer. On connaît toutefois la difficulté d'une telle réforme visant à rapprocher deux impôts aux règles et logiques différentes.

La réforme fiscale envisagée en matière d'impôt sur le revenu est le prélèvement à la source, réforme mise en œuvre depuis le premier janvier 2019 (l'impôt est alors prélevé sur les salaires ou traitements perçus par les salariés ou fonctionnaires comme l'est à l'heure actuelle la CSG) ; un tel dispositif, qui existe déjà dans la plupart des pays de l'OCDE, a le mérite d'une rentrée fiscale régulière voire d'accroître le montant du produit recouvré (prélèvement à la source de l'IR en Allemagne depuis 1925, aux Pays-Bas depuis 1941, aux États-Unis depuis 1943, au Royaume-Uni depuis 1944, en Belgique depuis 1962, au Luxembourg depuis 1967 et au Danemark depuis 1970). La part des recettes d'impôt sur le revenu collecté par le système de retenue à la source représente ainsi 95,6 % des recettes fiscales au Danemark, 95,4 % en Belgique, 94,3 % aux Pays-Bas, 86,3 % au Royaume-Uni, 80,5 % en Allemagne, 77,4 % aux États-Unis, et 68,4 % au Luxembourg.

La mise en place en France d'un tel système a nécessité de lever certains obstacles juridiques (le prélèvement de l'IR à la source conduit à substituer l'employeur à l'administration fiscale dans le seul recouvrement de l'IR ; le fisc transmet le taux applicable au revenu net versé par l'employeur et perçu par l'employé, ce taux ne peut révéler certaines données sensibles liées à la situation matrimoniale, la composition et les revenus du foyer fiscal avec le risque d'atteinte à la vie privée et familiale) et un problème financier pour l'État (la perception actuelle de l'impôt de l'année N porte sur les revenus perçus l'année N-1 ; l'introduction de la retenue à la source l'année 2019 nécessite de ne pas prélever l'impôt de l'année 2018 car il y aurait double imposition, selon l'adage « impôt sur impôt ne vaut », soit une année blanche traduite par le remboursement aux contribuables imposables sous forme d'un crédit d'impôt de modernisation du recouvrement ou CIMR) ; le problème juridique est ainsi résolu en limitant le rôle de l'employeur à un simple collecteur d'impôt (toute donnée sensible est détenue et transmise par la seule administration fiscale) ; le problème financier est résolu en soumettant à l'IR les revenus exceptionnels de l'année 2018 (plus-values immobilières et/ou mobilières) à imposition annuelle. Demeure toutefois l'obligation pour le contribuable de déclarer chaque année ses revenus permettant d'adapter le taux de PAS établi par le fisc à l'évolution à la hausse ou à la baisse des revenus du contribuable.

- **l'impôt sur les sociétés ou IS** est un impôt direct proportionnel frappant le bénéfice réalisé par les entreprises (principalement des sociétés de capitaux) ; le taux normal s'élève avant 2018 à 33,33 % applicable aux entreprises réalisant un montant de chiffre d'affaires annuel fixé par la loi ; il existe un taux réduit (15 %) qui s'applique à une partie des bénéfices réalisés par les PME remplissant certaines conditions légales. Depuis la LFI pour 2018, on assiste à une baisse du taux normal de l'IS qui atteindra 25 % en 2022 sur la totalité du bénéfice réalisée. Ce sont les services de la DGFiP qui se chargent de contrôler la déclaration établie par le redevable et l'exactitude du calcul du produit de l'IS versé par l'entreprise assujettie. La LFI pour 2020 évalue le produit de l'IS inscrit au budget général à près de 48,180 Md€ ;
- **la taxe intérieure de consommation sur les produits énergétiques ou TICPE** remplace depuis 2012 l'ancienne taxe intérieure sur les produits pétroliers ou TIPP ; cet impôt indirect proportionnel dont la liquidation résulte du volume ou du poids du produit consommé concerne les différents produits pétroliers mis en circulation (fioul, essence, gazole...). Les trois quarts du prix de ces produits sont constitués par les impôts et/ou taxes frappant leur consommation (TICPE pour près de 50 % du prix et la TVA pour près de 25 % du prix) ; la TICPE est désormais un impôt partagé entre l'État, les régions et départements depuis l'adoption en 2004 de la loi dite « libertés et responsabilités locales » afin de compenser les transferts de compétence dont ont bénéficié ces deux niveaux de collectivités territoriales (notamment le transfert de la gestion du personnel non enseignant des collèges et lycées). Le produit de la TICPE est évalué en LFI pour 2020 dans le budget général à 12,532 Md€.

- **les autres contributions fiscales** sont constituées d'une multitude de produits fiscaux dont le montant prévisionnel en LFI pour 2020 s'élève dans le budget général à 30,598 Md€: on peut distinguer les impôts et taxes directs comme l'IFI (2,105 Md€) et les impôts et taxes indirects comme les droits de succession (12,348 Md€) et les droits de donation (2,958 Md€).

Les recettes nettes du budget général de l'État s'élèvent, en retranchant les PSR-CT (41,247 Md€) et les PSR-UE (21,480 Md€) et en ajoutant les fonds de concours (6,028 Md€) à près de 250,667 Md€ en 2020 dans le budget général. Mais la récession économique (taux de croissance négatif à -8 % du PIB prévue par le PLFR2 du 15 avril 2020) faisant chuter le produit des recettes notamment fiscales face à des dépenses croissantes ce qui tend à aggraver le déficit budgétaire de -93,1 Md€ en LFI 2020, à -109 Md€ en LFR1 à -183,5 en LFR2; la crise économique et sociale provoquée par l'épidémie de Covid-19 va ainsi induire une forte baisse du produit de la TVA (évalué à 114,7 Md€), de l'IR (69,5 Md€), de l'IS (28,7 Md€) sauf toutefois celui de la TICPE (13 Md€). On estime que près de 95 % des recettes de l'État sont constituées de recettes fiscales. Les recettes fiscales constituent la part majeure de ses recettes nettes comparée à la part assez faible des ressources non fiscales.

B. Les ressources non fiscales du budget général de l'État

Les recettes non fiscales se sont élevées à plus de 14,364 Md€ en 2020 (mais 15,7 Md€ dans le PLFR du 15 avril 2020); soit près de 5 % des recettes nettes totales du budget général de l'État. Elles comprennent:

- **les dividendes et recettes assimilées** (produits des participations de l'État actionnaire au sein d'entreprises financières et non financières, contribution du groupe Caisse des dépôts représentative de l'impôt sur les sociétés...); leur montant total en LFI pour 2020 s'élève à 6,105 Md€ (mais 4,4 Md€ dans le PLFR du 15 avril 2020);
- **les produits du domaine de l'État** (revenus du domaine public et privé de l'État, paiement par les administrations de leurs loyers budgétaires, produit de la cession d'éléments du patrimoine immobilier de l'État, redevances d'usage des fréquences radioélectriques...); ils sont évalués en LFI 2020 à 1,389 Md€;
- **les produits de la vente de biens et services** (remboursements par l'UE des frais d'assiette et de perception des impôts et taxes perçus au profit de son budget, rémunérations des prestations assurées par les services du Trésor public au titre de la collecte de l'épargne...); leur montant est évalué en LFI 2020 à 1,807 Md€ (mais 1,5 Md€ dans le PLFR du 15 avril 2020);

- **les remboursements et intérêts des prêts, avances et autres immobilisations financières** (intérêts des prêts à des banques et à des États étrangers, avances remboursables sous conditions consenties à l'aviation civile, reversements au titre des créances garanties par l'État...) ; leur montant s'élève en 2020 à 1,2 Md€ ;
- **les amendes, sanctions, pénalités et frais de poursuite** (produits des amendes de la police de la circulation et du stationnement routiers, produits des amendes prononcées par les autorités de la concurrence, produits des amendes prononcées par les autorités administratives indépendantes, produits des autres amendes et condamnations pécuniaires...) ; leur montant s'élève en 2020 à de 1,553 Md€ (mais 5,4 Md€ dans le PLFR du 15 avril 2020) ;
- **les produits divers** (reversements de Natixis, prélèvements sur les fonds d'épargne gérés par la Caisse de dépôts et consignations, recouvrements après admission en non-valeur...) ; leur montant s'élève en 2020 à de 2,310 Md€ (mais 2 Md€ dans le PLFR du 15 avril 2020).

Les **recettes fiscales et non fiscales brutes** du budget général de l'État se sont élevées en 2020 à près de 433,832 Md€. Les **recettes nettes avant prélèvements sur recettes ou PSR** au profit des collectivités territoriales et de l'Union européenne (d'un montant de 62,727 Md€ dont 41,247 Md€ pour les PSR-CT et 21,480 Md€ pour les PSR-UE) s'élèvent à 307,366 Md€ (fonds de concours inclus) ; les **recettes nettes totales** c'est-à-dire après déduction des remboursements et dégrèvements d'impôts (140,830 Md€ en 2020 montant inscrit comme dépenses dans la mission budgétaire Remboursements et dégrèvements) et déduction faite des PSR totales (62,727 Md€) s'élèvent à 250,667 Md€, c'est ce montant de recettes dont l'État disposera en fait pour couvrir ses dépenses et financer ainsi ses grandes politiques publiques ou missions du budget général au sens de l'art. 7 de la LOLF.

II. Les ressources des budgets annexes et des comptes spéciaux

Ces ressources proviennent soit de l'activité des services de l'État à caractère industriel et commercial (budgets annexes) soit sont perçues suite à certaines activités ou opérations particulières menées par l'État (comptes spéciaux).

A. Les ressources des deux budgets annexes

Les ressources des deux budgets annexes au sens de l'article 18 de la LOLF s'élèvent en LFI 2020 à un total de 4,18 Md€ (incluant les fonds de concours) ; il s'agit :

- pour le budget annexe *Contrôle et exploitation aériens* les recettes provenant notamment des redevances de route, taxe de l'aviation civile, redevances de surveillance et de certification... pour un montant total en 2020 de près 2,117 Md€ hors fonds de concours (29,23 M€) ;
- pour le budget annexe *Publications officielles et information administrative* (vente de produits fabriqués, prestations de services, marchandises, produits exceptionnels) pour un montant de 177,3 millions d'euros (M€) en 2020.

À ces recettes perçues par ces deux activités commerciales de l'État (Contrôle et exploitation aériens et Publications officielles et information administrative) s'ajoutent les fonds de concours d'un montant de 29,23 M€ soit un total de recettes des deux budgets annexes de près de 4,18 Md€.

B. Les ressources des comptes spéciaux dotés de crédits

Les ressources des comptes spéciaux sont évaluées en 2020 à 82,381 Md€ pour la catégorie des Comptes d'affectation spéciale (CAS) et à 127,44 Md€ pour la catégorie des Comptes de concours financiers (CCF) ; pour chacune de ces deux catégories de comptes spéciaux dotées de crédits[1], leurs ressources plus détaillées sont les suivantes en LFI pour 2020 :

- pour la catégorie CAS prévue à l'article 21 de la LOLF qui comprend 9 comptes en LFI 2020 dont notamment les comptes suivants : le CAS Pensions (retenues d'un montant total de 61,028 Md€ dont 57,474 Md€ pour pensions civiles et militaires des agents de l'État) ; le CAS Participations financières de l'État (produit d'un montant de près de 12,180 Md€ des cessions par l'État de ses titres, parts ou droits de société détenus directement) ; CAS Contrôle de la circulation et du stationnement routier (amendes d'un montant de plus de 1,573 Md€ perçues par la voie du système de contrôle-sanction automatisée et suite aux infractions aux règles de stationnement et de la circulation routière) ; CAS Gestion du patrimoine immobilier de l'État (produits des cessions immobilières d'un montant de 380 M€) ; CAS Participation de la France au désendettement de la Grèce (produit des contributions de la Banque de France d'un montant de 84,08 M€) ou encore le CAS Transition énergétique (6,304 Md€) ;
- pour la catégorie CCF prévue à l'article 24 de la LOLF qui comprend 5 comptes en 2020 dont notamment les comptes suivants : le CCF Avances aux collectivités territoriales avec un montant de recettes perçues par l'État suite à ses

1. Au contraire des deux autres catégories non dotées de crédits que sont les comptes de commerce (CC) définis à l'art. 22 LOLF et les comptes d'opérations monétaires (COM) définis à l'art. 23 LOLF. Le parlement vote des autorisations de découvert pour ces CC et COM.

avances d'un peu plus de 112,869 Md€; le CCF Avances à divers services de l'État ou organismes gérant des services publics avec un montant de remboursements des avances octroyées de plus de 10,246 Md€; le CCF Avances à l'audiovisuel public avec un montant de recettes perçues suite à ces avances d'un peu plus 3,789 Md€.

Les ressources totales de ces deux catégories de comptes spéciaux (CAS et CCF) sont évaluées en LFI pour 2020 à près de 209,821 Md€.

Toutes ces ressources de l'État (ressources du budget général, des deux budgets annexes et des deux catégories de comptes spéciaux) couvrent non la totalité mais une partie seulement des dépenses des missions de l'État.

Pour approfondir

- M.-J. Aglae, « De l'impôt et ses limites », *RFPP*, n° 120, novembre 2012, p. 39.
- J. Defline, « Le système fiscal français face aux réformes », *G&FP*, n° 5, sept./oct. 2019, p. 53.
- R. Hertzog (dir.), « Les ressources publiques : crises et stratégies », *RFAP*, n° 144, 2013.

QCM

une ou deux bonne(s) réponse(s) possible(s)

1 Les ressources des budgets annexes sont constituées

- ❏ a. de ressources fiscales
- ❏ b. de ressources non fiscales
- ❏ c. des seules ressources domaniales

2 La TVA est

- ❏ a. un impôt direct progressif
- ❏ b. un impôt indirect proportionnel
- ❏ c. un impôt partagé entre l'État et les régions

3 Les ressources des comptes spéciaux comprennent

- ❏ a. de ressources fiscales
- ❏ b. de ressources non fiscales
- ❏ c. aucune de ces réponses

4 Les recettes fiscales du budget de l'État

- ❏ a. sont inférieures aux recettes non fiscales
- ❏ b. sont supérieures aux recettes non fiscales
- ❏ c. sont pour l'essentiel constituées de la TVA

5 Le produit de l'IR est

- ❏ a. supérieur à celui de la CSG
- ❏ b. inférieur à celui de la CSG
- ❏ c. supérieur à celui de l'IS

RÉPONSES 1.a.b. • 2.b.c. • 3.a.b. • 4.b.c. • 5.b.c.

QRC

Les ressources fiscales de l'État

Méthodologie

Avant tout travail, définitions des termes du sujet !

- *« Ressources »* au pluriel (donc plusieurs ressources) de plus développer surtout les ressources (évoquer très brièvement les dépenses pour dire leur insuffisance comparées aux ressources mais surtout ne pas développer longuement sur les dépenses !).
- *« Ressources fiscales »* : s'attacher aux impôts et taxes et surtout ne pas confondre prélèvements obligatoires, impôts et taxes, ne pas évoquer les cotisations sociales et les développer, ce n'est pas le sujet !
- *« Ressources fiscales de l'État »* : se limiter à l'État inutile d'évoquer les impôts locaux et sociaux !

Il s'agit de rappeler les principales ressources fiscales de l'État au regard de leur produit recouvré, l'usage que peut en faire l'État et leurs limites d'utilisation dans un contexte économique de crise et de concurrence fiscale appelant à agir davantage sur la dépense.

Rédaction possible

Les ressources fiscales de l'État constituent ses principales ressources (près de 95 %) comparées à ses ressources non fiscales (environ 5 %). La fiscalité de l'État est composée pour un tiers environ d'une fiscalité directe (impôts sur le revenu des personnes physiques ou IRPP et des personnes morales ou impôts sur les sociétés ou IS, impôt sur la fortune immobilière ou IFI) et pour deux tiers environ d'une fiscalité indirecte (la TVA pour l'essentiel et la taxe intérieure sur la consommation des produits énergétiques ou TICPE que l'État partage depuis 2004 avec les régions et les départements).

Dans un contexte européen de contrainte monétaire et de discipline budgétaire, l'État trouve dans la fiscalité un instrument d'action économique et sociale. Mais cette politique fiscale rencontre certaines limites celle de la concurrence fiscale qui invite les États, après une hausse momentanée de la pression fiscale suite à la crise de 2008 et surtout après celle de 2020, à réduire celle-ci alors que la faible croissance les inciterait plutôt à les augmenter.

Ce difficile dosage conduit l'État à davantage agir sur les « dépenses fiscales » et à réduire ainsi les avantages dont bénéficiaient certains contribuables notamment ceux assujettis à la TVA et à l'IR. Mais la situation de récession économique limite ce rabotage des « niches fiscales » en maintenant par exemple ces avantages au profit des entreprises (baisse du taux normal de l'IS). Par ailleurs la lutte contre la « fraude fiscale » et « l'évasion fiscale » deviennent dans ce contexte la priorité des États en manque de ressources.

Face à ces différentes contraintes et ne pouvant manier ces ressources fiscales qu'avec tact, l'État est appelé à « faire des économies » sur la dépense (Cap22 depuis 2017).

Fiche 13

Les dépenses de l'État

Les dépenses totales de l'État sont présentées dans la seconde partie de toute loi de finances annuelle (qui en 2020 prévoit un montant près de 478,535 Md€ en CP au budget général) ; elles sont ensuite détaillées dans les états législatifs annexés dits états B à E ; des informations annexes contiennent également une présentation du budget de l'État qui distingue les dépenses de fonctionnement des dépenses d'investissement. Une nouvelle architecture et nomenclature budgétaire sont retenues par ces documents soumis à l'examen des parlementaires ; cette nouvelle présentation des crédits budgétaires accroît en pratique le pouvoir des gestionnaires des deniers publics.

I. Les états législatifs annexés (état B à E)

Les états législatifs annexés détaillent les autorisations dépenses ou crédits (états B à D) ainsi que les autorisations de découvert (état E) :

- **l'état B** répartit par missions (32 en LFI 2020 mais 33 suite à la LFR1 du 23 mars 2020) et programmes (123) les crédits du budget général présentés en un double montant (autorisation d'engagement ou AE et crédits de paiement ou CP) ; les programmes détaillés chacun dans un PAP contiennent les dépenses de toute nature et aussi les dépenses liées aux mesures fiscales dérogatoires nécessaires à la conduite des politiques publiques (dépenses fiscales) ; les principales dépenses du budget général de l'État sont notamment celles relatives aux missions Remboursements et Dégrèvements d'impôts d'État et d'impôts locaux (près de 140,830 Md€ en CP respectivement 117,668 Md€ et 23,162 Md€) ; Enseignement scolaire (près de 74,014 Md€ en CP) ; mission Défense (près de 46,876 Md€ en CP) ; Engagements financiers de l'État avec 38,503 Md€ en CP dont près de 38,149 Md€ pour couvrir la seule charge de la dette de l'État ; Recherche et enseignement supérieur (près de 28,863 Md€ en CP) ; Solidarité, insertion et égalité des chances (un peu plus de 26,282 Md€ en CP) et enfin Sécurités (près de 20,484 Md€ en CP) ;
- **l'état C** répartit par missions (2 en LFI 2020) et programmes (5) les crédits des deux budgets annexes avec un total de dépenses prévisionnel de 2,97 Md€ (2,140 Md€ pour le budget annexe Contrôle et exploitation aériens et 156,613 M€ pour le second budget annexe Publications officielles et information administrative) ;

- **l'état D** répartit par missions et programmes les crédits des Comptes d'affectation spéciale (CAS avec un total de dépenses de près de 81,194 Md€ en CP réparti sur 9 missions et 21 programmes en LFI pour 2020) et des Comptes de concours financiers (CCF avec un total de dépenses de près de 128,836 Md€ en CP réparti sur 6 missions et 24 programmes en LFI pour 2020) ;
- **l'état E** présente la répartition des autorisations de découvert (AD) des Comptes de commerce ou CC (au nombre de 10 en 2020 avec un montant total d'autorisation de découvert de près de 19,896 Md€ dont le plus important est le CC « Gestion de la dette et de la trésorerie de l'État » avec 19,2 Md€ d'AD) ; quant aux COM au nombre de 3, l'AD s'élève à 250 M€ en 2020 pour le COM « Pertes et bénéfices de changes » et 0 pour les deux autres COM « Émission des monnaies métalliques » et « Opérations avec le FMI ».

II. Les informations annexes

Les informations annexes du PLF 2020 à destination des parlementaires ont le mérite à travers un certain nombre de documents d'éclairer leur débat et prise de décision dont notamment un tableau présentant le budget de l'État en deux sections (une section de fonctionnement et une section d'investissement) privilégiant ainsi par cette approche l'incidence économique des dépenses de l'État :

- dans la **section de fonctionnement** les principales charges de l'État révèlent la marge de manœuvre financière somme toute assez réduite dans la mise en œuvre de ses politiques publiques ou missions : ainsi dans le PLF 2020 on a des dépenses d'intervention sous forme de transferts ou subventions aux entreprises, ménages et collectivités territoriales à hauteur de 94,4 Md€ en CP, dépenses de personnel (133,7 Md€ en CP), dépenses de fonctionnement autres que celles de personnel (23,6 Md€ en CP) ; subventions pour charge de service public de 29,1 Md€ ; la charge nette de la dette s'élève quant à elle à 38,6 Md€ en CP ; dotations des pouvoirs publics s'élevant à 1 Md€ ; soit un total de charges de près de 376,7 Md€ couvertes par des produits à l'apport insuffisant (déficit de fonctionnement de près de 70,6 Md€) ;
- dans la **section d'investissement** : les dépenses d'investissement s'élèvent en 2020 à 21 Md€ ; les dépenses d'opérations financières s'élevant à 150,2 Md€ (remboursement d'emprunts et de trésorerie de près de 138,7 Md€, opérations financières de 11 Md€) couvertes par des ressources de financement de 233,9 Md€ (émission d'emprunt à moyen et long terme de 205 Md€ et autres ressources de financement de 28,9 Md€) d'où un solde général de -93,1 Md€ (différence entre dépenses et ressources budgétaires) qui sera revu suite à la crise sanitaire depuis mars 2020 (respectivement à -109 Md€ en LFR1 et à -183,5 en LFR2) ; il apparaît par ailleurs un niveau assez faible des dépenses

réelles d'investissement de l'État comparé à celui réalisé par les collectivités territoriales. L'équilibre de la section d'investissement nécessite l'appel à des ressources de financement constituées notamment par des emprunts à moyen et long terme (OAT).

III. Une nouvelle architecture et nomenclature budgétaire

La LOLF de 2001 modifiée impose de présenter les autorisations de dépenses ou crédits dans toute loi de finances annuelle sous la nomenclature missions (unité de vote et cadre d'application du droit parlementaire d'amendement), programmes (unité de spécialité et d'exécution des crédits) et actions (unité de mesure de la performance du service public). La notion de programme au sens de l'article 7 de la LOLF semble au cœur de la gestion publique orientée par les résultats.

Un programme est une « enveloppe » de crédits détaillant les moyens des politiques publiques conduites par l'État. Au sein de chaque programme ministériel, la LOLF exige d'informer le parlement par une présentation des crédits par nature (titres et catégories de dépenses au sens de l'art. 5) et par destination (les actions, composantes des programmes au sens de l'art. 7).

Les charges budgétaires de l'État sont regroupées sous les titres suivants et détaillés chacun par catégories :

- **titre 1 : Dotations des pouvoirs publics** : il s'agit des crédits affectés aux institutions qualifiées de « pouvoirs publics » que sont la Présidence de la République, l'Assemblée nationale, le Sénat, leur chaîne parlementaire, le Conseil constitutionnel, la Haute Cour, la Cour de Justice de la République... ;
- **titre 2 : Dépenses de personnel** qui comprennent les trois catégories Rémunérations d'activité ; Cotisations et contributions sociales, Prestations sociales et allocations diverses ;
- **titre 3 : Dépenses de fonctionnement** qui comprennent les deux catégories Dépenses de fonctionnement autres que celles de personnel et Subventions pour charges de service public (versées notamment aux opérateurs de l'État) ;
- **titre 4 : Charges de la dette** qui comprennent les trois catégories Intérêts de la dette financière négociable, Intérêts de la dette financière non négociable, Charges financières diverses ;
- **titre 5 : Dépenses d'investissement** qui comprennent les deux catégories Dépenses pour immobilisations corporelles de l'État, Dépenses pour immobilisations incorporelles de l'État ;

- **titre 6 : Dépenses d'intervention** qui comprennent les cinq catégories Transferts aux ménages, Transferts aux entreprises, Transferts aux collectivités territoriales, Transferts aux autres collectivités, Appels en garantie ;
- **titre 7 : Dépenses d'opérations financières** qui comprennent les trois catégories Prêts et avances, Dotations en fonds propres et Dépenses pour participations financières.

Cette nomenclature par nature (7 titres et 18 catégories de dépenses) et destination (actions composantes des programmes) ne s'impose pas aux gestionnaires publics : il est ainsi admis la possibilité de modifier en cours d'exécution la répartition des crédits entre titres et actions imprimant un caractère fongible à ces crédits, on parle alors de fongibilité des crédits.

L'article 7 de la LOLF précise toutefois que « les crédits ouverts sur le titre des dépenses de personnel de chaque programme constituent le plafond des dépenses de cette nature » : ainsi les crédits du titre 2 Dépenses de personnel peuvent venir abonder les autres titres mais l'inverse n'est pas autorisé (les crédits des autres titres ne peuvent venir abonder le titre 2) ; on parle alors de « fongibilité asymétrique ». Il s'agit d'un apport essentiel dans la gestion des crédits accroissant l'autonomie et la liberté des gestionnaires. À cette confiance que leur accorde le parlement, ces gestionnaires doivent en contrepartie rendre compte de leur gestion c'est-à-dire se soumette à une responsabilité sur les résultats : c'est le fameux diptyque « liberté-responsabilité ».

Une démarche par la performance nécessite une nouvelle architecture budgétaire (missions, programmes, actions) afin d'établir un lien organique entre le responsable de programme et les moyens des politiques publiques c'est-à-dire la gestion des crédits (pilotage du programme et pilotage des crédits doivent aller de pair). À défaut de ce lien organique fondamental, la gestion par la performance demeure une simple incantation sans portée réelle effective.

Un programme suppose la définition d'une stratégie, la fixation d'objectifs et la mise en place d'indicateurs de performance ; ces différents éléments sont précisés dans chaque projet annuel de performance (PAP) inscrit en loi de finances annuelle et accompagnant chaque programme ministériel « piloté » au niveau central par un responsable de programme ; ce dernier, une fois avoir exécuté son programme, doit rédiger un rapport annuel de performance (RAP) inscrit en loi de règlement faisant état des résultats de sa gestion. L'examen par le parlement de la loi de finances annuelle où sont analysés les PAP et de la loi de règlement où sont discutés les RAP permet de donner une portée effective à une sorte de « responsabilité managériale » des responsables de programmes et indirectement du gouvernement devant la représentation nationale.

IV. La portée de l'autorisation initiale de dépenser en cours d'exécution

L'autorisation parlementaire de dépenses vaut simple faculté de dépenser : elle accorde ainsi un pouvoir discrétionnaire à l'administration en pratique à l'ordonnateur lors de l'exécution de la dépense autorisée. Seule une obligation juridique (conclusion d'un contrat de marché public, recrutement d'un fonctionnaire) réduira un tel pouvoir, l'administration aura alors compétence liée dans la mise en œuvre des opérations de dépenses. Sauf contrainte juridique de type contractuel ou unilatéral, domine donc le principe de non-obligation de dépenser.

Partant de l'idée que l'exécution ne peut en pratique jamais se conformer à l'autorisation, la LOLF, dans son souci de respect du vote parlementaire, va davantage encadrer la marge de manœuvre du gouvernement en posant le principe du caractère limitatif des crédits où le plafond de crédits fixé ne peut être dépassé (art. 9) et limiter par ailleurs les exceptions à ce principe notamment dans le cadre de l'art. 10 relatif aux crédits évaluatifs qui définit les cas où un tel plafond peut être dépassé. Dans tous les cas, les commissions des finances doivent être informées des motifs de dépassements des plafonds de crédits autorisés. Au-delà de ces limites fondées sur une logique politique (respect de l'autorisation parlementaire), la LOLF vise à accorder davantage de liberté au gestionnaire de crédits dans le cadre de la nouvelle gestion publique orientée par les résultats.

Dans cette perspective, la LOLF assouplit ainsi fortement le principe de spécialité à travers la reconnaissance de la possibilité de « fongibilité asymétrique » et consacrée depuis par le décret GBCP de 2012 (art. 87 et suivants) en adaptant le régime de contrôle budgétaire à la liberté ainsi accordée au gestionnaire des crédits. D'autres modifications apportées en cours d'exécution à l'autorisation initiale de dépenser sont prévues par les textes notamment la LOLF qui a le mérite de les encadrer afin de répondre au souci permanent du respect de l'autorisation parlementaire (information du parlement et en particulier des commissions des finances formalisées par l'adoption d'une loi de finances rectificative ou loi de règlement venant ratifier les mouvements de crédits en cours d'exécution).

Ainsi en son article 12, la LOLF autorise l'administration à recourir aux virements (qui modifient la répartition des crédits entre programmes d'un même ministère dans une limite fixée par l'art. 12. I) et/ou transferts de crédits (qui modifient la répartition des crédits entre programmes de ministères distincts et correspondant à des actions du programme d'origine au sens de l'art. 12. II). Selon les termes de l'art. 12 III. LOLF, « les virements et transferts sont effectués par décret pris sur rapport du ministre chargé des Finances après information des commissions de l'Assemblée nationale et du Sénat chargées des finances et des autres commissions concernées ».

D'autres modifications peuvent être apportées en cours d'exécution à l'autorisation de dépenses et s'appliquant davantage au montant des crédits : il s'agit des arrêtés de report de crédits (art. 15 LOLF), de décrets d'avance (art. 13 LOLF) et des décrets d'annulation (art. 14). Ces dispositions organiques fixent des limites en encadrant strictement le recours à de tels actes réglementaires afin de réduire l'écart entre autorisation parlementaire des crédits et leur exécution gouvernementale.

Relevons enfin la pratique ancienne dite de la « régulation budgétaire » consistant, devant un risque d'aggravation du déficit de l'État, à procéder à un « gel » puis, si la situation financière l'exige, à l'annulation de crédits. La LOLF consacre cette pratique soumettant certains crédits à régulation et dénommée « réserve de précaution » en la définissant de manière précise et en l'encadrant davantage (art. 51 4° bis). Tous ces actes réglementaires pris en cours d'exécution par le gouvernement connaissent un régime contentieux particulier voire échappe à toute contestation devant le juge administratif d'autant que ces décrets et/ou arrêtés ministériels ou interministériels sont par la suite ratifiés en lois de finances rectificatives ou en lois de règlement revêtant alors un caractère législatif susceptible alors d'être soumises au contrôle facultatif de constitutionnalité *a priori* devant le Conseil constitutionnel.

V. Les dépenses pluriannuelles

Si la logique politique (contrôle parlementaire) exige le maintien d'une prévision annuelle de la dépense, la logique économique (performance de la gestion publique) appelle une programmation pluriannuelle : la présentation des crédits sous un double montant, autorisation d'engagement ou AE et crédits de paiement ou CP généralisé à toute nature de dépense (investissement comme fonctionnement), vise à concilier ces deux logiques.

Le parlement autorise les dépenses en votant les crédits en AE (crédits engagés sur un exercice mais pouvant être exécutés sur plusieurs exercices) et CP (crédits engagés sur un exercice et devant être consommés durant le même exercice) ; le parlement autorise à travers le vote des AE la phase initiale qu'est l'engagement de la dépense et il contrôle, à travers le vote des CP, toute la chaîne de la dépense allant de la phase initiale (engagement) à la phase finale (paiement). Le parlement par son vote autorise une programmation pluriannuelle de la dépense ainsi qu'une prévision annuelle de la consommation des crédits.

La procédure AE/CP répond au contexte de la LOLF d'une gestion publique par la performance nécessitant de dépasser le strict cadre annuel (une gestion orientée par les résultats exige de fixer au préalable des objectifs à moyen terme c'est-à-dire sur au moins deux ans) et a le mérite d'inciter les gestionnaires de crédits à développer et à privilégier au sein de leurs services une approche pluriannuelle de leur gestion. Cette dimension pluriannuelle s'inscrit plus largement dans une volonté de réforme de l'État à travers une maîtrise de la dépense dans un environnement marqué par un fort endettement public ; ce contexte de tension sur les finances de l'État invite à une recherche d'« économies budgétaires » en vue d'une modernisation de l'action publique. La procédure AE/CP contribue à la réalisation d'une telle démarche d'autant que la question de la soutenabilité des finances publiques devient une question prégnante dans le cadre monétaire européen.

Le cadre européen contraint en effet, à travers l'exigence de stabilité monétaire et d'équilibre budgétaire, à une programmation pluriannuelle de la gestion des dépenses publiques et trouve sa traduction depuis 2009 dans les lois de programmation des finances publiques (LPFP) prévues à l'article 34 de la Constitution dont le contenu a été sensiblement enrichi par la LOPGFP de 2012 qui transpose en droit public interne financier le TSCG de 2012 et met en œuvre la règle européenne d'équilibre structurel au moyen des LPFP.

Il s'agit plus globalement de répondre à l'exigence de soutenabilité des finances publiques afin de rassurer les principaux créanciers de l'État emprunteur. La gestion budgétaire et comptable de l'État doit alors se réorienter vers une analyse des risques financiers. Cette gestion publique pluriannuelle sous surveillance européenne se traduit par une gestion budgétaire des crédits de l'État renouvelée : de nouvelles techniques (une programmation budgétaire avec les documents de répartition initiale des crédits et des emplois ou DRICE et documents prévisionnels de gestion des emplois et des crédits de personnel ou DPGECP, un contrôle budgétaire et comptable central à travers le CBCM et déconcentré avec les DRFiP, des contrôles et audits internes ministériels et une généralisation de la dématérialisation des opérations financières avec l'application informatique Chorus) ; de nouvelles procédures permises par la nouvelle comptabilité de l'État (tant lors de la phase administrative relevant de l'ordonnateur à travers les centres de services partagés ou CSP recourant à la délégation de gestion et/ou délégation de signature que la phase comptable relevant du comptable public à travers les services facturiers ou SFACT) ; une forte déconcentration de la gestion des crédits (rôle accru des préfets de région et de départements) et l'apparition de nouveaux acteurs au niveau central (RFFM, RPROG) et/ou déconcentré (RBOP et RUO) disposant de nouveaux instruments de gestion (programmes ou PROG, budgets opérationnels de programmes ou BOP et unités opérationnelles ou UO) avec des objectifs communs que sont la bonne gestion financière et la performance publique fixés par la LOLF de 2001 et le décret GBCP de 2012 dans le cadre général établi par le Règlement financier européen (RF) de 2012 modifié.

Pour approfondir

- Y. Broussolle, « Les principales dispositions de la loi de programmation 2012-2017 », *G&FP*, n° 4, avril 2014, p. 30.
- E. Douat, « Les lois de programmation des finances publiques, un instrument de pilotage des finances publiques locales ? », *G&FP*, n° 1, janv./fév. 2019, p. 23.
- M. Houser, « L'adoption des lois de programmation des finances publiques par le parlement », *RDP*, n° 3, 2013, p. 911.
- A. Potteau « La contribution des lois de programmation des finances publiques au respect de la discipline budgétaire européenne », *G&FP*, n° 1, janv./fév. 2019, p. 16.

QCM

une ou deux bonne(s) réponse(s) possible(s)

1 Constituent des dépenses obligatoires de l'État

- ❑ a. les dépenses liées à la charge de la dette
- ❑ b. les seules dépenses hors titre 2
- ❑ c. les dépenses de personnel

2 La présentation d'un budget local en deux sections

- ❑ a. constitue une obligation pour les collectivités territoriales
- ❑ b. est une simple information facultative destinée à l'assemblée locale
- ❑ c. aucune de ces réponses

3 Les crédits CP sont les crédits

- ❑ a. engagés et payés durant l'année civile
- ❑ b. seulement engagés mais non payés
- ❑ c. aucune de ces réponses

4 Les virements de crédits pris par le gouvernement

- ❑ a. conduisent à modifier le service gestionnaire des crédits sans modifier la nature des crédits
- ❑ b. conduisent à modifier la nature des crédits sans modifier le service gestionnaire des crédits
- ❑ c. sont pris sous forme d'arrêtés

5 La « réserve de précaution »

- ❑ a. est encadrée par la LOLF
- ❑ b. n'est pas encadrée par la LOLF
- ❑ c. est une pratique désormais interdite

RÉPONSES 1.a.c. • 2.a. • 3.a. • 4.b • 5.a.

Fiche 14

La gestion budgétaire et comptable

La LOLF de 2001 modifiée a non seulement pour objectif de renforcer le pouvoir d'autorisation et de contrôle du Parlement, mais aussi d'améliorer la gestion publique. Ce dernier objectif vise à la fois à orienter la gestion budgétaire par les résultats (pilotage par la performance) et à renouveler la comptabilité de l'État en l'instituant comme instrument de modernisation et non plus comme simple outil d'enregistrement de ses opérations budgétaires (processus de recettes et de dépenses) et non budgétaires (gestion de la trésorerie et de la dette). Toutes ces opérations sont retracées dans des comptes qui désormais sont soumis à certification par la Cour des comptes (certification des comptes de l'État). Le décret GBCP de 2012 est la traduction juridique de toutes ces mutations souhaitées par la LOLF.

I. Le pilotage de la performance

La performance consiste à orienter la gestion publique et en particulier la gestion budgétaire et comptable de l'État par les résultats. Cette volonté affichée se traduit au niveau des moyens des politiques publiques à savoir les autorisations de dépenses ou crédits budgétaires ; la LOLF tend à privilégier :

- **une globalisation des crédits** : un programme au sens de la loi organique de 2001 comprend un volume de crédits près de huit fois supérieur à celui d'un chapitre budgétaire au sens de l'ancienne ordonnance organique de 1959 (on passe en effet de plus de 800 chapitres à plus de 130 programmes) ; il s'agit par conséquent d'une enveloppe de crédits au volume de dépenses important permettant de conduire une démarche de gestion par la performance rendue possible par leur caractère fongible, on parle de fongibilité des crédits ;
- **une fongibilité asymétrique des crédits** : le caractère indicatif de la présentation des crédits par nature (titres et catégories de dépenses) et par destination (actions) est rappelé par la LOLF; cela ouvre une large autonomie et liberté dans la gestion des crédits budgétaires de l'État à l'exception toutefois des dépenses de personnel soumises à un plafond dont le montant à caractère limitatif s'impose strictement au gestionnaire (art. 7 II LOLF) ; le décret GBCP de 2012 intègre ces nouvelles pratiques jusque-là en marge des textes et ce dans un cadre de gestion rénové (art. 63 à 68) faisant intervenir de nouveaux acteurs (art. 69 à 73) ;

- **un nouveau cadre de gestion budgétaire** : un ministère, défini comme « l'ensemble des programmes dont les crédits sont mis à disposition ainsi que le cas échéant, le plafond d'autorisation d'emplois qui lui est attribué », devient le nouveau cadre de la gestion budgétaire. Ainsi la notion budgétaire de « ministère » se distingue de la notion organique de « ministère ». L'objectif semble celui d'adapter le nombre de ministères au sens institutionnel (une trentaine de ministères) au nombre de ministère (une quinzaine) au sens budgétaire défini par la LOLF et le décret GBCP de 2012. L'organigramme ministériel devant s'adapter à l'architecture budgétaire et non l'inverse.

On peut illustrer une telle évolution due au nouveau cadre budgétaire issu de la LOLF avec l'exemple du programme Gendarmerie nationale qui depuis 2009 relève de la mission Sécurité rattachée au ministère de l'Intérieur (jusque-là ce programme relevait de la mission Défense). De plus, la mission Sécurités (au pluriel) s'est élargie depuis 2013 à la Sécurité civile et à la Sécurité et éducation routières. À terme, il s'agit bien de conformer l'organigramme ministériel à l'architecture budgétaire privilégiant ainsi une approche en termes de finalités des politiques publiques.

D'autres services centraux et déconcentrés de l'État sont appelés à fusionner entre eux voire à être supprimés (la DGFiP qui a été créée en 2008 par suppression des deux anciennes directions DGCP et DGI). La LOLF par sa logique de performance privilégiant les objectifs ou finalités et non les moyens de l'action publique tend à réorganiser en profondeur l'administration centrale et déconcentrée de l'État avec au cœur de cette réforme la notion de « programme ». Plus largement, l'impact de la LOLF s'étend à tout organisme public ou privé financé par le budget de l'État (opérateur de l'État, AAI, SCN...).

Chaque responsable de programme placé sous l'autorité d'un ministre définit sa stratégie, ses objectifs et ses indicateurs de performance qu'il détaille dans un projet annuel de performance ou PAP inscrit en loi de finances annuelle (performance attendue) ; une fois son programme exécuté, ses résultats sont constatés dans un rapport annuel de performance ou RAP inscrit en loi de règlement (performance obtenue).

Ce **programme** ministériel (PROG) est décliné, pour sa mise en œuvre sur le terrain, en **budget opérationnel de programme ou BOP**. Il s'inscrit dans la continuité de la présentation des crédits de l'art. 7 de la LOLF en missions et programmes et vient préciser les « objectifs et les résultats attendus d'un programme selon un critère fonctionnel ou géographique. Les crédits du programme et, le cas échéant, ses autorisations d'emplois sont répartis entre un ou plusieurs budgets opérationnels de programme » (art. 64 GBCP 2012). Ainsi un BOP met en œuvre un programme au niveau d'un service administratif ou d'un territoire (BOP central, BOP zonal, BOP interrégional, BOP régional ou BOP départemental). Il traduit la volonté de privilégier la déconcentration des crédits et est en ce sens un BOP est le prolongement dans les services déconcentrés de l'État des programmes définis et prévus en lois de finances. C'est pourquoi les BOP, établis selon une programmation sur deux ans au minimum, sont pour la plupart déclinés au niveau d'une circonscription administrative régionale. Un BOP comprend d'une part un volet performance (objectifs et indicateurs avec une programmation en crédits AE/CP et autorisation d'un plafond d'emplois exprimés en ETPT) et d'autre part d'un schéma d'organisation financière ou SOF visé par le préfet (le SOF détaille la répartition des fonctions et la prévision des crédits et emplois entre les unités opérationnelles ou UO qui constituent des subdivisions des BOP). La Direction du budget précise les règles concernant les BOP : « deux BOP relevant de programmes distincts ne sont pas fongibles entre eux. La fongibilité entre plusieurs BOP d'un même programme est de la responsabilité du responsable de programme. Au sein du BOP, la fongibilité des crédits s'applique dans les mêmes conditions qu'au sein des programmes : les crédits sont fongibles entre actions, entre titres dans la limite de la fongibilité asymétrique et entre catégories au sein des titres selon les règles fixées par le responsable de programme. La fongibilité entre natures de dépenses est asymétrique : les crédits de personnel (titre 2) peuvent être redéployés pour réaliser des dépenses de fonctionnement (titre 3), d'investissement (titre 5), ou d'interventions (titre 6). Les crédits des titres 3, 5, ou 6 peuvent être redéployés entre eux mais, en revanche, ils ne peuvent abonder les crédits de personnel (titre 2). Un service ne devrait recevoir qu'un BOP par programme. Un même service peut être responsable de plusieurs BOP lorsqu'il met en œuvre plusieurs programmes. Une unité opérationnelle est placée sous l'autorité d'un ordonnateur : en service déconcentré, l'ordonnateur est secondaire ou secondaire délégué ».

La mise en œuvre d'un BOP au sein des services administratifs nécessite en effet à son tour de le décliner en une ou plusieurs **unités opérationnelles ou UO** « entre lesquelles sont réparties et au sein desquelles sont consommés les crédits et, le cas échéant, les autorisations d'emplois ». Et l'alinéa 2 de l'art. 65 GBCP de préciser « pour la mise en œuvre du contrôle de la disponibilité des crédits, la disponibilité s'apprécie au niveau de l'unité opérationnelle. Toutefois, s'agissant des dépenses de personnel, et lorsqu'un arrêté du ministre chargé du Budget le prévoit, la disponibilité des crédits peut s'apprécier au niveau du budget opérationnel de programme ou du programme ». Ainsi les UO mettent en œuvre les politiques publiques contenues dans les PROG dont les objectifs et résultats attendus sont déclinés dans les BOP.

Pour chaque programme, il est procédé à une programmation pour mettre en adéquation l'activité prévisionnelle des services avec les crédits et les emplois mis à disposition du ministère concerné. Cette programmation sur deux ans et actualisée chaque année est ensuite déclinée au sein des budgets opérationnels de programmes (BOP). Il est rendu compte de son exécution.

Par ailleurs, « la programmation et son exécution doivent être soutenables au regard de l'autorisation budgétaire annuelle et des prescriptions des lois de programmation des finances publiques en permettant ainsi d'honorer les engagements souscrits ou prévus et de maîtriser leurs conséquences budgétaires en cours d'année et les années ultérieures » (art. 66 al. 5).

Chaque ministère doit aussi établir pour chaque programme un document de répartition initiale des crédits et des emplois (DRICE) qui vient détailler, d'une part la répartition des crédits entre les BOP ouverts en loi de finances initiale et tenant compte de la « réserve de précaution » au sens de l'art. 51 4° bis LOLF ; d'autre part, le montant prévisionnel des crédits attendus dans l'année sous forme de reports de crédits, fonds de concours, attributions de produits et autres mouvements ainsi que leur répartition entre les BOP.

Enfin à chaque programme est aussi rattaché un document prévisionnel de gestion des emplois et de crédits de personnel (DPGECP) détaillant « les prévisions mensuelles d'entrées et de sorties des personnels rémunérés au titre du programme ; les prévisions de consommation mensuelle du plafond d'autorisation d'emplois ; les prévisions de dépenses de personnel, incluant une évaluation de l'incidence des mesures statutaires et indemnitaires prévues en faveur des agents » (art. 68 GBCP 2012).

De nouveaux acteurs de la gestion interviennent et que sont notamment :

- le **responsable de la fonction financière ministérielle** (RFFM) vient conforter le statut et le rôle du directeur des affaires financières (DAF) et/ou du secrétaire général du ministère, désigné auprès de chaque ministre, il « coordonne la préparation, la présentation et l'exécution du budget » (art. 69 GBCP). Il valide ainsi la programmation effectuée par les responsables des programmes et en suit la réalisation ; avec ces derniers, il établit le document de répartition initiale des crédits et des emplois (DRICE) prévu à l'art. 67 ainsi que le document prévisionnel de gestion des emplois et des crédits de personnel (DPGECP) prévu à l'art. 68. Il participe également à l'élaboration des PAP et des RAP et veille à la transmission des informations relatives au périmètre des BOP et des UO. Le responsable de la fonction financière ministérielle s'assure enfin de la mise en œuvre des dispositifs de pilotage de la performance que constituent notamment le contrôle interne budgétaire et comptable et la comptabilité analytique. Il veille à la mise en œuvre des règles de gestion budgétaire et comptable notamment dans les systèmes d'information financière ;
- le **responsable de programme ou RPROG** : désigné par le ministre, il établit le PAP dans lequel il présente les « orientations stratégiques et les objectifs du programme et justifie les crédits et les autorisations d'emplois demandés » (art. 70 GBCP). Le responsable de programme ou RPROG (secrétaire général du ministère ou directeur d'administration centrale ou chef de service ou sous directeur) définit le périmètre des BOP et des UO et désigne leur responsable.

Il définit, dans le cadre d'un « dialogue de gestion » avec les responsables de budget opérationnel de programme (RBOP), la programmation prévue à l'art. 66; il décline les objectifs de performance au niveau du BOP; il « détermine les crédits et, le cas échéant, les autorisations d'emplois que, sous réserve des dispositions du I de l'article 21 du décret du 29 avril 2004 relatives aux compétences des préfets de région et de département, il met à la disposition de ces responsables » (art. 70 3° GBCP). Une fois avoir exécuté son programme, il établit le RAP; le RPROG a autorité sur les RBOP et RUO en s'assurant de la bonne exécution du programme à travers un dialogue de gestion quotidien.

- le **responsable de budget opérationnel de programme ou RBOP**: il propose au responsable de programme la programmation des crédits et des emplois du BOP. Sous réserve des dispositions du II de l'article 21 du décret du 29 avril 2004 relatives aux compétences des préfets de région et de département, « il arrête la répartition des crédits des BOP entre les UO et met ces crédits, et le cas échéant les autorisations d'emploi à la disposition de leurs responsables » (art. 71 GBCP); le RBOP peut être un directeur ou sous directeur d'administration centrale ou chef de service (si BOP central) ou préfet de région, directeur régional d'un service déconcentré ou secrétaire général d'une direction régionale (si BOP déconcentré)
- le **responsable d'unité opérationnelle ou RUO**: sous réserve des dispositions des articles 1° et 21 du décret du 29 avril 2004 relatives aux compétences des préfets de région et de département, il prescrit l'exécution des recettes et des dépenses de l'UO et rend compte de sa gestion au responsable de budget opérationnel de programme (art. 72 GBCP). Le RUO peut être un directeur, sous directeur, chef de bureau d'administration centrale ou chef de service (si UO centrale) ou préfet de région ou de département, directeur régional ou départemental d'un service déconcentré ou secrétaire général d'une direction régionale ou départementale (si UO déconcentrée).

L'article 73 dispose que « le responsable de la fonction financière ministérielle, le responsable de programme, le responsable de budget opérationnel de programme et le responsable d'unité opérationnelle doivent avoir la qualité d'ordonnateurs ou être bénéficiaires de la délégation de signature d'un ordonnateur principal ou secondaire ».

On peut distinguer au sein de ces « nouveaux managers publics », les **ordonnateurs répartiteurs de crédits** (responsable de la fonction financière ministérielle, responsable de programme et responsable de budget opérationnel de programme) des **ordonnateurs consommateurs de crédits** (les responsables d'unité opérationnelle). Ces acteurs de la sphère financière de l'État et en particulier les responsables de la fonction financière ministérielles participent aux processus de gestion budgétaire et comptable.

On peut illustrer ce pilotage de la performance par l'exemple du programme 141 Enseignement public du second degré rattaché à la mission Enseignement scolaire conduite par le ministère de l'éducation nationale dont le budget est coordonné par le RFFM qui établit la programmation de cette grande politique publique à travers le DRICE et le DPGECP accompagnant le programme 141 et soumis pour avis au CBCM : le RPROG est ici le Directeur général de l'enseignement scolaire chargé de piloter ce programme décliné en 13 actions (Enseignement en collège, Enseignement général et technologique en lycée, Enseignement professionnel sous statut scolaire, Apprentissage, Enseignement post-baccalauréat en lycée...) et intéressant les quelque 7 800 EPLE (collèges et lycées) en rédigeant le PAP inscrit en PLF et, une fois le programme exécuté, le RAP inscrit en PLR. Le PAP prévoit trois Objectifs (O1 : Conduire le maximum de jeunes aux niveaux de compétences attendues en fin de formation initiale et à l'obtention des diplômes correspondants ; O2 : Favoriser la poursuite d'études ou l'insertion professionnelle des jeunes à l'issue de leur scolarité secondaire ; O3 : Promouvoir un aménagement équilibré du territoire éducatif en optimisant les moyens alloués) avec des indicateurs pour chacun de ces trois objectifs (7 Indicateurs pour l'O1 comme par exemple, I3 Écart de taux de réussite au diplôme national du brevet (DNB) entre éducation prioritaire (EP) et hors EP, deux indicateurs pour l'O2 comme par exemple I2 Écarts de pourcentages entre les jeunes en situation d'emploi 7 mois après leur sortie du lycée (hors ceux qui poursuivent des études), selon le diplôme, et les 25-49 ans en situation d'emploi et enfin 4 Indicateurs pour l'O3 comme par exemple I2 Écart de taux d'encadrement au collège entre éducation prioritaire (EP) et hors EP et proportion des enseignants de 5 ans d'ancienneté et plus en EP). Le PAP est accompagné de trois documents l'un venant détailler les objectifs et les indicateurs, le deuxième présente les crédits par nature et destination ainsi que les dépenses fiscales soutenant ce programme et enfin un troisième document intitulé Justification au premier euro précise les dépenses annuelles et pluriannuelles du programme en analysant d'une année sur l'autre l'évolution des crédits et des emplois.

La mise en œuvre sur le terrain selon une logique fonctionnelle et/ou territoriale de ce programme 141 relève des rectorats d'académie constitués en BOP avec à leur tête les recteurs ayant la qualité de RBOP et donc d'ordonnateur répartiteur de crédits et des emplois conformément au PAP ; l'exécution au sein des services se réalise dans le cadre des inspections d'académie constituées en UO avec l'inspecteur d'académie ordonnateur consommateur de crédits et des emplois. Un dialogue de gestion s'opère quotidiennement entre le directeur général de l'enseignement scolaire (RPROG), le recteur d'académie (RBOP) et l'inspecteur d'académie (RUO).

II. Le processus de recouvrement des ressources et d'exécution des dépenses de l'État

« Un processus ne doit pas être confondu avec une procédure qui est un ensemble de règles et formalités devant être observées et appliquées par les acteurs des processus. La procédure fixe des normes incontournables alors que le processus laisse une marge d'appréciation et d'adaptation au sein d'un cadre commun d'action pouvant être adapté aux particularités de gestion » (Fascicule DB). Ces processus résultent de la nouvelle comptabilité de l'État qui conduit à élargir la fonction comptable à d'autres acteurs que les seuls comptables publics : la multitude et la dispersion de ses acteurs au sein de l'administration nécessitent un contrôle de tous ces gestionnaires, c'est l'objet principal du contrôle interne budgétaire et comptable qui est un sous-ensemble du contrôle interne. Le système global de contrôle interne au sens du décret du 28 juin 2011 relatif à l'audit dans l'administration vise l'efficacité et la fiabilité des procédures financières et se fonde sur la maîtrise des risques techniques et financiers au-delà ici de la simple régularité des opérations de recettes et dépenses. La gestion des risques constitue désormais un levier essentiel dans la recherche de la performance de l'activité administrative.

C'est ainsi que depuis 2006 et l'entrée en vigueur de la LOLF, ont été édictés par la Direction du budget (DB) à l'usage des acteurs de la sphère financière de l'État (ordonnateurs et comptables) des manuels descriptifs des règles et processus financiers dits « macro-processus ». Ces derniers, de portée interministérielle, comprennent un ensemble cohérent de tâches à effectuer et d'activités à mener dans le cadre des règles budgétaires et comptables en vigueur ; sont ainsi décomposés et détaillés les processus de gestion, les rôles des acteurs en particulier ceux chargés de coordonner et de mettre en œuvre les dispositifs de qualité, de conformité et d'efficience de la fonction financière (les RFFM), l'étendue de leur responsabilité, et des préconisations en matière d'organisation financière. Un recueil des règles de comptabilité budgétaire pour l'État (RRCB) a été publié (dans sa quatrième édition) par arrêté du ministre chargé du budget en date du 30 juin 2017, en application du décret n° 2012-1246 du 7 novembre 2012 modifié relatif à la gestion budgétaire et comptable publique.

L'alinéa 3 de l'article 170 du décret GBCP de 2012 dispose, que dans le cadre du contrôle interne budgétaire et comptable, « le ministre chargé du Budget définit le cadre de référence interministériel des contrôles internes budgétaires et comptables et veille à leur mise en œuvre. Ce référentiel précise les conditions dans lesquelles est assuré le contrôle du respect des critères de réalité, de justification, de présentation et bonne information, de sincérité, d'exactitude, de totalité, de non-compensation, d'imputation et de rattachement à la bonne période comptable et au bon exercice ».

Les manuels descriptifs des principaux processus budgétaires et comptables de l'État sont actualisés selon une démarche dite de « réingénierie » au sens d'une « refonte des principaux processus financiers » couvrent des champs d'activité de la chaîne budgétaire et comptable; ces champs d'activité de la chaîne budgétaire et comptable sont au nombre de neuf appelés macro-processus ou MP : Élaboration ministérielle du budget (MP1), Allocation et mise à disposition des ressources (MP2), Exécution de la dépense hors Titre 2 (MP3), Traitement de fin de gestion et opérations de fin d'exercice (MP4), Exécution des recettes non fiscales (MP5), Gestion de la trésorerie par l'AFT (MP6), Restitutions, comptes rendus, et tableaux de bord (MP7), Pilotage de la masse salariale et des emplois (MP8) et Immobilisations (MP9). Un macro-processus (MP) est un ensemble cohérent de processus avec une finalité identifiée. Les macro-processus décrivent les principales activités, leurs jalons et les interactions entre les différents acteurs de la gestion budgétaire. Chaque manuel « macro-processus » (de MP1 à MP9) informe sur la doctrine fondant la démarche, les processus à suivre, les règles de gestion applicables, les rôles des acteurs de la fonction financière.

Ces processus, au sens « d'ensemble de tâches réalisées par différents acteurs ou entités et participant d'une même activité », s'inscrivent dans le cadre plus général du contrôle interne comptable et financier de l'État et de ses établissements publics et dont les résultats apparaissent dans un rapport annuel que la DGFiP remet au parlement à l'occasion de la loi de règlement. Le rapport 2012 rappelle qu'il s'agit d'informer les parlementaires sur le « dispositif de maîtrise des risques et de qualité comptable mis en place par l'administration dans la production du compte général de l'État (CGE) et des comptes des établissements publics nationaux. Il s'agit aussi de partager les meilleures pratiques des grandes entreprises en application de la loi de sécurité financière (LSF) pour améliorer la transparence en matière de risques financiers et comptables ».

Les processus mis en place et en particulier les processus en matière de ressources et de dépenses de l'État se fondent sur la notion de risque au contraire de la procédure classique applicable à ses opérations alors fondée sur la notion de régularité. Seront évoqués ici le pilotage du processus en matière de ressources et des dépenses de l'État. L'importance de la masse salariale et volume des emplois rémunérés par le budget de l'État invite à évoquer aussi le pilotage de la masse salariale et des emplois (MP8).

A. Le processus de ressources de l'État

On peut distinguer en matière de ressources le processus d'allocation et de mise à disposition de ressources du processus d'exécution des recettes non fiscales[1].

Le « macro-processus » d'allocation et de mise à disposition des ressources ou MP2. « L'allocation et la mise à disposition des ressources permettent à chaque ministère de préparer la mise en œuvre opérationnelle des politiques publiques, de répartir et de programmer les ressources, de les mobiliser en fonction des objectifs poursuivis et de les mettre à disposition pour permettre leur exécution et ainsi l'atteinte des objectifs. Le macro-processus d'allocation et de mise à disposition des ressources (MP2) permet la répartition des ressources au sein de chaque programme puis la programmation et la mise à disposition des ressources après le vote de la loi de finances initiale par le Parlement. Ainsi, le macro-processus permet : – de mettre en regard les ressources et les activités pour s'assurer de la soutenabilité de la programmation ; – de faciliter une mise à disposition rapide des crédits pour permettre le démarrage de l'exécution ; – de disposer, par la programmation, d'une vision annuelle et pluriannuelle des ressources nécessaires ; – de fournir une plus grande visibilité aux acteurs budgétaires afin d'améliorer leur capacité d'anticipation et leur réactivité face aux aléas ; – d'optimiser la gestion budgétaire des ressources et permettre la maîtrise de la soutenabilité tout au long de l'exercice » (Fascicule DB). Le MP2 vise de la part du RFFM à cadrer et répartir les ressources du programme au BOP (crédits en AE et CP et emplois exprimés en ETPT), de la part du RPROG à programmer et à mettre à disposition les ressources initiales, et enfin de la part du RPROG et/ou RBOP à piloter et gérer les ressources (du programme vers ses BOP ; du BOP vers ses UO voire d'une UO vers ses services) l'objectif final étant de mettre à disposition des RUO les ressources nécessaires à l'exécution de leurs dépenses. En outre, ce macro-processus est un des moyens de responsabiliser les RBOP et les RUO sur des objectifs de bonne gestion.

Le « macro-processus » d'exécution des recettes non fiscales ou MP5. Il relève principalement de l'ordonnateur qui constate la créance et du comptable public qui recouvre, encaisse et impute la créance sur son compte de gestion (articles 13, 77 et 116 du décret GBCP). Le MP5 vise à constater le fait générateur et ainsi donner naissance à la créance non fiscale ; ensuite à effectuer les opérations de recouvrement, d'encaissement et d'imputation de la recette ; puis, dans le cas où l'encaissement est préalable à toute constatation d'une recette, à enregistrer une recette non fiscale sans créance préalable ; enfin, par un traitement préalable des impacts budgétaires et comptables, à produire les informations permettant un contrôle de gestion. La bonne mise en œuvre de ce macro-processus contribue à garantir les

1. Les recettes fiscales faisant déjà l'objet d'un encadrement sévère par un droit et une administration spécialisés (droit fiscal et administration fiscale ou « fisc »).

intérêts patrimoniaux de l'État et notamment l'amélioration de la prévision et du pilotage des recettes, l'amélioration du suivi des créances, la simplification des procédures d'exécution des créances non fiscales et enfin l'amélioration de la qualité de la comptabilité de l'État (budgétaire et générale).

B. Le processus de dépenses de l'État

On peut distinguer en matière de dépenses le processus d'élaboration ministérielle d'un budget du processus d'exécution de la dépense.

Le « macro-processus » d'élaboration ministérielle d'un budget ou MP1 : il s'agit, dans le cadre de l'élaboration de la loi de finances annuelle, d'organiser au sein d'un ministère au sens du décret GBCP la construction budgétaire des programmes, des budgets opérationnels de programmes en mettant à disposition des acteurs un cadre qui intègre les orientations stratégiques pluriannuelles de l'action de l'État en orientant la gestion opérationnelle dans une logique d'optimisation de l'emploi des ressources. Ainsi le RFFM est chargé de définir la stratégie budgétaire ministérielle et de déterminer les ressources et dispositifs de performance et enfin d'accompagner l'examen du PLF ; le RPROG est quant à lui chargé d'élaborer les documents budgétaires notamment les PAP et les RAP une fois les programmes exécutés.

Le « macro-processus » d'exécution de la dépense (hors titre 2) ou MP3 s'inscrit dans le cadre de la chaîne de la dépense : il s'agit de s'assurer que l'exécution des dépenses de l'État se réalise conformément à la stratégie du programme (macro-processus « élaboration ministérielle d'un budget » ou MP1) et des ressources mises à disposition des services gestionnaires (MP2). Le rôle principal est ici dévolu au RUO qui engage la dépense et la réalise en lien avec le comptable public dans le cadre prévu aux articles 13 et 77 du décret GBC.

Ce processus a pour finalité de permettre au responsable de crédits de procéder dans les meilleures conditions (délai, qualité efficience) aux acquisitions et dépenses nécessaires à leurs activités et ainsi de faciliter le paiement des fournisseurs, prestataires et partenaires de l'administration.

Le « macro-processus » pilotage de la masse salariale et des emplois ou MP8 s'inscrit « pleinement dans la logique du macro-processus 1 "Élaboration ministérielle du budget" et du macro-processus 2 "Allocation et mise à disposition des ressources". En revanche, les spécificités majeures du MP8 résident dans son interdépendance avec la gestion des ressources humaines, d'une part, et dans les règles propres aux dépenses de titre 2 et aux emplois, d'autre part » (Fascicule DB). Le RFFM en lien le DRH du ministère est chargé, d'une part, de la constitution et de la mise à disposition initiale des enveloppes (crédits et emplois) formalisées par le DRICE et le DPGECP, d'autre part, des prévisions et exécution des dépenses de personnel (article 68 et 128 du décret GBCP).

Le système d'information financière Chorus opérationnel depuis 2012 est l'application unique de tenue de la comptabilité générale de l'État; quelque 23 000 utilisateurs ont recours à ce progiciel de gestion intégrée (PGI) pour gérer notamment la dépense pour l'ensemble des programmes budgétaires ministériels et les recettes non fiscales de l'État. L'art. 51 du décret GBCP prévoit en effet la dématérialisation des actes de gestion budgétaire et comptable nourrissant ainsi le système d'information financière de l'État (SIFE) qui repose sur l'application Chorus et qui est piloté par l'Agence pour l'informatique financière de l'État (AIFE) qui a le statut d'un SCN. Le progiciel Chorus (PG Chorus) permet une gestion centralisée et déconcentrée des opérations financières dès leur programmation jusqu'à leur exécution, la tenue de leur comptabilité et aussi facilité leur certification par la Cour des comptes.

III. La gestion déconcentrée des crédits budgétaires

Il est utile de rappeler, à la suite du rapport de la Cour des comptes sur la mise en œuvre de la LOLF de novembre 2011, que plus de 60 % des crédits du budget de l'État sont délégués pour leur gestion aux services déconcentrés et que, en tenant compte du personnel de l'Éducation nationale, plus de 90 % des effectifs de l'État sont employés dans ces services déconcentrés. C'est dire l'enjeu que recouvre la gestion déconcentrée des crédits budgétaires, de son succès dépend la portée effective de la LOLF.

La mise en œuvre de la LOLF nécessite au préalable de coordonner l'action ministérielle conduite par les responsables de programmes avec l'action des autorités déconcentrées, préfets de régions et de départements, qui représentent le gouvernement dans son ensemble. Il s'agit de concilier deux logiques, l'une verticale (responsables de programmes) l'autre horizontale (préfets).

La réforme de l'administration territoriale de l'État (RéATE) menée depuis 2004 (statut du préfet renouvelé par le décret du 29 avril 2004 modifié par le décret du 16 février 2010 et précisé par des circulaires) semble achevée en 2010 avec l'institution de deux ou trois directions interministérielles départementales (DDI) selon la taille démographique, et DDI organisées en fonction des besoins du citoyen et non selon le choix d'implantation des ministères (DDI des territoires et/ou de la mer, DDI de la protection des populations et/ou de la cohésion sociale) ; cette réforme territoriale de l'État, réduisant de 23 à seulement 6 directions régionales (Direction régionale des entreprises, de la concurrence, de la consommation du travail et de l'emploi ou DIRECCT, Direction régionale de l'environnement, de l'aménagement et du logement ou DREAL, Direction régionale de la jeunesse, des sports et de la cohésion sociale ou DRJSCS, Direction régionale de l'alimentation, de l'agriculture et de la forêt ou DRAAF, Direction régionale des affaires culturelles ou DRAC, Direction régionale des finances publiques ou DRFIP auxquelles s'ajoutent les rectorats d'académie et les agences régionales de santé ou ARS), conduit à un renforcement du rôle budgétaire et financier des préfets de région qui d'ailleurs ont autorité sur les préfets de départements sauf dans certains domaines (police administrative droit des étrangers et contrôle de légalité sur les collectivités territoriales). L'échelon régional avec à sa tête le préfet de région se voit renforcer avec la Charte de déconcentration formalisée par le décret n° 2015-510 du 7 mai 2015. La région devient l'échelon de programmation et de répartition des crédits budgétaires de l'État (80 % des crédits sont ainsi déconcentrés au niveau des BOP régionaux ou interrégionaux) et le département au sens de circonscription administrative de l'État l'échelon de mise en œuvre des politiques publiques au sein des DDI.

Les budgets opérationnels de programmes ou BOP, sont pour l'essentiel situés au niveau déconcentré, les BOP centralisés concernent les fonctions support (immobilier, informatique, communication...). Il existe des BOP de niveau interrégional (programmes Police nationale et Sécurité des échanges de biens et services) ; des BOP de niveau régional (la majeure partie des programmes ministériels) ; des BOP de niveau départemental pour certains programmes (Gestion fiscale et financière de l'État et du secteur public local). La gestion déconcentrée des BOP relève en principe de la compétence des préfets de région et de département ayant autorité sur les RBOP/RUO.

Le préfet, aux termes d'une circulaire du 16 juin 2004 sur les pouvoirs des préfets, « porte auprès des ministres et des responsables de programmes le point de vue du territoire ». Les politiques publiques doivent en effet s'adapter aux attentes spécifiques des territoires. Ce qui en pratique ne semble pas le cas. Ainsi, la circulaire du Premier ministre du 13 décembre 2010 rappelle que les responsables de programme doivent, dans la discussion avec leurs directions régionales sur le cadrage budgétaire, associer davantage les préfets de région. La gestion des crédits doit être en prise directe avec les réalités du terrain.

Le préfet de région, ordonnateur secondaire de l'État, doit donner un avis sur les budgets opérationnels de programme (BOP) au cours de leur présentation au sein du comité de l'administration régionale (CAR) qu'il préside. Cependant, sur un total de 50 à 60 BOP en moyenne par circonscription administrative régionale, seuls les BOP à « enjeux » lui sont soumis pour avis. De plus, ces avis ne sont pas toujours suivis d'effet : ainsi les responsables de programmes ne prennent pas en compte les avis défavorables émis par les préfets de régions.

Le préfet de région est responsable de l'exécution des politiques de l'État en région : il arrête à cet effet, après consultation du CAR, le projet d'action stratégique de l'État dans la région (PASER). Ce dernier doit se conformer aux objectifs et résultats attendus des politiques publiques fixées au niveau national et ministériel. La Cour des comptes appelle en ce sens à une évolution significative car elle relève que de 2004 à 2011, ces PASER ne comportaient pas de volet budgétaire et n'étaient pas mis en cohérence avec les programmes ministériels.

Les BOP sont subdivisés en « unités opérationnelles » ou UO. Ces structures de gestion, qui constituent la plus petite unité de responsabilité, peuvent être situées en administration centrale ou en administration déconcentrée qui est le cas le plus fréquent.

Le pilotage des politiques de l'État de leur conception par le RPROG à leur mise en œuvre sur le terrain par les RBOP et RUO nécessite un « dialogue de gestion » entre ces responsables. Ce dialogue de gestion est plus souple que le principe bureaucratique rigide classique de hiérarchie administrative. Le « dialogue de gestion » se déroule ainsi entre le RPROG, le directeur des affaires financières (DAF) et le directeur des ressources humaines (DRH) ; entre le RPROG et le RBOP ; entre le RBOP et le RUO, les préfets et les contrôleurs financiers en région (DRFiP).

Au sens de la circulaire du 21 juin 2001 relative au développement du contrôle de gestion, le « contrôle de gestion permet d'assurer tout à la fois le pilotage des services sur la base d'objectifs et d'engagements de services et la connaissance des coûts, des activités et des résultats ». Le contrôle de gestion a ainsi pour finalité d'analyser la performance des activités afin d'optimiser leur pilotage et de nourrir un dialogue de gestion entre les RPROG, RBOP et RUO afin de favoriser l'expression des acteurs de terrain et de diffuser les bonnes pratiques.

Cette gestion des risques des opérations budgétaires s'étend également aux opérations non budgétaires c'est aux opérations relatives à l'emprunt et à la trésorerie de l'État.

IV. La gestion de la dette et de la trésorerie de l'État

La gestion de la trésorerie de l'État consiste à permettre à l'État d'honorer ses engagements financiers : la situation de sa trésorerie doit en permanence rendre possible l'exécution de ses dépenses depuis son compte unique tenu dans les écritures de la Banque de France ; cette dernière depuis le traité de Maastricht de 1992 n'autorise aucun découvert : l'AFT, SCN rattaché à la DGT, veille à ce que le solde de ce compte demeure en permanence créditeur (gestion active de la trésorerie de l'État).

La gestion de la dette de l'État vise à répondre au besoin de financement de l'État d'une part par l'émission d'emprunts (dette négociable constituée des titres émis sur les marchés financiers que sont désormais depuis janvier 2013 les BTF et les OAT) et, d'autre part, une gestion de portefeuille de produits dérivés de l'État (contrats d'échanges de taux d'intérêt ou *swaps*) et ce au moindre coût pour le contribuable (gestion active de la dette de l'État). L'AFT recourt aux BTF pour ses besoins annuels et aux OAT pour ses besoins pluriannuels. « Les opérations relatives à la dette non négociable et à la rémunération de la plupart des dépôts des correspondants [...] relèvent de la direction générale des finances publiques (DGFiP) » comme le précise le document « présentation stratégique du PAP » accompagnant le programme 117 Charge de la dette et trésorerie de l'État (crédits évaluatifs) contenu dans le PLF 2020. Suite à la deuxième loi de finances rectificative (LFR2) adoptée en avril 2020 dans le cadre de la crise sanitaire provoquée par le Covid-19, l'AFT voit son programme de financement revu à la hausse (62,1 Md€ de BTF soit + 34,6 Md€ par rapport à la LFR1 et 245 Md€ d'OAT soit +35 Md€ par rapport à la LFR1).

Le (la) Directeur(ice) général(e) du Trésor est le (la) responsable du programme 117 Gestion de la dette et trésorerie de l'État et aussi président(e) de l'AFT ; ce programme contient 4 objectifs (O1 : Couvrir le programme d'émission dans les meilleures conditions d'efficience et de sécurité, O2 : Optimiser la gestion de la trésorerie en fonction des conditions de marché, O3 : Améliorer : l'information préalable par les correspondants du Trésor de leurs opérations financières affectant le compte du Trésor, O4 : Obtenir un niveau de contrôle des risques de qualité constante et qui minimise la survenance d'incidents) et 7 indicateurs (comme par exemple pour l'O1 : Taux de couverture moyen des adjudications ; pour l'O2 : Solde du compte de l'État à la Banque de France en fin de journée ; pour l'O3 : Taux d'annonce des correspondants du Trésor; pour l'O4 : incidents d'exécution des opérations de dette et de trésorerie) ; l'exécution de ce programme avec ses deux actions (Gestion de la dette et Gestion de la trésorerie) est mise en œuvre par l'Agence France Trésor (AFT) ; cette exécution appelle la mise en place d'un contrôle des risques techniques et financiers. C'est pourquoi participe également à la mise en œuvre de ce programme la Banque de France « en tant que teneur du compte unique du Trésor ainsi qu'en tant que prestataire de services spécifiques, notamment dans le cadre des adjudications de titres d'Étaté et aussi la Caisse de la dette publique (CDP) », « établissement public administratif créé par l'article 32 de la loi de finances rectificative pour 1986, modifié par l'article 125 de la loi de finances pour 2003, car susceptible d'intervenir sur le marché secondaire pour en assurer la liquidité et pour amortir des titres de dette publique, concourant à la qualité de la signature de l'État ».

Le PAP de ce programme 117 et du compte de commerce (CC) au sens l'art. 22 LOLF qui lui est associé (Gestion de la dette et trésorerie de l'État), sont inscrits dans le projet de loi de finances annuelle qui précise que « La maîtrise des risques requiert de mettre en place et de maintenir des procédures de contrôle interne ainsi que des systèmes comptables et d'information adéquats. Les indicateurs adoptés pour cette fonction sont le nombre de dérogations aux procédures ("incidents"), classées en fonction du degré de risque qu'elles font peser sur le solde du compte du Trésor à la Banque de France, ainsi que l'appréciation chiffrée portée par l'audit externe sur l'architecture technique, comptable et organisationnelle de l'AFT » (PAP inscrit en LFI pour 2020). Cette maîtrise suppose aussi de se soumettre à un audit externe annuel, conformément à l'article 113 de la loi de finances rectificative pour 2004.

L'objectif 4 de ce PAP, qui est d'« obtenir un niveau de contrôle de risques de qualité constante et qui minimise la survenance d'incidence », est mesuré à travers deux indicateurs de performance, l'indicateur 4.1 « Qualité du système de contrôle » et l'indicateur 4.2 « Incidents d'exécution des opérations de dette et de trésorerie ».

Cet ensemble de dispositif que recouvre la notion de contrôle et audit internes a pour finalité de répondre au souci majeur de certification des comptes de l'État.

V. La certification des comptes de l'État

L'article 27 de la LOLF dispose que « les comptes de l'État doivent être réguliers, sincères et donner une image fidèle de son patrimoine et de sa situation financière »; l'article 47-2 de la Constitution de 1958 dans sa rédaction issue de la LC du 23 juillet 2008 consacre cette exigence en l'élargissant aux comptes des administrations publiques: « les comptes des administrations publiques sont réguliers et sincères. Ils donnent une image fidèle du résultat de leur gestion, de leur patrimoine, de leur situation financière ». Les contrôles internes fondés sur la notion de régularité (contrôles internes *a priori* exercés par les CBCM et contrôleurs financiers des DRFiP et contrôle *a posteriori* exercés par l'IGF) et/ou la notion de risque (contrôles et audit internes) ont pour finalité de répondre à cette exigence constitutionnelle de régularité, fidélité et de sincérité des comptes de l'État.

C'est par son acte de certification sur les comptes de l'État que la Cour des comptes va apprécier l'effectivité, l'efficacité et évaluer le degré de maîtrise des risques comptables et financiers que les dispositifs ministériels de contrôle et d'audit internes sont censés prévenir. Ainsi, la Cour a décidé de maintenir la réserve substantielle sur le contrôle interne comptable sur les comptes de l'État de l'année 2011. La DGFiP en charge du pilotage global du contrôle interne comptable et financier de l'État souhaite renforcer ce dispositif en 2012 pour remédier aux insuffisances relevées par la Cour et ainsi voir lever sa réserve. L'action de normalisation et de coordination interministérielle du contrôle interne comptable et financier de la DGFiP vise à réaliser l'objectif de qualité des comptes de l'État: elle est assurée au niveau central par les CBCM présents auprès de chaque ministre et au niveau déconcentré par les cellules de qualité comptable (CQC).

Dans son rapport de mai 2013 sur la certification des comptes de l'État de l'exercice 2012, la Cour rappelle la définition qu'elle donne aux notions de « contrôle interne » et d'« audit interne » pour conclure au maintien de sa réserve substantielle sur ces dispositifs.

Le contrôle interne désigne selon la Cour « l'ensemble des dispositifs ou processus organisés, formalisés et permanents, choisis par l'encadrement et mis en œuvre par les responsables de tous niveaux pour maîtriser le fonctionnement de leurs activités en vue, notamment, de fournir une assurance raisonnable quant à la régularité, la sincérité et la conformité des écritures comptables aux faits à décrire ("image fidèle"). L'évaluation des risques doit fonder la mise en œuvre d'actions visant à les maîtriser ».

« L'audit interne doit contribuer à donner l'assurance aux administrations de l'effectivité et de l'efficacité de ces dispositifs et processus de maîtrise des risques, en les évaluant de manière indépendante ».

La Cour relève toutefois l'absence au sein de certains ministères (ministères chargés de l'Économie, du Travail, de la Justice, de la Culture et des Affaires étrangères) de structures de gouvernance et des outils de pilotage de la démarche d'identification et de maîtrise des risques. Elle note enfin que la plupart des ministères n'ont pas cartographié leurs processus (seuls les ministères de l'Économie et des Finances et de l'Éducation nationale disposent « d'une description formalisée et actualisée énonçant de manière détaillée et documentée l'ensemble de ses processus de gestion »). Par sa mission de certification des comptes, la Cour insiste sur l'importance ici de la gestion des risques comme instrument essentiel de pilotage et de performance de l'action publique. Ajoutons que la Cour des comptes certifie également les comptes du régime général de sécurité sociale et que la « loi Notre de 2015 » prévoit une expérimentation de la certification des comptes des collectivités territoriales : celle-ci a débuté en janvier 2017 avec 25 collectivités de statut divers et de toute taille (le premier exercice de certification interviendra en 2020 et est établi par la Cour des comptes en lien avec la DGCL et les CRTC). Le législateur décidera en 2022 de la généralisation ou non de la certification des comptes locaux.

Pour approfondir

- « Chorus et ses multiples facettes », G&FP, n°, janvier 2012, p. 4.
- T. Dumortier, « La certification au service de l'administration : essai de typologie et enjeux juridiques », *RDP*, n° 6, 2012, p. 1607.
- Rapport annuel sur le contrôle interne comptable et financier de l'État et de ses établissements publics, DGFiP.
- L. Roy, « Le dialogue de gestion dans la sphère publique vu par un responsable BOP », *G&FP*, n° 12, décembre 2012, p. 14.
- M. Saoudi, « La dématérialisation des actes et services publics locaux – Une réponse efficace et durable à la contrainte financière ? », Expertises des systèmes d'information-Droit, technologies & prospectives, n° 438-septembre 2018, p. 306-311.
- « Services déconcentrés de l'État et LOLF : entre bureaucratie et performance », *G&FP*, n° 8-9, août-septembre 2011, p. 614.

QCM

une ou deux bonne(s) réponse(s) possible(s)

1 Chorus est une application informatique dédiée

- ❑ a. à la gestion budgétaire et comptable de l'État
- ❑ b. à la gestion budgétaire et comptable de la sécurité sociale
- ❑ c. à la gestion budgétaire et comptable locale (CT et EPCI)

2 Les programmes ministériels sont déclinés sur le terrain

- ❑ a. en BOP puis UO
- ❑ b. en UO puis BOP
- ❑ c. aucune de ces réponses

3 Le Responsable d'unité opérationnelle ou RUO

- ❑ a. est un ordonnateur consommateur de crédits
- ❑ b. est un ordonnateur répartiteur de crédits
- ❑ c. a autorité sur le préfet

4 Les processus de ressources et de dépenses de l'État

- ❑ a. laisse une marge d'appréciation et d'adaptation au gestionnaire
- ❑ b. ne laisse aucune marge d'appréciation et d'adaptation
- ❑ c. est synonyme de procédures

5 La certification des comptes locaux

- ❑ a. est en phase d'expérimentation jusqu'en 2022
- ❑ b. s'applique de nos jours à toute collectivité territoriale
- ❑ c. est une mission juridictionnelle de la CDBF

RÉPONSES 1.a. • 2.a. • 3.a. • 4.a. • 5.a.

Table des abréviations

ACOSS	Agence centrale des organismes de Sécurité sociale
AE	Autorisation d'engagement
AFiP	Administrateur des finances publiques
AFT	Agence France Trésor
APU	Administrations publiques
APUC	Administrations publiques centrales
APUL	Administrations publiques locales
ASSO	Administrations de Sécurité sociale
BCE	Banque centrale européenne
BEI	Banque européenne d'investissement
BIRD	Banque internationale de reconstruction et de développement
BOP	Budget opérationnel de programme
BTAN	Bons du Trésor à taux annuel normalisé
BTF	Bons du Trésor à taux fixe
CADES	Caisse d'amortissement de la dette sociale
CAP	Contrôle allégé en partenariat
CAS	Comptes d'affectation spéciale
CBCM	Contrôleur budgétaire et comptable ministériel
CC	Comptes de commerce
CCF	Comptes de concours financiers
CDBF	Cour de discipline budgétaire et financière
CDC	Caisse de dépôts et consignations
CDP	Caisse de la dette publique
CE	Conseil d'État
CEDH	Cour européenne des droits de l'homme
CESDH	Convention européenne de sauvegarde des droits de l'homme et des libertés fondamentales
CGCT	Code général des collectivités territoriales
CGI	Code général des impôts
CGSP	Commissariat général à la stratégie et à la prospective
CHD	Contrôle hiérarchisé de la dépense
CIMAP	Comité interministériel de modernisation de l'action publique
CJA	Code de justice administrative
CJUE	Cour de Justice de l'Union européenne
CJF	Code des juridictions financières

CMF	Code monétaire et financier
COM	Comptes d'opérations monétaires
CP	Crédit de paiement
CPO	Conseil des prélèvements obligatoires
CRC	Chambres régionales des comptes
CRTC	Chambres régionales et territoriales des comptes
CS	Comptes spéciaux (quatre catégories, CAS, CC, CCF et COM)
CSDP	Conseil stratégique de la dépense publique
CSP	Code de la santé publique
CSS	Code de la Sécurité sociale
CTC	Chambres territoriales des comptes
DB	Direction du budget
DGDDI	Direction générale des douanes et des droits indirects
DGFiP	Direction générale des finances publiques
DGCL	Direction générale des collectivités locales
DGT	Direction générale du Trésor
DIMAP	Direction interministérielle pour la modernisation de l'action publique
DLF	Direction de la législation fiscale
DOFP	Débat d'orientation des finances publiques
DSS	Direction de la Sécurité sociale
FEI	Fonds européen d'investissement
FMI	Fonds monétaire international
FSI	Fonds stratégique d'investissement
GBCP	Gestion budgétaire et comptable publique (Décret GBCP de 2012)
G&FP	*Gestion et Finances publiques* – La Revue
HCFP	Haut Conseil des finances publiques
IGF	Inspection générale des finances
IGPDE	Institut de gestion publique et de développement économique
IFS	Institutions financières spécialisées
INSEE	Institut national de la statistique et des études économiques
LFA	Loi de finances annuelle
LFI	Loi de finances initiale
LFR	Loi de finances rectificative
LFSS	Loi de financement de la Sécurité sociale
LOAFCT	Loi organique relative à l'autonomie financière des collectivités territoriales
LOLF	Loi organique relative aux lois de finances
LOLFSS	Loi organique relative aux lois de financement de la Sécurité sociale
LOPGFP	Loi organique relative à la programmation et à la gouvernance des finances publiques
LPF	Livre des procédures fiscales

LPFP	Loi de programmation des finances publiques
LR	Loi de règlement des comptes et rapport de gestion ou loi de règlement
MAP	Modernisation de l'action publique
MES	Mécanisme européen de stabilité
MPA	Missions, programmes, actions
OAT	Obligations assimilables du Trésor
OCDE	Organisation de coopération et de développement économique
ODAC	Organismes divers d'administration centrale
ODAL	Organismes divers d'administration locale
OMC	Organisation mondiale du commerce
OMT	Objectif de moyen terme
ONDAM	Objectif national de dépenses d'assurance-maladie
ONU	Organisation des Nations unies
PAC	Politique agricole commune
PAP	Projet annuel de performance
PIB	Produit intérieur brut
PLF	Projet de loi de finances initiale
PLFR	Projet de loi de finances rectificative
PLFSS	Projet de loi de financement de la Sécurité sociale
PLPFP	Projet de loi de programmation des finances publiques
PLR	Projet de loi de règlement
PSC	Pacte de stabilité et de croissance
PSR	Prélèvements sur recettes
RAP	Rapport annuel de performance
RBOP	Responsable de budget opérationnel de programme
RDP	*Revue de droit public et de la science politique en France et à l'étranger*
RFFM	Responsable de la fonction financière ministérielle
RFAP	*Revue française d'administration publique*
RFDA	*Revue française de droit administratif*
RFPP	*Revue française de finances publiques*
RNB	Revenu national brut
RPP	Responsabilité personnelle pécuniaire
RPROG	Responsable de programme
RPT	ressources propres traditionnelles
RUE	*Revue de l'Union européenne*
RUO	Responsable d'unité opérationnelle
SCN	Service à compétence nationale
SEBC	Système européen des banques centrales
SVT	Spécialistes en valeurs du Trésor
TDP	Taux de dépenses publiques
TFUE	Traité sur le fonctionnement de l'Union européenne

TPO	Taux de prélèvements obligatoires
TSCG	Traité sur la stabilité, la coordination et la gouvernance au sein de l'UEM
TUE	Traité sur l'Union européenne
UE	Union européenne
UEM	Union économique et monétaire
URSSAF	Union de recouvrement des cotisations de Sécurité sociale et d'allocations familiales

Index

Les numéros renvoient aux numéros des fiches.

Table des matières

Imprimé en Italie par «La Tipografica Varese Srl» Varese